I0831019

DEL MONCADA
A CHIAPAS

Colección Problemas Contemporáneos

DEL MONCADA A CHIAPAS

Historia de la lucha armada en América Latina

Daniel Pereyra

Ediciones *ryr*

Daniel Pereyra
    Del Moncada a Chiapas. Historia de la lucha armada en
América Latina. - 1a ed. - Buenos Aires: RyR, 2011.

    434 p. ; 17x12 cm.

    1. Historia Política de América Latina. I.

Título. CDD 980

Se terminó de imprimir en Pavón 1625, C.P. 1870.
Avellaneda, provincia de Buenos Aires, Argentina.
Primera edición: Ediciones ryr, Buenos Aires, Abril de 2011
Responsable editorial: Gonzalo Sanz Cerbino
Dirección de la colección: Silvina Pascucci
Diseño de tapa: Sebastián Cominiello
Diseño de interior: Silvina Pascucci
www.razonyrevolucion.org.ar
editorial@razonyrevolucion.org.ar

A los desaparecidos

Un libro imprescindible

Stella Grenat

Es un orgullo para mí prologar este libro, escrito en 1994, cuando las voces de victoria de la burguesía ocupaban casi todos los espacios con su alharaca del fin de la historia y de las ideologías. Cuando la derrota de las luchas revolucionarias de los '70 se hacía sentir con fuerza aún entre los protagonistas. En ese marco de escepticismo, en el cual muchos intelectuales de izquierda se encolumnaban en las filas enemigas, Daniel Pereyra cumplía una tarea fundamental al reseñar una parte sustancial de la historia de los enfrentamientos que nos precedieron, la de las organizaciones armadas que nacieron a lo largo de toda Latinoamérica durante los años '50 a '70. Accesible y profunda es la mirada que nos propone sobre un tema que, hasta no hace mucho, resultaba políticamente incorrecto y difícil de abordar. Un tema vedado gracias a la eficacia de los intelectuales burgueses a la hora de imponerse en el plano ideológico con la teoría de los dos demonios, primero, y la del peligro terrorista, después. Arrebatada de la tradición de los trabajadores, la "violencia" pasaba a ser un pecado y la lucha un delito. En contra de estos discursos, aparece esta obra escrita por un militante con una extensa trayectoria dentro del trotskismo argentino.

El autor

El autor inició su militancia en 1942, cuando, siendo casi un niño, se reunió por primera vez en un grupo de lectura con Nahuel Moreno. Al año siguiente, participó junto a él de la fundación del Grupo Obrero Marxista (GOM), el primer grupo trotskista argentino volcado a una estrategia de inserción en el movimiento obrero. De origen humilde, en estos primeros años se desempeñó como obrero de una imprenta, primero, y de una papelera, después. A través del GOM, en pleno proceso de desarrollo del peronismo, participó de la gran lucha del gremio frigorífico de 1945, liderado por Cipriano Reyes. Por esta época, Pereyra entró a la empresa metalúrgica Siam. Siempre en las filas del "morenismo", la corriente fundada por el mencionado Nahuel Moreno, continuó su militancia en cargos de dirección en el Partido Obrero Revolucionario (POR), constituido a fines del 1948, y en la etapa posterior de integración a la Federación Bonaerense del Partido Socialista Revolución Nacional (PSRN). Luego de la ruptura con esté último partido y en el marco de la resistencia a la Revolución Libertadora, en la cual el POR participó activamente, Pereyra intervino desde el gremio metalúrgico. Sufriendo junto al resto de los activistas la represión y la cárcel, fue partícipe del proceso de alza de las luchas obreras que arreciaron en la Argentina de finales de los '50.[1]

A mediados de 1957 se inició una nueva etapa en la historia del morenismo cuyo eje principal fue la constitución del Movimiento de Agrupaciones Obreras (MAO). El MAO, proyectado como instancia para la articulación de una "tendencia sindical y política clasista", fue una organización de frente único que reunió al POR con

---

[1] Estos datos fueron extraídos de González, Ernesto: *El trotskismo obrero e internacionalista en la Argentina. Del GOM a la Federación Bonaerense de PSRN (1943-1955)*, Tomo 1, Antídoto, Bs. As, 1995.

"parte del activismo obrero peronista".[2] Se iniciaba el periodo de "entrismo" en el peronismo del morenismo, corriente reconocida ahora a partir del nombre de su periódico, *Palabra Obrera*.[3]

A comienzos de la década de 1960, Pereyra era ya un destacado militante de Palabra Obrera y como tal, en junio de 1961, bajo el seudónimo de "Alonso" fue enviado a Lima con la tarea de colaborar en el desarrollo del Partido Obrero Revolucionario (POR) peruano. Se instaló allí como miembro argentino del Buró Político del Secretariado Latinoamericano del Trotskismo Ortodoxo (SLATO)[4]. En este marco, fue partícipe de uno de los acontecimientos de masas más importantes de aquel país, el levantamiento campesino y la toma de tierras, acaudillado por Hugo Blanco.

Sin embargo, a los pocos meses de iniciar sus actividades, Pereyra fue detenido y deportado a la Argentina por participar en una protesta docente. Volvió de manera clandestina al Perú y, en diciembre de 1961, participó del asalto a la sucursal Magdalena del Banco Popular, desarrollando una estrategia (la formación de un grupo armado urbano) que fue duramente criticada por Palabra Obrera, que la calificó de "aventura putchista".[5] Finalmente, fue detenido ingresando clandestinamente a la ciudad de Cuzco, el

---

[2]González, op. cit., tomo 2, p. 163.

[3]Se entiende por "entrismo" la táctica, bastante común, que presupone que un grupo militante pequeño y débil en las filas del proletariado debe "entrar" en la organización política que reúne a la masa obrera, con la finalidad de desarrollarse en su interior y, llegado el momento, provocar una ruptura que le permita capitalizar la inserción desarrollada en la clase.

[4]La SLATO fue constituida en 1957 en la ciudad de Lima, reuniendo a los trotskistas latinoamericanos. Su creación cristalizaba a nivel organizativo la disputa política internacional constituida en torno a las posiciones de Michel Pablo, que en 1953 había otorgado, en el marco de la guerra fría, un rol revolucionario al estalinismo. Para profundizar este punto ver Coggiola, Osvaldo: *Historia del trotskismo*, Ediciones ryr, Bs. As., 2006.

[5]González, op. cit., tomo 3, volumen I, p. 224-264.

12

28 de abril de 1962, luego de participar en el asalto a la sucursal Miraflores del Banco de Crédito. A pesar de todo, Hugo Blanco supo reconocer la importancia de su presencia en aquella etapa:

"he aprendido la abnegación, la constancia y el empuje revoluciona-rio de Daniel Alberto Pereyra, valiente, sacrificado y honesto dirigen-te metalúrgico como hay pocos. [...] Casi nadie sabe, hermano, que muchos de los aciertos en la conducción de la lucha del campesinado los debo a tus consejos y es mi obligación moral luchar porque eso se conozca en momentos como éste en que a mí se me reconoce como revolucionario y a tí se te califica como 'vulgar aventurero'. ¡A tí!, a uno de mis modelos, a uno de mis maestros." [6]

Cuando Blanco escribió estas líneas, el levantamiento ya había sido derrotado y él y Pereyra hacía años que se encontraban presos. Liberado en agosto de 1967, Pereyra, retornó a la Argentina para reincorporarse a las filas de su partido que, para ese entonces, me-diante su unificación con el Frente Revolucionario Indoamericano Popular, se había transformado en el Partido Revolucionario de los Trabajadores (PRT). Encontró al partido iniciando un proceso de disputa interna que, al año siguiente, cristalizaría en la división del mismo entre el PRT-*La Verdad* (PRT-LV), de Nahuel Moreno y el PRT-*El Combatiente* (PRT-EC), de Roberto Santucho (la diferen-cia se establece por el nombre del periódico de cada fracción). La ruptura, institucionalizada en el IV Congreso del PRT, realizado los días 25 y 26 de febrero de 1968, se basaba en las posiciones disímiles de ambos sectores frente al desarrollo de la lucha armada en la Argentina. Mientras Moreno no veía condiciones naciona-les para la formación de un organismo militar, desde la regional tucumana Santucho promovía su desarrollo inmediato. La lucha

---

[6]"Carta abierta de Hugo Blanco a Daniel Pereyra", *La Verdad*, n° 69, 5/12/1966, en De Santis, Daniel: *A vencer o morir. PRT-ERP. Documentos*, Tomo I, Eudeba, Bs. As., 1998, p. 80-81.

iniciada en el interior del partido terminó en la escisión. A fines de julio de 1970, en el V Congreso del PRT, se consolidó la línea estratégica militar defendida por Santucho mediante la resolución de formar el Ejército Revolucionario del Pueblo (ERP).[7] En la disputa entre Moreno y Santucho, Daniel Pereyra, acompañó la fracción del PRT-EC de Santucho y, en diciembre de 1969, asistió como su representante al IX Congreso Mundial del Secretariado Unificado de la Cuarta Internacional (SU-CI). Sin embargo, pronto surgirían diferencias, nuevamente vinculadas al problema militar de la lucha revolucionaria, que impondrían su separación total de la corriente santuchista.

En el periodo transcurrido entre el IV y el V Congreso, el partido sufrió una profunda crisis interna que se profundizó en el marco de una fuerte presión represiva ocurrida en la regional tucumana, entre octubre y noviembre de 1969, que llevó al propio Santucho a prisión. En este contexto, parte de la dirección del PRT-EC, entre ellos su secretario general Oscar Prada, determinaron la revisión de las resoluciones del IV Congreso, lo que significaba el detenimiento de las actividades tendientes a iniciar la guerra revolucionaria. Entre los que adherían a esta revisión se encontraba Daniel Pereyra que se colocó a la cabeza de una fracción identificada como Tendencia Comunista o Centro. Al contrario de Prada que, al frente de la Tendencia Proletaria o Derecha, se alejó del Partido, Pereyra se mantuvo encuadrado dentro de su estructura con el fin de "tratar de influir y corregir este militarismo".[8] A pesar del debate interno desatado en torno a este punto, los sectores en

---

[7] "Rompimos con Moreno porque obstruía la aplicación inmediata de la línea de guerra revolucionaria" PRT: *Resoluciones del V Congreso y del Comité Central y Comité Ejecutivo posteriores*, Ediciones El Combatiente, 1973, p. 41.

[8] Entrevista a Daniel Pereyra en Eudald Cortina: "Grupo Obrero Revolucionario: el trotskismo armado en la Argentina", disponible en http://www.cedema.org.

14

disputa no alcanzaron ningún acuerdo separando definitivamente sus caminos.[9]

Hacia 1971, y luego de un periodo de dispersión, Pereyra y un sector que reunía a quienes lo habían acompañado en su alejamiento del PRT-ERP, constituyó el Grupo Obrero Revolucionario (GOR), del cual formó parte de su Dirección y de su Comité Militar.[10] Volcado al trabajo en frentes sindicales y estudiantiles, el GOR no abandonó la incorporación en su estrategia de la praxis armada, pero diferenciándose de la perspectiva del PRT-ERP que, como dijimos, vislumbraba el desenvolvimiento inmediato de una guerra revolucionaria. El GOR, en consonancia con la caracterización de estar atravesando una situación prerrevolucionaria, consideró a la lucha armada como un instrumento de propaganda y de autodefensa del movimiento obrero. Según el propio Daniel Pereyra,

"la diferencia estaba en que ellos estaban constituyendo un ejército. Lo nuestro era una acumulación de fuerzas acorde con la marcha de la lucha de clases [...] Nosotros entendíamos la actividad armada como un fenómeno de apoyo al movimiento obrero y de resistencia."

---

[9]Los disidentes formularon un documento denominado "Proyecto Autocrítico", firmado por "Bernado", "Polo" y "Alonso", la respuesta a dicho documento apareció en la edición de las Resoluciones del V Congreso en el capitulo "La lucha de clase en el seno del Partido". María Seoane reproduce cartas de Santucho, emitidas desde la cárcel, referidas a esta crisis. Seoane, María: *Todo o Nada. La historia secreta y pública de Mario Roberto Santucho, el jefe guerrillero de los años setenta*, Sudamericana, Bs. As., 2003, p. 117-118.

[10]En este punto, María Seoane se equivoca al señalar que es Oscar Prada, líder de la Tendencia Proletaria o de Derecha, el que luego de la ruptura con el PRT-EC constituye el GOR. Seoane,..., op. cit., p. 120.

La implementación de esta línea militar fue realizada junto a la Columna FAL "América en Armas". Dos cuestiones marcaron un punto de acuerdo importante, capaz de sostener la relación entre ambas organizaciones. Por un lado, la posición fijada ante la estrategia electoral que se abrió con el Gran Acuerdo Nacional, promovida por la dictadura. En un contexto en el cual la presión ejercida en pos de esta salida era muy fuerte y arrastraba a la mayoría, ambos grupos se mantuvieron intransigentes y criticaron con firmeza "la farsa electoral". Por otro lado, la caracterización de la lucha armada que ambas defendían y que fundamentalmente las distanciaba del PRT-ERP.[11] En lo estrictamente militar, esta vinculación continuó hasta fines de 1975.

En ese año, el movimiento obrero argentino volvió a sacudir al país protagonizando las históricas jornadas de los meses de junio y julio, aquellas que pusieron en jaque al gobierno peronista y a sus bastiones sindicales y que pasaron a la historia como el Rodrigazo. Desde las filas del GOR, Daniel Pereyra, fue partícipe directo de estos acontecimientos[12] y de la constitución de la Corriente Clasista que, motorizada por militantes de la vieja Tendencia Proletaria, incluyó a contactos de FAL "América en Armas", a la Liga Comunista Revolucionaria (LCR) y a independientes.[13]

---

[11]Para un análisis de la Columna FAL "América en Armas" y un detalle pormenorizado de las acciones armadas llevadas a cabo por ambos grupos, ver: Grenat, Stella: *Una espada sin cabeza. Las FAL y la construcción del partido revolucionario en los '70*, Ediciones ryr, Bs. As., 2011.

[12]El GOR tuvo una presencia significativa en la actividad sindical de la Zona Oeste del Gran Buenos Aires, por ejemplo en el Hospital Posadas y en la empresa metalúrgica Martín Amato, corazón de la Coordinadora Zonal. Estuvieron también en la fábrica Tamet de la Zona Sur, en el sindicato de Visitadores Médicos y de la fábrica Avón en Zona Norte y en gráficos, ATE y metalúrgicos de Capital Federal.

[13]La LCR nace de una escisión del PRT-ERP acaecida a mediados de 1973, cuando este último partido formaliza su separación de la IV Internacional.

16

En un contexto cada vez más represivo, la última etapa de la militancia de Pereyra en la Argentina fue la que vivió en el GOR que, a fines de 1975, incorporó a la LCR, luego de la caída casi completa de su dirección. Durante la dictadura militar, el GOR mantuvo su intervención política desplegando sus cada vez más diezmadas fuerzas en el frente sindical y en el militar. En el primero, proponiendo la formación de "Comités de Resistencia clandestinos" y, en el segundo, mantenido su posición, la autodefensa y la propaganda.[14] Pocos fueron, sin embargo, los resultados de esta intervención. Como el resto de las organizaciones, el GOR terminó cercado por la represión. En 1978, en medio de un debate interno, iniciaron el repliegue levantando casas operativas y promoviendo la salida al exilio de los militantes, entre ellos, Daniel Pereyra, quien partió al exilio hacia Madrid. En 1979, luego de la detención de un miembro de la dirección que había retornado al país a reorganizar el grupo, el GOR deja de existir. En España, y hasta el día de hoy, continúa militando. Según las referencias Pereyra:

"se exiló en Madrid en 1978. Desde ese mismo momento se incorporó a una organización 'hermana', de la IV Internacional, la Liga Comunista Revolucionaria. Y siguió con ella cuando se transformó en Espacio Alternativo, como corriente interna de Izquierda Unida. Hace un tiempo, Espacio Alternativo decidió salir de IU y se terminó transformado en lo que es hoy, Izquierda Anticapitalista (IA), organización hermana del NPA [Nuevo Partido Anticapitalista] francés. Pues Daniel, formalmente, sigue militando en IA aún estando enfermo. Y también sigue estando en el Consejo Asesor de la revista teórico-política *Viento Sur*, que se edita en Madrid."[15]

---

[14]Comité Central del GOR: *Organizar, coordinar y extender la Resistencia obrera y popular contra la Dictadura Militar,* 20 de julio de 1976, citado por Cortina,…op. cit.

[15]Entrevista a Roberto Montoya, realizada por la autora, febrero de 2011.

En esta nueva etapa, dedicó tiempo al oficio de escritor. Así nacieron obras vinculadas a las que siguen siendo sus preocupaciones centrales: la denuncia de la opresión y la resistencia de los pueblos.[16]

La obra

La concepción que guía el libro es que la lucha armada ejercida por las masas es una constante en la historia social de América. Una forma de lucha inserta en la larga tradición de enfrentamientos protagonizados por los pueblos latinoamericanos desde la conquista y, fundamentalmente, desde la formación de los estados nacionales. A partir de esta perspectiva, Pereyra sostiene la existencia de una conjunción entre lucha armada y movilización de masas, en tanto la primera se insertaría en el marco represivo desatado frente a las luchas económicas y políticas de las segundas.

Este enfoque le permite cuestionar con éxito dos argumentos fuertemente instalados en el sentido común. El primero, aquel que afirma que fue el impacto de la revolución cubana, principalmente en fracciones pequeño burguesas, el único detonante del accionar militar de las décadas de 1960 y 1970. Enfrenta de este modo uno de los tópicos que atraviesa con fuerza la historiografía existente sobre el tema: la noción de "copia" del modelo cubano. Así, Pereyra alcanza un valioso equilibrio al reconocer la influencia ejercida por la Revolución cubana sin perder de vista la historia particular de cada proceso presentado. El segundo, las innumerables versiones que defienden el carácter externo a las masas de las organizaciones

---

[16]Pereyra, Daniel y Montoya, Roberto: *El caso Pinochet y la impunidad en América Latina,* Pandemia, Bs. As., 2000; Pereyra, Daniel: *Argentina rebelde,* Ediciones de Intervención Cultural S.L./El Viejo Topo, Madrid, 2003; Pereyra, Daniel: *Mercenarios. Guerreros del Imperio,* Ediciones de Intervención Cultural S.L./El Viejo Topo, Madrid, 2007.

18

armadas que intervinieron en aquellos años. En este sentido, su mirada de conjunto resulta funcional al objetivo de mostrar la intrínseca relación de la convulsión social continental con la lucha armada. De este modo, en contra del ejercicio burgués de fragmentar la realidad, este libro demuestra que cuando las organizaciones armadas llenaron las páginas de los diarios en los '70, tenían detrás de sí una larga tradición.

Quienes por primera vez se aproximan al tema y quienes nos dedicamos a su estudio encontraremos en estas páginas un acercamiento claro y certero a la problemática armada. En primer lugar, la presentación completa de la larga lista de organizaciones que se erigieron en el periodo y de sus principales acciones. Información que constituye un recurso indispensable a la hora de iniciar una investigación particular, en tanto repone datos que permiten seguir adelante. Este señalamiento debe medirse teniendo en cuenta la dificultad metodológica que supone reconstruir la historia de organismos clandestinos que, además, fueron en su mayoría desbaratados por la represión. Asimismo, el autor, hace referencia al origen político extremadamente diverso de cada una de estas organizaciones, como así también a la diversidad de su composición social. Tarea que realiza mediante el uso de una amplísima bibliografía y de fuentes, la mayoría desconocida. De esta manera quedan planteadas, con acierto, la multiplicidad de factores que es necesario analizar para comprender el fenómeno guerrillero en el continente. En segundo lugar, analiza cada caso discriminando las estrategias militares (guerrilla rural y urbana, milicias, autodefensas campesinas, etc.) y los programas (socialistas, democráticos, etc.) desplegados por cada organización. Resuelve de este modo uno de los principales déficit existentes en la mayoría de los trabajos que, confundiendo radicalización estratégica con programática, definen como revolucionarias a todas las organizaciones que toman el camino armado.

Finalmente, encontraremos en este libro la posición del autor frente a los principales debates sobre el tema que trata: las causas del surgimiento de las organizaciones armadas, el militarismo y la derrota de dichas organizaciones. Dado el carácter pedagógico que la Biblioteca Militante tiene y sólo con la finalidad de que los lectores tengan más herramientas para *su* debate con el autor, presentamos a continuación una serie de comentarios críticos que, creemos, revelarán aún más la riqueza del material que Pereyra ofrece a la militancia.

Con respecto a la causa del surgimiento de las organizaciones armadas en Latinoamérica, el autor la encuentra en la "opresión" ejercida por EE.UU. En tal sentido, surgiría como respuesta a las agresiones ejercidas por la ofensiva imperialista. Desde esta perspectiva, y dada la subsistencia de dicha opresión, se desprende el planteo central del texto: la derrota militar de las organizaciones armadas en los '70 no significaría su erradicación cómo método de lucha y, en consecuencia, las masas podrían seguir apelando a ella. Si bien, uno de los méritos de la obra es otorgarle a la lucha armada un lugar en el arsenal popular, el problema principal del planteo propuesto para explicar las causas de su surgimiento, es que, al relativizar los factores internos de cada país, hace perder de vista el papel que le cabe a las burguesías nativas en su responsabilidad frente al deterioro y la pauperización social.

Pereyra, al igual que el resto de los partidarios de la teoría de la dependencia, apela a una explicación económica social que se ha mostrado endeble para explicar el derrotero de los diferentes casos nacionales. En este mismo sentido, su adhesión a hipótesis que encuentran una nueva especificidad en el capitalismo neoliberal lo conduce a adherir a un enfoque que termina difuminando el antagonismo principal de cada nación, en tanto, la contradicción principal entre burguesía y proletariado es suplantada por la de imperio versus pueblos oprimidos. Así, la nueva naturaleza que asumiría el neoliberalismo (cuya impronta principal se verificaría en la disminución abrumadora de la clase obrera ocupada), generaría nuevos movimientos de resistencia. Por este camino, que termina subsumiendo a todas las luchas bajo el programa de la liberación nacional, la búsqueda de una mayor democratización se convierte en la única meta posible. De aquí surge el énfasis puesto en el papel del campesinado y en la principal bandera levantada por los campesinos: el derecho a la tierra. Si bien la metódica descripción de cada organización que realiza Pereyra permite acceder a las discrepancias estratégicas y político programáticas de cada una de ellas, sus conclusiones debilitan la posibilidad de comprender sus límites. El caso más notable, sin duda, es el del zapatismo cuya extensísima experiencia, defendiendo un feroz autonomismo, ha demostrado su incapacidad para resolver las demandas mínimas que impulsaron su nacimiento.

El segundo punto de debate es el del militarismo, causa principal, según Pereyra de la derrota de la mayoría de las organizaciones. Llega a esta conclusión partiendo de la idea de la existencia de una evolución de la lucha armada desde los primeros focos, pasando organizaciones armadas hasta llegar a las organizaciones político militares, última etapa en la cual la incorporación de las masas permitiría alcanzar la victoria, ausente en las experiencias anteriores. De esta manera, la segunda etapa, la de las organizaciones armadas, se habría caracterizado por sucumbir frente a una desviación militarista que, cercenando el debate y priorizando la incorporación de combatientes habría conducido a desguarnecer los frentes de masas. Ejemplo de ello serían, entre otros, los casos del PRT-ERP y de Montoneros. En principio, una explicación única difícilmente pueda servir para cada experiencia, en tanto el único camino para determinar cual es la estrategia adecuada para un país en un determinado momento histórico es a partir de la realidad de ese país. En este punto, Pereyra no hace honor a la riqueza empírica que su libro ofrece. En esta línea, el análisis del proceso argentino, una vez más no cuadra en esta explicación.

Lo dicho en los párrafos precedentes no impide destacar, una vez más, que estamos ante un texto que adquirirá un valor de referencia ineludible, un libro militante, uno de esos que entran en la categoría de imprescindibles.

Para seguir leyendo (y viendo)

Para el caso Argentino, hay tres textos que sirven como aproximación a las organizaciones armadas que actuaron en nuestro país en la etapa previa a los '70, el de Ernesto Salas, *Uturuncos. El origen de la guerrilla peronista,* Editorial Biblos, Bs. As., 2003, el de Gabriel Rot, *Los orígenes perdidos de la guerrilla en la Argentina. La historia de Jorge Ricardo Masetti y el Ejército Guerrillero del Pueblo.* Ed. El Cielo por Asalto, Bs. As., 2000, y el de Roberto Bardini, *Tacuara, la pólvora y la sangre,* Océano, México, 2002. Todos ellos útiles para debatir en torno a las diferencias programáticas existentes entre organismos que, surgidos en contextos disímiles, apelaron a una estrategia similar. En el mismo sentido, *Una espada sin cabeza. Las FAL y la construcción del partido revolucionario en los '70,* de Stella Grenat (Ediciones ryr, Bs. As., 2011). Para la formación de los primeros contactos y grupos armados constituidos en torno a la estrategia guevarista, recomendamos Bustos, Ciro: *El Che quiere verte,* Vergara, Argentina, 2007.

Los cinco tomos de Martín Caparros y Eduardo Anguita, *La Voluntad. Una historia de la militancia revolucionaria en la Argentina,* Tomo I: 1966-1969, Tomo II: 1969-1973, Tomo III: 1973-1974, Tomo IV: 1974-1976, Tomo V 1976-1978, Editorial Planeta, Bs. As., 2006, siguen siendo valiosos para acercarnos, a través de testimonios directos, a la militancia revolucionaria de aquellos años. El enfoque fuertemente volcado a mostrar la práctica militar que caracteriza a esta obra, es contrarrestado por textos que hablan más de la acción sindical de los agrupamientos armados, como Gregorio Flores, *Lecciones de batalla,* Ediciones ryr, Bs. As., 2006 y Héctor Löbbe, *La guerrilla fabril,* Ediciones ryr, Bs. As., 2006. En este sentido, los documentales del grupo Mascaró, *Gaviotas Blindadas I, II* y *III, Clase y Un arma cargada de futuro*, amplían la imagen de este último partido, dando cuenta no sólo de su accionar en el frente militar, sino también en el fabril y el cultural.

Un debate y una reflexión sobre el PRT argentino, el MIR chileno y Tupamaros, puede verse en De Santis, Daniel: *Entre Tupas y Perros*, Ediciones ryr, Bs. As., 2005. Para el acceso a las fuentes de las organizaciones peronistas, ver las recopilaciones realizadas por Roberto Baschetti, *Documentos de la Resistencia Peronista 1955-1970*, De La Campana, Bs. As., 1997; *Documentos 1970-1973*, Volumen I: De la guerrilla peronista al gobierno popular, De La Campana, Bs. As., 2004; *Documentos 1973-1976*, Volumen I: *De Cámpora a la ruptura*, De La Campana, Bs. As., 1996; *Documentos 1973-1976*, Volumen II: *De la ruptura al golpe*, De La Campana, Bs. As., 1999; *Documentos 1976-1977*, Volumen I: *Golpe militar y resistencia popular*, De La Campana, Bs. As., 1999.

Para fuentes sobre el PRT-ERP: De Santis, Daniel: *¡A vencer o morir! La historia del PRT-ERP*, Nuestra América, 2004, Tomo 1, Volumen 1; *¡A vencer o morir! La historia del PRT-ERP*, Eudeba, Buenos Aires, 2006, Tomo 1, Volumen 2 y De Santis, Daniel: *La historia del PRT-ERP por sus protagonistas*, A formar filas-editora guevarista, Bs. As., 2010. Para la historia del PRT-ERP, recomendamos también el libro Plis-Sternberg, Gustavo: *Monte Chingolo. La mayor batalla de la guerrilla argentina*, Planeta, Bs. As., 2003.

Más difícil es recomendar buena lectura accesible para las experiencias del resto de América Latina. Para el acceso a documentos e información sobre todas las organizaciones armadas de Latinoamérica ver: http://www.cedema.org. Para la guerrilla uruguaya, la ya clásica *Historia de los Tupamaros*, escrita en tres tomos por Heleuterio Fernández Huidobro y las *Actas Tupamaras*, son un buen punto de partida. Sobre la principal guerrilla colombiana, la bibliografía es abundante, pero lo más recomendable para la historia de las FARC es *Tirofijo, Los sueños y las montañas. Colombia: 40 años de luchas guerrilleras*, de Arturo Alape. Para Nicaragua, una buena investigación es la de Lozano, Lucrecia: *De Sandino al triunfo de la revolución,* Siglo XXI, México, 1985. Sobre la Revolución cubana hay mucho, pero véase Pérez Cabrera, Ramón: *Del Palacio a las Villas,* Nuestra América, Bs. As., 2007. Para el debate en torno a la guerrilla ver: Guevara, Ernesto: *La guerra de guerrillas,* Editorial 21, Argentina, 2003; Lora, Guillermo: *Revolución y Foquismo. Balance de la discusión sobre la desviación guerrillerista,* El Yunque, Bs. As., 1972 y los textos de Regis Debray, *¿Revolución en la revolución?,* Era, México, 1969; *Crítica de la razón política,* Cátedra, Madrid, 1983 y *La guerrilla del Che,* Siglo XXI, México, 2004.

Hay dos films muy recomendables para comparar el desarrollo de la guerrilla rural y el de la urbana: *Che, el argentino,* de Steven Soderbergh y, un clásico, *La Batalla de Argel* de Gillo Pontecorvo.

cada compañero tenía un pedazo de sol/
en el alma/el corazón/la memoria/
cada compañero tenía un pedazo de sol/
y de eso estoy hablando

no estoy hablando de los errores que
nos llevaron a la derrota/por ahora/no
estoy hablando de la soberbia/la ceguera/el delirio militarista de la
 /conducción/
estoy diciendo que cada compañero tenía un pedazo de sol

que le iluminaba la cara/
le daba calor en el pavor nocturno/
lo abellaba alegrándole los ojos/
lo hacía volar/volar/volar

¿se apagaron esos pedazos de sol ahora?/ahora que los compañeros
 murieron/¿se
apagaron sus pedazos de sol?/
¿no siguen alumbrándoles el alma/
memoria/corazón/calentándoles
el calcañar/los huesos disparados de sombra?

solcito que se apagaba así/
todavía alumbras esta noche/
en que estamos mirando la noche
hacia el lado por donde sale el sol

(Juan Gelman, Si dulcemente, 1980)

*Durante esos 10 años han muerto más de 150.000 de nuestros
hermanos indígenas por enfermedades curables…
…Ya basta de morir de muerte inútil, por eso mejor pelear para
cambiar. Si ahora morimos, ya no será con vergüenza, sino con
dignidad, como nuestros antepasados. Estamos dispuestos a morir
otros 150.000 si es necesario para que despierte nuestro pueblo del
sueño de engaño en que lo tienen.*

Comité Clandestino Revolucionario Indígena
Desde las montañas del Sureste Mexicano,
5 de enero de 1994.

*Cuba y Nicaragua no inventaron los padecimientos que hicieron
posible la insurrección en El Salvador y en otras partes. Estos
padecimientos son reales y agudos.*

Henry Kissinger
Informe sobre Centroamérica, 1984.

Agradezco a todas las personas y organizaciones que me facilitaron sus testimonios y documentación, sin las cuales este trabajo no habría sido posible. Y en especial a Roberto Montoya, que me animó en todo momento, brindándome su consejo y experiencia.

Daniel Pereyra, abril de 1994

Introducción

El 1 de enero de 1994 el mundo entero volvió sus ojos hacia México, y no precisamente por las razones que hubiera querido su presidente Carlos Salinas de Gortari, por la entrada en vigor del Tratado de Libre Comercio (TLC) que asociaba a su país con Estados Unidos y Canadá.

Los ojos de la opinión pública mundial no se fijaban ese día en lo que hacía o decía el presidente ni tampoco Luis Donaldo Colosio, el hombre al que ya se daba como nuevo presidente, tras ser presentado como candidato a las elecciones generales del 21 de agosto siguiente.

Los teletipos y telefotos de las agencias mundiales y las imágenes de las principales cadenas de TV transmitían al unísono un fenómeno "inesperado". En el lejano estado sureño de Chiapas, el más pobre del país, había estallado una rebelión. Una organización hasta el momento desconocida por la opinión pública mundial, el Ejército Zapatista de Liberación Nacional (EZLN), hacía irrupción abruptamente en el escenario político dando por tierra con los festejos previstos por Salinas ese día para inaugurar el TLC.

¿Quiénes eran, de dónde venían, qué querían? Eran unos miles de campesinos indígenas que ocupaban por la fuerza los pueblos y ciudades linderos con la selva Lacandona, de donde bajaban las fuerzas guerrilleras, que traían el grito contenido por siglos. El mismo grito de Zapata, las mismas reivindicaciones, a fines del siglo XX, por las que lucharon y murieron los caudillos populares a principios de la centuria.

La oportunidad del momento y los métodos utilizados dieron a esta rebelión un eco que ni sus propios protagonistas imaginaron.

En pocos días de revuelta armada los zapatistas consiguieron más por la democracia mexicana que en años de lucha. Los postergados, los oprimidos de siglos, "los muertos de siempre", según palabras del ya mítico subcomandante Marcos, dijeron "¡Basta!" y echaron a andar.

Pero la acción de EZLN tiene mucha más trascendencia. Desnuda descarnadamente en qué se basa el Nuevo Orden Mundial y pone en evidencia la crítica situación que atraviesan en América Latina millones de campesinos.

Pese a la sorpresa causada por el EZLN, su lucha tiene antecedentes en la historia de México, como muy bien se preocupan de reivindicar, y también en otros pueblos de América Latina que a lo largo de 500 años de conquista, colonización y explotación, se han rebelado una y otra vez para romper penosas cadenas impuestas por los poderosos.

La ocasión es propicia, gracias a los zapatistas, para recuperar del olvido esas luchas y las causas que las originaron. La historia de la lucha armada en el continente, de su íntima relación con otras formas de lucha, debe ocupar su lugar en la memoria de los pueblos.

La desaparición de muchas de las organizaciones armadas que proliferaron en las últimas décadas en América Latina y el proceso de reinserción en la vida civil de otras han dejado como saldo una falsa imagen de lo que sucede en el continente, como si los problemas que les dieron origen hubieran desaparecido por arte de magia. Nada más lejos de la realidad. La historia de la lucha armada en América Latina es antigua y variada, y sólo viendo sus orígenes, su evolución, las similitudes de uno u otro grupo a pesar de actuar en diferentes países, se puede entender que no se trata de una vía de lucha cerrada por decreto. La aparición del EZLN no es una casualidad.

La realidad económica y social de América Latina

Es muy difícil comprender el fenómeno de la lucha armada si no se tiene en cuenta la crítica realidad del continente.

La situación en el período colonial, con los niveles de opresión y explotación alcanzados, es sobradamente conocida y escapa a las posibilidades de este trabajo. En cuanto a la política económica de las potencias imperialistas desde fines del siglo pasado hasta la II Guerra Mundial, consistió básicamente en invertir para que los países coloniales y dependientes suministraran materias primas baratas a las metrópolis. El desarrollo de las economías latinoamericanas, lo que Gunder Frank llama "desarrollo del subdesarrollo", fue condicionado por las necesidades de los países centrales y los requerimientos del mercado mundial. Las grandes inversiones se realizaron en función de "complementar las necesidades de la producción capitalista en los países metropolitanos".[1] La exportación masiva de capital para la producción de materias primas frenó la acumulación y el nivel de productividad de los países atrasados; los bajos salarios constituyeron un aliciente para demorar la industrialización ampliando el desnivel productivo. Así se explica igualmente la especialización nacional en determinados productos (café, azúcar, banano, cobre, petróleo), acentuando la dependencia.

De esa política surgió una estrecha alianza entre la oligarquía terrateniente y el imperialismo que congeló las relaciones precapitalistas de producción del campo, manteniendo los grandes

---

[1]Mandel, Ernest: "La estructuración del mercado imperialista", *Crítica de la Economía Política,* núm. 1, México, octubre de 1976.

latifundios junto a la proliferación del minifundio y la falta crónica de tierra para las grandes masas campesinas.

"En América Latina entre el 70 y el 90% de las propiedades agrícolas son minifundios, que explotan aproximadamente de un l0 a un 20% del área cultivada total. Es muy improbable que allí puedan introducirse modificaciones sustanciales (para incrementar la productividad) debido a las condiciones culturales, educacionales y sociales en que se desenvuelve la gran masa campesina, que en esos minifundios vive a niveles de subsistencia".[2] Este régimen de tenencia de la tierra va acompañado de altos índices de mortalidad infantil, analfabetismo y carencia de servicios sanitarios, agua, transportes, comunicaciones, etc. Si se tienen en cuenta todos estos factores, se explica que en América Latina la inestabilidad social y política sea una constante.

La demanda de materias primas y la elevación de sus precios durante la II Guerra Mundial, la creciente demanda de mano de obra y la elevación de los salarios, así como la necesaria sustitución de importaciones, provocaron una reactivación del mercado interno y el surgimiento de regímenes populistas o nacionalistas con cierto respaldo de masas.

Pero a partir de los años 50 la situación experimentó un franco retroceso, reflejado en el deterioro de los términos del intercambio, una mayor dependencia del mercado mundial y el comienzo del endeudamiento externo que no cesaría de crecer. El principal beneficiario de esta situación fue Estados Unidos, que reforzó su predominio con medidas políticas y militares.

---

[2]Sunkel, Osvaldo y Paz, Pedro: *El subdesarrollo latinoamericano y la teoría del desarrollo,* Siglo XXI, México, 1970.

La ofensiva de Estados Unidos y los golpes de estado

En 1947 se firmó el Tratado Interamericano de Asistencia Recíproca, en 1951 la Ley de Seguridad Mutua y en 1952 el Pacto de Ayuda Militar (MAP), que fueron piezas claves para aumentar la influencia norteamericana sobre los gobiernos y ejércitos del continente.

"Desde 1952 hasta el presente, Estados Unidos ha proporcionado armas, adiestramiento y subvenciones a los militares en sus tareas. La Ley de Seguridad Mutua asignaba fondos para el fortalecimiento de los ejércitos latinoamericanos... Como parte de su contribución a los esfuerzos de defensa del hemisferio, los receptores del MAP se comprometían a suministrar minerales y otras materias primas estratégicas a Estados Unidos".[3] Dentro de este programa, 64.000 oficiales y soldados latinoamericanos fueron adiestrados en bases de Estados Unidos y Panamá entre los años 1950 y 1973. Robert Mc Namara dice al respecto: "No es necesario que me detenga a explicar el valor que tiene el disponer en cargos de dirección de hombres con un conocimiento de primera mano de cómo los norteamericanos actúan y piensan. Para nosotros no tiene precio hacernos amigos de esos hombres".[4] Todos estos amigos militares protagonizaron los golpes de estado que derrocaron a los gobiernos nacionalistas y populistas, instalando regímenes que sirvieran más descarnadamente a los intereses de las clases dominantes y de Estados Unidos. Así fue derrocado en 1946 Villarroel en Bolivia; así cayeron Bustamante en Perú en 1948 a manos del general Odría y Rómulo Gallegos en Venezuela para dar paso a Pérez Jiménez. El asesinato del líder popular Eliecer Galtán da el pretexto para la dictadura de Laureano Gómez ese mismo año en

---

[3]Klare, Michael y Sein, Nancy: *Armas y poder* en *América Latina,* Ediciones Era, México, 1978.
[4]Idem.

Colombia. En Cuba se produce el golpe de Batista en 1952. En 1954 el general Stroessner se encarama al poder en Paraguay, en Guatemala un golpe de la CIA derroca a Jacobo Arbenz y en Brasil una presión brutal lleva al presidente Getúlio Vargas a suicidarse iniciando una década de inestabilidad al cabo de la cual las fuerzas armadas se harían cargo directamente del poder.

En 1955 es derrocado Perón en Argentina y en 1957 Duvalier inicia una larga dictadura en Haití.

Estos regímenes se sumaron a los ya existentes en Nicaragua, República Dominicana y El Salvador desde los años 30 y en su conjunto significaron un golpe a las conquistas populares y una constante violación de los derechos y libertades de los pueblos, así como el derrocamiento de gobiernos que contaban en mayor o menor grado con el respaldo de amplios sectores.

La respuesta popular

Coincidiendo con estas agresiones se inició en América Latina un período prolongado de luchas económicas y políticas, dentro del cual se inscribieron distintas manifestaciones de lucha armada.

Los trabajadores se defendieron de la superexplotación y de la ilegalización de la actividad sindical; los campesinos lucharon por la tierra; los estudiantes por sus reivindicaciones específicas y junto a los intelectuales por las libertades democráticas. De una u otra forma todos se enfrentaron a las dictaduras y los gobiernos fuertes de derecha instalados en América Latina.

Incluso elementos de las fuerzas armadas asumieron posiciones antiimperialistas en protesta por la pérdida de soberanía, y en algunos casos llegaron a confluir con sectores populares.

La combinación de estas luchas con la represión desatada para sofocarlas dio lugar en muchos países al surgimiento de movimientos armados como último recurso ante la utilización de la fuerza del estado contra el pueblo.

Las dos luchas populares más importantes de los años 50, la Revolución Boliviana en 1952 y la Revolución Cubana de 1953-58, son dos ejemplos victoriosos de la conjunción de movilización de masas y lucha armada, sea mediante la insurrección en Bolivia o por la guerrilla y la movilización popular en Cuba. Otros dos casos ocurridos en esa época fueron el inicio de la lucha guerrillera en Colombia en 1948 y la resistencia peronista contra la dictadura en 1955.

En el origen de todos los procesos de lucha armada que se sucedieron en América Latina desde entonces hasta la fecha se encuentran fuertes agresiones al nivel de vida, a las libertades más elementales y a la soberanía de los pueblos.

Y en el caso del campesinado indígena se agrega una secular explotación acompañada de las trabas al uso de la lengua y culturas tradicionales.

El surgimiento de las guerrillas

Con este trasfondo, el ejemplo de la Revolución Cubana victoriosa por medio de las armas, la entrega de la tierra a los campesinos y la nacionalización de las empresas extranjeras sacudió profundamente a las masas en toda América Latina.

En primer lugar provocó un cambio profundo en muchos luchadores sociales, antiimperialistas y sindicalistas; les hizo ver la posibilidad de derrotar a la injusticia y la represión por medio de la lucha armada. Cuestionó la acción de la mayoría de las organizaciones populares existentes en el continente. Y planteó la posibilidad de luchar en forma efectiva por una sociedad nueva, una sociedad socialista. Estas convicciones ni eran unánimes ni similares en cada organización y cada país. Por el contrario, la diversidad fue muy grande. Tuvo que ver con las tradiciones y experiencias, con la ideología y la línea política, con la implantación social de cada organización. Y todo se reflejó en la variedad de criterios político-militares de los grupos armados, en su evolución y destino ulterior.

Las organizaciones populistas (que habían caído frente a los golpes de estado sin lucha) y las organizaciones de izquierda que no estaban dispuestas a plantear el problema del poder vieron surgir tendencias que pronto se alejaron para crear nuevos organismos que se planteaban la lucha armada como objetivo inmediato.

Muy diversas fueron las fuentes iniciales de la guerrilla.

Algunos partidos comunistas adoptaron la línea de la lucha armada, como ocurrió en Paraguay, Venezuela y Guatemala; la mayoría sufrieron escisiones, como en Brasil, Argentina y Perú. Los de Guatemala y Salvador atravesaron crisis cuando decidieron apartarse de esa forma de lucha. En cuanto a los sectores comunistas maoístas, en algunos casos dieron surgimiento a organizaciones armadas, así en Colombia el Ejército Popular de Liberación (EPL) y Sendero Luminoso en Perú.

De núcleos de la populista Alianza Nacional Popular (ANAPO) se formó el M-19 colombiano, y los Montoneros argentinos surgieron de sectores peronistas y católicos, así como el MIR peruano tuvo en sus orígenes a núcleos rebeldes del APRA.

Grupos de militantes socialistas estuvieron en el origen de los Tupamaros uruguayos, del MIR chileno y de las primeras FAL en Argentina, junto con gente de otras procedencias en los tres casos.

El PRT-ERP argentino era una organización trotskista que se escindió en torno al tema de la lucha armada, y otros militantes de esa ideología participaron en organizaciones armadas de Perú, Guatemala y Brasil, entre otros países.

Militantes anarquistas también participaron en organizaciones armadas, particularmente en Uruguay y Argentina.

Algunos militares participaron activamente en la formación de organizaciones guerrilleras: los casos más destacados son los del teniente Yon Sosa y otros 30 oficiales en Guatemala, creadores del MR-13; el del coronel Caamaño en la República Dominicana, que dirigió la lucha contra la invasión estadounidense en 1965 y luego creó un foco guerrillero; el del capitán Lamarca en Brasil, fundador del MR-8, así como muchos suboficiales. En casi todos los casos se trataba de militares nacionalistas que se oponían al rol represor y proimperialista de los ejércitos.

En cuanto al componente religioso, también en la Iglesia Católica repercutieron las luchas de este período, y fueron numerosos los sacerdotes que se implicaron directamente.

Esto se reflejó en la II Conferencia del Episcopado Latinoamericano celebrado en Medellín en 1968, que en una de sus resoluciones decía: "La mayoría de los líderes católicos se inclinan cada vez más a considerar la función básica de la Iglesia en el sentido de tener que orientar los valores de la nueva sociedad, o mejor, de liderar el proceso de cambio social y político". El Movimiento de Sacerdotes del Tercer Mundo surgido en Argentina en los años 60 y la Acción Sindical de inspiración cristiana en Uruguay, de igual época, los curas obreros, las comunidades cristianas de base, son ejemplos de implicación en los movimientos sociales.

Además hay numerosos casos de implicación directa en la lucha armada, como la de los sacerdotes Camilo Torres, Domingo, José Antonio y Diego Uribe, caídos en Colombia como militantes del ELN; el padre Indalecio Olivera, muerto en un enfrentamiento como militante tupamaro en Uruguay; y el sacerdote Fernando Hoyos, caído en Guatemala como miembro de la guerrilla. En Nicaragua los sacerdotes Cardenal y D'Escotto participaron activamente en el Frente Sandinista.

Muchos religiosos perdieron la vida por su compromiso con la causa popular sin estar implicados en la lucha armada. Tales son los casos de Monseñor Romero y los padres jesuitas Ellacuría y otros en El Salvador, asesinados por el ejército; del padre Mugica y el obispo Angelelli, asesinados por las bandas paramilitares en Argentina, del padre Enrique y la monja Marina Borges, torturados y asesinados por los cuerpos policiales brasileños. La represión contra la Iglesia en algunos países alcanzó tales niveles que en una resolución sin precedentes el Arzobispado de Guatemala clausuró la diócesis del Quiché como denuncia contra la acción del gobierno.

La composición social de la guerrilla

Se puede afirmar que la mayoría de los primeros combatientes eran activistas de movimientos urbanos, ya fueran estudiantes, profesionales, trabajadores o intelectuales y, en menor medida, campesinos. La presencia de militares fue más importante allí donde se produjeron movimientos nacionalistas en el ejército, caso de Guatemala, Venezuela o Brasil. La de religiosos donde existía un mayor compromiso social de sectores de la Iglesia, como en Nicaragua, Guatemala o El Salvador.

En la medida que las organizaciones crecieron, aumentó el número de trabajadores en sus filas, como fueron los casos de Tupamaros, ERP o Montoneros. En países de alta composición agraria, la participación campesina se hizo mayoritaria, como en Cuba, Guatemala o El Salvador. En México la Asociación Cívica Nacional Revolucionaria y el Partido de los Pobres que operaron en los años '60 y '70 contaban con mayoría de campesinos en sus filas, y el Ejército Zapatista en 1994 está formado esencialmente por campesinos del estado de Chiapas, organizados a partir de las comunidades indígenas.

Se puede sintetizar diciendo que la composición social de las organizaciones guerrilleras cubre un amplio arco que va desde amplios sectores de clase media baja, profesionales, maestros, artesanos, estudiantes, hasta trabajadores urbanos y campesinos.

¿Cual era el origen social y político de los líderes más conocidos de la guerrilla? Veamos algunos casos.

En Cuba, Fidel Castro era abogado; el Che Guevara, médico; Frank País, maestro; Crescencio Pérez, campesino y Juan Almeida, obrero de la construcción. En Nicaragua, Fonseca Amador y Tomás Borge eran estudiantes universitarios.

Los primeros líderes guatemaltecos fueron los tenientes del ejército Yon Sosa y Turcios Lima.

En El Salvador, Salvador Carpio era obrero panadero.

En Colombia el máximo dirigente de las FARC era el campesino Manuel Marulanda, y los fundadores del ELN fueron Fabio Vázquez, empleado de banca; Manuel Vázquez, abogado y Víctor Medina, estudiante. En la segunda etapa de esta organización, los líderes fueron Manuel Pérez, sacerdote y Nicolás Rodríguez, campesino.

En Venezuela el estudiante Douglas Bravo y el economista Luben Petkoff fueron los fundadores de las FALN.

En Brasil, dos de los más conocidos dirigentes fueron el veterano comunista Carlos Marighella y el capitán Lamarca.

En Perú los principales dirigentes del MIR y el ELN fueron Luis de la Puente, abogado; y Héctor Béjar y Guillermo Lobatón, periodistas. El fundador de Sendero Luminoso, Abimael Guzmán, es profesor.

En Chile los estudiantes Miguel Henríquez y Bautista Von Showen fueron los fundadores del MIR.

En Argentina los dirigentes más importantes fueron: del ERP, Mario Santucho, contable; de Montoneros, Mario Firmenich, estudiante y Sabino Navarro, obrero; de FAR, Roberto Quieto, abogado; y de FAL, Luis María Aguirre, médico.

En Uruguay el fundador de Tupamaros es Raúl Sendic, abogado y activista sindical.

Las diversas formas que tomó la lucha armada

El foco

A partir del triunfo de la revolución cubana surgieron grupos en muchos países del continente que constituyeron focos guerrilleros en virtud de una lectura apresurada de esa experiencia. El foco era concebido como ejemplo revolucionario suficiente para atraer a las masas al camino de la lucha armada. La conducción política del proceso surgiría del mismo foco, siendo innecesaria la existencia de una organización política. El análisis de las situaciones concretas de cada país cedió paso al entrenamiento militar y a la solución de los problemas técnicos. "La acción nos une" fue la consigna del período foquista, durante el cual se rechazó la polémica infinita de los denostados revolucionarios de café.

Para instalar el foco se buscaron zonas serranas y selváticas poco pobladas que permitieran al núcleo pasar desapercibido hasta el momento de comenzar a operar. El contacto con la población era considerado más como un riesgo que como una ventaja por razones de seguridad. En general, estos grupos carecían de relaciones en la zona elegida, no lograban incorporar campesinos a sus filas ni tenían fuertes apoyos en las ciudades, todo lo contrario de la experiencia cubana.

Con esas características, los primeros grupos guerrilleros se enfrentaron a la represión en condiciones muy desfavorables, tanto por su escasa capacidad militar como por las dificultades para sobrevivir en un terreno especialmente inhóspito. La declaración de la OLAS de 1967 ponía en duda la eficacia de los ejércitos de la región diciendo que "los medios técnicos de los ejércitos profesionales, adaptados a la represión de los movimientos populares en las ciudades, son incapaces de hacer frente a la guerra irregular". Pero la adaptación de los ejércitos a ese tipo de combate fue rápida, y no es extraño que la mayoría de los grupos de esa época hayan sufrido graves derrotas y en la mayoría de los casos dejaran de existir.

Pablo Monsanto, uno de los cuatro comandantes actuales de la URNG, hace una reflexión que se puede aplicar a la mayoría de los casos de la época: "Hubo una desviación foquista en Guatemala al inicio de la guerrilla, principalmente en la Guerrilla, Edgar Ibarra [...] Esa desviación se manifestaba en creer que la guerrilla iba a ser el centro de donde iba a partir el desarrollo general de toda la organización revolucionaria. Y que las masas iban a incorporarse en forma espontánea, estimuladas por la acción guerrillera".[5]

Las organizaciones armadas

A medida que los focos fueron extinguiéndose a fines de los '60 emergieron nuevos criterios, entre otras causas por la experiencia vietnamita. Cobró creciente importancia el trabajo entre las masas y el papel de la organización política, aunque realizara tareas militares.

En algunos países, como Uruguay, Chile y Argentina, de escasa composición campesina, se comenzaron a poner en práctica formas de lucha armada urbana, cambiando por tanto los métodos de organización y de la acción militar. Las cuestiones de seguridad cobraron mucha más importancia al considerarse las ciudades como un terreno desfavorable, y los problemas políticos y del movimiento social formaban parte de la actividad cotidiana. Pero incluso en países con mayoría campesina, como Nicaragua o Guatemala, las derrotas sufridas obligaron a un cambio profundo. Se dio importancia al trabajo político y se comenzó a combinar todas las formas de lucha.

---

[5]Harnecker, Marta: *Pueblos en armas,* Editorial Nueva Nicaragua, Managua, 1985.

Por otra parte, a comienzos de los años '70 las organizaciones existentes anteriormente o a las recién surgidas, como FARC y ELN en Colombia, las nicaragüenses y guatemaltecas, ERP y Montoneros en Argentina, Tupamaros en Uruguay, ya no eran pequeños grupos, sino organizaciones que contaban con centenares o miles de combatientes y desarrollaban un trabajo de masas, editaban periódicos o revistas y hacían una fuerte labor de propaganda. En muchas ocasiones sus operativos reflejaban necesidades populares y suscitaban simpatía y admiración.

Estos grupos no pueden de ninguna forma ser considerados como focos, pero su actividad dominante era militar y no política.

Planteaban el enfrentamiento entre la organización y las fuerzas armadas como choque de aparatos, con lo que se condenaban al fracaso. Ignoraron que su capacidad de crecimiento estaba condicionada por la participación activa de la población (como en China, Vietnam o Argelia) y que esto es un hecho político antes que militar.

Por otra parte, la urgencia de incorporar combatientes y de incrementar la actividad armada los llevaba a desguarnecer los frentes de masas con el trasvase de militantes; muchas acciones se realizaban sin tener en cuenta el impacto en la población. El trabajo de masas tendía más a lograr apoyo para la propia lucha que a responder a las necesidades populares. Además, los efectos de la concepción militarista se hicieron sentir en la falta de debate y de democracia interna; el régimen militar y la seguridad primaban sobre las necesidades políticas. Esto llevó en muchos casos a resolver los debates con medidas disciplinarias o por la ruptura de las organizaciones.

Tomás Borge atribuye a estas carencias la ruptura de las tendencias del Frente Sandinista años antes del triunfo de la revolución en Nicaragua y Manuel Pérez otro tanto a la grave crisis que sufrió el ELN en los años '70.

Esas características militaristas, unidas a la mayor preparación de los ejércitos latinoamericanos y la mayor injerencia de Estados

Unidos bajo la cobertura de la Doctrina de la Seguridad Nacional, condujeron en los años '70 al aniquilamiento o la extrema debilidad de las organizaciones armadas existentes, tales como las FAR en Guatemala, ELN en Colombia, ALN y MR-S en Brasil, ERP y Montoneros en Argentina, Tupamaros en Uruguay y MIR en Chile.

Las organizaciones político-militares

A partir del triunfo revolucionario en Nicaragua en 1979 y del conocimiento de su experiencia, son escasas las organizaciones que se planteen la lucha armada desde una óptica exclusivamente militarista. Casi todas han superado ese estadio de su actividad y cuentan con importantes trabajos políticos y con influencia de masas. La creciente eficacia de la acción contra guerrillera de los ejércitos, por otra parte, hace imposible la supervivencia con los antiguos planteamientos foquistas o militaristas.

Puede sintetizarse así las principales características de las organizaciones político-militares:

-Han evolucionado a partir de una crítica profunda del foquismo en lo militar, por su inmediatismo y carencia de una visión estratégica de conjunto.

-Rescataron enseñanzas de los chinos y vietnamitas en cuanto a la importancia vital del trabajo de masas, el rol político del ejército revolucionario y el posible carácter prolongado de la lucha armada.

-Realizan toda su actividad militar teniendo en cuenta la relación de fuerzas nacional e internacional.

-Incorporan a su concepción estratégica la decisiva participación de las masas en el proceso revolucionario a través de la huelga general y la insurrección, en estrecha unión con las fuerzas guerrilleras, así como la autodefensa de las organizaciones y movilizaciones populares.

-Procuran la unificación o coordinación de todas las fuerzas guerrilleras.

-Combinan la incorporación de equipo militar sofisticado con técnicas y armamento fruto de la iniciativa popular.

-Desarrollan políticas de alianzas para ampliar la base de sustentación de sus luchas.

-Realizan un intenso trabajo internacional y diplomático para ganar credibilidad y solidaridad con su actividad.

Entre estas organizaciones político-militares pueden citarse el Frente Sandinista de Nicaragua, el Frente Farabundo Martí de El Salvador, la Unión Revolucionaria Nacional Guatemalteca, las Fuerzas Armadas Revolucionarias y el Ejército de Liberación Nacional de Colombia.

El FSLN de Nicaragua es una de las pocas organizaciones que evolucionó desde el foquismo hasta alcanzar la victoria a lo largo de 20 años. En 1979 el FSLN se caracterizaba porque había logrado la unidad de las diversas facciones en que estaba dividido; estableció una estrecha vinculación con las organizaciones de masas, muchas de las cuales contribuyó a crear; había integrado a la lucha a amplios sectores cristianos y del clero católico; formó, bajo su dirección estratégica, un frente contra la dictadura de Somoza, incluso con sectores patronales y de políticos tradicionales; y utilizó la huelga general como máximo movilizador popular y detonante de la insurrección urbana, incorporando así al conjunto de la población a la lucha armada hasta el derrocamiento del somocismo.

Por la confluencia de todos estos factores, el proceso revolucionario se transformó en una auténtica guerra civil, donde el pueblo en armas se enfrentó al ejército y lo venció.   .

Relatando la insurrección en Estelí en 1978, dice el dirigente sandinista Francisco Rivera: "La participación de la población era clave dentro de los planes concebidos. Porque no se trataba solamente de ejecutar operaciones militares. Los responsables de todas las escuadras tenían instrucciones de actuar también como jefes políticos, conducir al pueblo, hacerlo participar, nunca limitamos a montar simples emboscadas de contención y aniquilamiento nosotros solos..."[6] A su vez, los dirigentes del ELN colombiano Manuel Pérez y Nicolás Rodríguez explican la evolución de su organización: "Hasta entonces el trabajo político que habíamos hecho era sólo para conseguir apoyo para la guerrilla, pero no era un trabajo para apoyar y desarrollar la organización del pueblo en la defensa de sus intereses. En eso fallamos en el campo y fallamos en la ciudad (...) teníamos dirigentes sindicales que simpatizaban con nuestro proyecto y no recibían ninguna orientación, porque hasta ese entonces lo único que había importado era sacar guerrilleros de entre los obreros (...) El cambio fundamental en la estrategia militar se da porque comenzamos a entender cada vez más claramente que la guerrilla, el grupo armado, no es solamente un instrumento militar, sino una estructura que tiene que desarrollar un trabajo político (...) También nos interrogamos por lo que va a sentir la gente con nuestras acciones y hemos comenzado a pensar que lo correcto no es sólo lo que nosotros creamos sino lo que el pueblo siente que es correcto".[7] En el caso de El Salvador los distintos núcleos guerrilleros existentes se volcaron a la construcción de organizaciones de masas que en 1979 ya dirigían grandes movilizaciones. Desde esa fecha la lucha armada ha estado íntimamente relacionada con la acción de las masas. Ya en 1980 las organizaciones armadas establecieron una estrecha colaboración fundando el Frente Farabundo Martí, con una dirección conjunta político-militar.

En 1989 el comandante del FMLN, Joaquín Villalobos, explicaba las posibilidades de lanzar una ofensiva victoriosa mostrando la complejidad de la situación. "No se puede restringir el concepto de ofensiva a una fecha, ya que los factores que se irán conjugando

---

[6]Ramírez, Sergio: *La marca del zorro*, Mondadori, Madrid, 1990.
[7]López Vigil, Marta: *Camilo camina en Colombia*, Txalaparta, Navarra, 1990

son resultado de una lucha social cuyo curso es hacia una insurrección popular, pero esa insurrección es el resultado de múltiples factores tales como: la ofensiva militar del FMLN, el proceso de insurreccionamiento de las masas en la ciudad y el campo, la generalización de la represión, la descomposición política del gobierno y las fuerzas armadas, y el debilitamiento de la política de Estados Unidos y de sus instrumentos para El Salvador".[8] En los casos de El Salvador y Guatemala, las organizaciones armadas llegaron a un grado de desarrollo que conllevaba una fuerte influencia de masas, el control sobre importantes sectores del territorio nacional, un eficaz nivel militar y una virtual situación de equilibrio de fuerzas con los gobiernos y ejércitos respectivos. La victoria revolucionaria no fue posible por el sostén absoluto de Estados Unidos, que ha brindado apoyo político, económico y militar en forma ilimitada.

El EZLN es un fenómeno distinto dentro de las organizaciones que practican la lucha armada.

Los zapatistas se asientan y surgen de las comunidades indígenas de Chiapas, de sus decisiones democráticas. Unen en su accionar la realidad de un pueblo combatiente con la táctica de la lucha guerrillera.

El EZLN es la primera organización armada que expresamente declara no luchar por el poder, sino por una transformación profunda de la sociedad. Renuncia por lo tanto a un rol vanguardista y pretende por el contrario "mandar obedeciendo", acatar las resoluciones de los pueblos en los que se basa y consultarlos permanentemente.

---

[8]Villalobos, Joaquín: *Perspectivas de victoria y modelo revolucionario*, FMLN, 1989.

La contraguerrilla

A medida que el fenómeno guerrillero se fue generalizando, los ejércitos latinoamericanos y Estados Unidos avanzaron en la doctrina contraguerrillera y adoptaron los medios políticos y militares destinados a acabar con los movimientos revolucionarios.

La cobertura ideológica creada a tal fin fue, a partir de la conocida lucha anticomunista, la Doctrina de la Seguridad Nacional: "Es una doctrina militar: es una ciencia de la guerra. Si engloba también toda la política, lo hace indirectamente, en virtud del hecho de que la guerra abarca ahora toda la política (...) es antes que nada un conocimiento que tiene por finalidad la guerra".[9] Con este soporte ideológico se articularon todos los recursos en función de la derrota de los revolucionarios.

Ante todo se desestimó el criterio de que el combate a la guerrilla debía correr a cargo de las policías. El ejército fue encargado de esa tarea, correspondiéndole además la centralización del mando de todas las fuerzas armadas y policiales, junto con la coordinación de la inteligencia y propaganda oficial.

Se reorganizaron las fuerzas, creándose unidades especiales antiguerrilleras, como las unidades de despliegue rápido, aviación táctica y comunicaciones sofisticadas. Se dio una formación especial militar e ideológica a esas tropas, por medio de entrenamiento en Estados Unidos y del envío de instructores, que en ocasiones actuaron personalmente.

Se le dio importancia decisiva a la inteligencia, según la teoría del coronel francés Trinquier: "Sobre todo información. En esta guerra el arma decisiva es la información. Es necesaria a cualquier precio. La tortura es la regla del juego. Los revolucionarios saben lo

---

[9]Comblin, Jospeh: *El poder militar en América Latina,* Editorial Sigueme, Salamanca, 1978.

que les espera. Se hará lo que sea necesario".[10] Se buscó aislar a la guerrilla de la población, quitar el agua al pez, siguiendo la experiencia británica en Malasia, la francesa en Vietnam y Argelia y la norteamericana en Vietnam. Para ello en El Salvador y Guatemala, por ejemplo, se forzó al exilio a centenares de miles de campesinos por medio de bombardeos masivos y del terror policial.

La represión se multiplicó a todos los niveles, incluso con métodos nuevos y especialmente contundentes, tanto para liquidar a los combatientes como para sembrar el terror en sus bases de apoyo y en toda la población.

Así se suprimieron todas las libertades democráticas allí donde aún subsistían, por medio de dictaduras o de legislaciones especiales; se crearon comandos especiales, con la apariencia de grupos civiles, constituidos por militares y policías y bajo el mando militar, dedicados al asesinato selectivo de opositores destacados, como la Mano Blanca en Guatemala, la AAA en Argentina, el Comando Rodrigo Franco en Perú, los Escuadrones de la Muerte, etc.; se generalizaron las torturas, las grandes redadas, los controles militares y los asesinatos de activistas o sospechosos, en algunos casos camuflados con supuestos enfrentamientos y luego creándose la cruel figura del desaparecido, persona de cuya situación no se daban informes o cuyo cadáver no se entregaba. Así se consumaron en Guatemala unas 40.000 desapariciones y 30.000 en Argentina, que son los casos más dramáticos; en otros países, como El Salvador, Perú, Chile, México y Uruguay, también se empleó este método. El coraje civil de las Madres de Plaza de Mayo en Argentina y otras organizaciones de familiares de desaparecidos permitió denunciar a las dictaduras y a los militares y policías que realizaron la tarea sucia. El informe de la Comisión Sobre la Desaparición de Personas en Argentina, el Informe Retting en Chile y el Informe de la Comisión de la Verdad en El Salvador han aportado pruebas fehacientes de estos crímenes

---

[10] Idem.

y de sus autores materiales así como de sus instigadores, que en todos los casos fueron las cúpulas militares.

La ofensiva de paz

Ya en su informe de 1984 recomendaba Kissinger intentar conseguir la paz en Centroamérica por la combinación de medios políticos, militares y sociales, señalando que si no se avanzaba rápidamente en la solución de los problemas reales, la paz podía ser huidiza y frágil. Sugería frenar los excesos de la derecha, "que son totalmente repugnantes".

Absoluto cinismo si se tiene en cuenta que esos "excesos" eran en realidad la esencia de la política represiva.

Las negociaciones de paz ya habían sido planteadas por varias de las guerrillas más consolidadas y se asentaban en el convencimiento de que en las actuales condiciones nacionales e internacionales, habiendo conseguido una fuerza realmente importante y en algún caso, como El Salvador, el equilibrio militar, les era imposible obtener la victoria, cosa que por otra parte tampoco podía lograr el ejército.

Sobre esa base se realizaron tentativas en Colombia donde varias organizaciones firmaron la paz, aunque las más importantes siguen en lucha; en El Salvador donde en 1993 cesaron las hostilidades; y en Guatemala, donde en diciembre de 1996 se logró el alto el fuego definitivo.

Estas organizaciones, que surgieron con el objetivo de tomar el poder, se plantean ahora lograr una democratización de la vida de sus países que permita la expresión política de los sectores populares, incluida la propia guerrilla. Reflejan un profundo deseo de paz de los pueblos, hartos de tanta guerra y sufrimiento, al mismo tiempo que las inmensas dificultades de la situación actual para la continuación de la lucha. El dilema que se les plantea es si pueden lograr ciertas garantías a partir del desarme, no sólo para un proceso cierto de participación democrática, sino para la vida de los militantes, amenazadas por la acción de los escuadrones de la muerte.

Los principales obstáculos están en las fuerzas armadas genocidas que temen perder su rol protagónico y tener que rendir cuentas por los crímenes cometidos, así como en aquellos sectores económicos que ven peligrar sus intereses.

Por otra parte, a partir del pleno uso de las libertades democráticas, una actividad política asentada en la movilización popular en procura de las reivindicaciones más sentidas, comenzando por la tierra, puede agudizar las luchas y replantear el problema. El arzobispo metropolitano de Guatemala, monseñor Próspero Penados del Barrio, lo expresó claramente: "No se trata solamente de dejar la lucha armada, sino de que haya justicia. Sin justa distribución de la tierra no habrá paz, cuya clave es la desmilitarización".[11]

---

[11]Enfoprensa, Bélgica, 14 de abril de 1991.

Capítulo I

*La lucha armada antes
de la Revolución Cubana*

La extensión y profundidad que alcanzó la lucha armada en América Latina en las últimas décadas suele contemplarse como consecuencia y derivación de la Revolución Cubana, que derrocó al dictador Fulgencio Batista el 1 de enero de 1959.

No puede ignorarse la importancia enorme que tuvo la experiencia cubana como ejemplo e inspiración para miles de revolucionarios en todo el continente. A partir de su triunfo se producen grandes cambios en el escenario político, se dividen organizaciones y partidos, surgen otros nuevos, se radicalizan miles de jóvenes y el camino de las armas es asumido por muchos como el único capaz de llevar a los pueblos a su liberación. Es así mismo cierto que desde ese momento el fenómeno de la lucha armada bajo formas muy diversas y en disímiles circunstancias comienza a desarrollarse en casi todos los países de América Latina de una manera mucho más rápida e intensa.

Pero esta realidad no puede hacer olvidar que han existido numerosos movimientos armados previos a la Revolución Cubana, que también sirvieron de experiencia e inspiración a muchos latinoamericanos, incluso a los mismos cubanos.

Algunos de esos movimientos se desarrollaron en América Latina; otros se produjeron fuera del continente y llegaron a impactar a amplios sectores políticos y sociales de Latinoamérica.

De la lucha contra la conquista y colonización española, en una primera etapa hay que destacar en Chile la lucha de los indígenas dirigidos por Lautaro y Caupolicán y en Perú por Manco Inca y Tupac Amaru.

Otros numerosos levantamientos se produjeron en diversas regiones en los siglos XVII y XVIII.

El movimiento de Tupac Amaru II (1780-1781)

A finales del siglo XVIII, en las regiones que actualmente comprenden Perú y Bolivia se libró una auténtica guerra de liberación contra el dominio español dirigida por José Gabriel Condorcanqui, descendiente del último Inca y conocido como Tupac Amaru II.

La cantidad de campesinos sin tierra, el aumento de los impuestos, la institución de la mita (trabajo obligatorio) y la brutal explotación de los indígenas en minas y campos, fueron las causas centrales del levantamiento, producido el 4 de noviembre de 1780, fecha en que se capturó y ejecutó al corregidor de la provincia de Tinta (Cuzco), Antonio de Arriaga. El día 16 se decretó la libertad de los esclavos.

Al frente de un numeroso ejército de campesinos armados con sus instrumentos de trabajo y unas pocas armas de fuego arrebatadas a los españoles, Tupac Amaru tomó diversos pueblos, aunque no la ciudad de Cuzco. Durante varios meses el movimiento se extendió por el sur del Perú y el altiplano boliviano. Posteriormente el jefe revolucionario fue capturado y ejecutado por descuartizamiento junto con su mujer, Micaela Bastidas, sus dos hijos y numerosos seguidores el 17 de mayo de 1781.

Como extensión del movimiento de Tupac Amaru se produjo el levantamiento en la región del Alto Perú (actualmente Bolivia), que abarcó una amplia región y durante la cual fue tomada la ciudad minera de Oruro. El dirigente Julián Tupac Katar fue ejecutado el 13 de noviembre de 1781.

El movimiento del Cuzco inicialmente incluyó a indígenas y criollos, intentando unir a toda la población contra los españoles, aunque este frente se rompió poco después. En cambio el levantamiento de Oruro tuvo desde el comienzo un carácter claramente indígena y esencialmente minero.

Las guerras de la independencia americana (1810-1824)

Desde comienzos del siglo XIX se sucedieron varios movimientos en América Latina tendentes a abolir la dominación colonial española.

Esas revoluciones combinaron los hechos políticos y los militares; la acción política en los centros urbanos con los levantamientos indígenas; la creación de auténticos ejércitos con la existencia de grupos irregulares armados. Los ejércitos se crearon con la dirección de algunos militares y civiles revolucionarios y contaron con el aporte popular que integró sus filas. El apoyo del pueblo explica la derrota del poderoso ejército español y la consolidación de la independencia de América del Sur en 1824.

En México la lucha por la independencia comenzó en 1810 dirigida por el sacerdote Miguel Hidalgo y con amplia base indígena; sofocado inicialmente el levantamiento y ejecutado su líder, la lucha culminó en 1821 con la derrota española.

Las guerras de la independencia de Cuba (1868-1902)

La lucha de Cuba por la independencia del dominio español se inició el 10 de octubre de 1868. Bajo la dirección de Carlos Manuel de Céspedes, hacendado liberal, el movimiento comenzó liberando a los esclavos; muchos de éstos formaron parte del ejército rebelde.

Los revolucionarios llegaron a contar con 8.000 hombres armados y, si bien se produjeron combates regulares, sitios de poblaciones y asaltos de posiciones, la táctica principal de lucha fue la guerrilla. El ejército español llegó a contar con 54.000 hombres y su fuerza pudo ser contrarrestada tantos años merced al apoyo popular.

En la larga campaña guerrillera destacaron líderes de origen humilde, como Máximo Gómez, los hermanos José y Antonio Maceo, Guillermo Moncada y Quintín Banderas, entre otros, que se revelaron como auténticos jefes militares.

El vuelco de fuerzas por parte de España, los reveses militares y los desacuerdos producidos en las filas revolucionarias obligaron a éstas a negociar la paz que se firmó el 12 de febrero de 1878; los dirigentes tuvieron que marchar al exilio.[1] En 1892, José Martí creó el Partido Revolucionario Cubano en el exilio. Intelectual destacado, Martí logró centralizar el movimiento independentista y organizar una insurrección que estalló el 24 de febrero de 1895, con focos en numerosos puntos del país apoyados por varios desembarcos de combatientes que se encontraban en el exterior.

En uno de los primeros enfrentamientos murió Martí, el 19 de mayo, a los 42 años de edad. En una carta escrita un día antes de su muerte decía: "Impedir a tiempo con la independencia de Cuba que se extiendan por las Antillas los Estados Unidos y caigan, con esa fuerza más, sobre nuestras tierras de América".[2] Bajo el mando de Máximo Gómez y Antonio Maceo los revolucionarios desarrollaron una guerra de guerrillas de gran movilidad que abarcaba todo el Oriente cubano, que llegaron a controlar en su mayor parte.

---

[1]Sáiz Cidoncha, Carlos: *Guerrillas en Cuba y otros países de Iberoamérica*, Editora Nacional, Madrid, 1974.

[2]*Dependencia y liberación en el Tercer Mundo*, Centro Editor de América Latina, Buenos Aires, 1973.

A comienzos de 1896, la guerra se había extendido al Occidente y los rebeldes contaban con unos 30.000 hombres, aunque armados de manera deficiente. En el mes de mayo, aprovechando la voladura del acorazado *Maine,* probablemente accidental, Estados Unidos declaró la guerra a España y destruyó parte de su flota.

Posteriormente desembarcaron tropas norteamericanas; que junto con las fuerzas guerrilleras lograron la derrota del ejército español, lo que dio lugar a la independencia de Cuba, una vez finalizada la ocupación estadounidense, en 1902.

Culminada la independencia americana, ya en el siglo XX se desarrollaron otros movimientos originados en situaciones de explotación y de moderno colonialismo. Algunos de los ejemplos más destacables son los que se exponen a continuación.

La Revolución Mexicana (1910-1920)

Se desarrolló desde 1910 hasta 1920 y ha sido una de las movilizaciones armadas de masas más importantes que se han producido en América Latina. En su origen confluyeron intereses de distintos sectores sociales unidos en la lucha contra un régimen dictatorial.

El gobierno del general Porfirio Díaz, caudillo de la oligarquía terrateniente, cerraba el paso a los sectores de la naciente burguesía, a la oligarquía disidente y a los sectores medios, que aspiraban a una mayor participación en el reparto del poder. Al mismo tiempo, el campesinado, que era la inmensa mayoría de la población, pugnaba por acceder a la propiedad de la tierra que le era negada: "El 40% del área total del país estaba repartida en media docena de latifundios".[3] La política de la dictadura de perpetuarse en el poder

---

[3]Cordova, Arnaldo: "México, Revolución burguesa y política de masas", en Gilly, Adolfo y otros: *Interpretaciones de la Revolución Mexicana,* Editorial Nueva Imagen, México.

mediante elecciones fraudulentas precipitó el inicio de la gran revolución, que se prolongó durante toda la década.

Un importante antecedente de la revolución fue el Partido Liberal Mexicano (PLM) dirigido por Ricardo Flores Magón; se trataba de un partido obrero, con raíces ideológicas anarquistas, que llegó a contar con implantación en las masas. Bajo la dictadura "se trabajaba en la instrumentación política y técnica de una fuerza insurreccional constituida por núcleos armados dispuestos a entrar en combate en el momento en que la Junta lanzara la consigna (...) Los intentos insurreccionales de 1906 en Jiménez, Chihuahua y Acayucán, Veracruz y los de 1907 en Viesca, Las Vacas y Las Palomas demuestran que los magonistas hablaban en serio (...) Los grupos armados del PLM no eran básicamente de composición campesina, sino obrera y pequeñoburguesa, y sus acciones no se apoyaron en un ascenso de la lucha rural (...) En estas condiciones los levantamientos son aplastados y evidentemente la insurrección no se generaliza".[4] Después de los primeros años de revolución el PLM perdió fuerzas y de hecho dejó de actuar.

El levantamiento contra el dictador se inició en 1910 y contaba con una amplia base. Este auténtico frente único fue dirigido por Francisco Madero, quien al renunciar Porfirio Díaz, en 1911 fue electo presidente y llamó al desarme a los combatientes.

En el curso de esos acontecimientos las grandes masas campesinas se habían armado; habían surgido verdaderos ejércitos revolucionarios con caudillos campesinos, como Emiliano Zapata en el Sur y Pancho Villa en el Norte.

El Ejército del Sur dirigido por Zapata no aceptó el desarme: para ellos la revolución no había concluido, no habían logrado la tierra.

---

[4] Bartra, Armando: "La Revolución Mexicana de 1910 en la perspectiva del magonisrno", en Gilly, op. cit.

"Si observamos la línea que marca la revolución desde 1910 a 1920, veremos una constante: la única fracción que nunca interrumpió la guerra, que tuvo que ser barrida para que cejara, fue la de Emiliano Zapata (...) Durante un año y 9 meses, sólo el Ejército Libertador del Sur mantuvo la continuidad en armas de la revolución mexicana, combatido por el mismo Ejército Federal y el mismo Estado que antes encabezaba Díaz y ahora presidía Madero. La revolución burguesa maderista, concluida y hecha gobierno, reprimía a la revolución campesina zapatista, que proseguía sin interrupción la lucha por la tierra".[5] Esa lucha de los zapatistas se extiende por todo el país, y luego del asesinato de Madero, la División del Norte comandada por Pancho Villa destruye al Ejército Nacional en la batalla de Zacatecas en junio de 1914. A partir de ese momento se unen Zapata y Villa y consiguen el número más grande de hombres en armas de todo el proceso. Casi todo el país está bajo su control; ocupan la capital e intentan formar un nuevo gobierno nacional.

A partir de ese momento, las diferencias en el seno del movimiento revolucionario y la derrota de la División del Norte marcan el comienzo del repliegue de las masas campesinas. El fin de la revolución mexicana es simbolizado por el asesinato de Zapata en abril de 1919.

Brasil: la Columna Prestes (1924-1926) y la sublevación de 1935

Desde el fin de la I Guerra Mundial se produjeron en Brasil una serie de movimientos militares combinados con movilizaciones que respondían en líneas generales a las necesidades de las clases medias y los sectores populares.

---

[5]Gilly, Adolfo: "La guerra de clases en la Revolución Mexicana", en Gilly, op. cit.

Uno de los más significativos fue el levantamiento de parte de la guarnición de San Pablo el 5 de julio de 1924, ciudad que permaneció ocupada hasta el día 27 por los llamados "tenientistas". Otro movimiento se hizo fuerte en el estado de Paraná bajo el mando del general Isidoro Lópes. Una sublevación se produjo en Río Grande do Sul dirigida por el teniente Luis Carlos Prestes.

En 1925 Lópes y Prestes crean una columna, integrada por muchos de los militares rebeldes y por civiles. Durante dos años recorren 26.000 kilómetros por el interior del país combatiendo a las tropas gubernamentales sin ser derrotados, hasta que resuelven adentrarse en Bolivia para evitar las represalias que el ejército toma contra los campesinos.

En 1934 Prestes funda la Alianza Nacional Libertadora conjuntamente con otros revolucionarios y ya deslindado del grupo de los tenientes y en 1935, a través de un pacto con el Partido Comunista, organiza un levantamiento armado. Éste estalla el 27 de noviembre en Río Grande do Norte, Pernambuco, Natal, Recife y Río de Janeiro, pero es sofocado por el gobierno de Vargas.

El programa de la ALN incluía la suspensión de la deuda externa, la nacionalización de empresas extranjeras, la protección a la industria nacional, el reparto de tierras y la vigencia plena de las libertades democráticas. Llamaba a "implantar un gobierno revolucionario popular, un gobierno del pueblo contra el imperialismo y el feudalismo que demostrará en la práctica a las masas trabajadoras del país, lo que es la democracia y la libertad (...) lo que nosotros, miembros de la ALN, proclamamos, es la necesidad de un gobierno surgido realmente del pueblo en armas (...) con la única exclusión de los agentes imperialistas y de la minoría insignificante que los sigue. No será solamente un gobierno de obreros y campesinos..."[6]

---

[6]Lowy, Michael: *Le marxisme en Amérique Latine. Anthologie,* François Maspero, París, 1980.

El movimiento de Sandino en Nicaragua (1926-1934)

En 1926 estallaron una serie de movimientos liberales contra el gobierno conservador de Chamorro, quien reclamó la presencia de tropas norteamericanas. Sandino, que trabajaba en México al producirse la rebelión, regresó a Nicaragua y formó un grupo en la Sierra de Las Segovias.

"La primera batalla que libró Sandino en su vida (...) el 2 de noviembre de 1926, en un lugar llamado El Jícaro. Con Sandino iban 29 hombres y se enfrentó a una fuerza de 200 guardias nacionales de Chamorro, que por su superioridad numérica pronto los vencieron e hicieron huir".[7] Sandino se pone a las órdenes del líder liberal Sacasa y pide armas en momentos en que desembarcan las tropas norteamericanas. Retoma a Las Segovias, amplía sus fuerzas y, junto con otros sectores liberales, derrota a las tropas de Chamorro.

Ante el avance de la rebelión generalizada, Estados Unidos firma en 1927 el pacto Stimson-Moncada, por el cual los liberales aceptan entregar las armas, manteniéndose la presencia militar norteamericana como garante de las futuras elecciones.

Sandino es el único jefe militar que no acepta la entrega de las armas y continúa luchando hasta que logra derrotar a las tropas norteamericanas en varias ocasiones.

La táctica más empleada por Sandino fue la guerra de guerrillas, rompiendo los cercos que le tendían y sin que pudieran impedir su crecimiento.

En 1931 se incorporan al ejército revolucionario amplios sectores campesinos sumando miles de hombres y las operaciones guerrilleras se extienden hasta la costa del Caribe.

---

[7]Maraboto, Emigdio: "Sandino ante el coloso", en *El sandinismo. Documentos básicos*, Editorial Nueva Nicaragua, Managua, 1983.

64

En noviembre de 1932, preparando una salida de la situación los ocupantes norteamericanos nombran jefe de la Guardia Nacional a Anastasio Somoza, futuro dictador de Nicaragua.

Se celebran elecciones en los que triunfa el candidato liberal Sacasa y las tropas de Estados Unidos abandonan el país. En este momento, Sandino considera cumplida su misión y pacta el 2 de febrero de 1933 con Sacasa el desarme de sus fuerzas; un núcleo de éstas se establece en la zona del río Coco para dedicarse a la agricultura. A comienzos de 1934, la cooperativa formada en esa zona es rodeada por la Guardia Nacional; Sandino se traslada a Managua para protestar, siendo asesinado el 21 de febrero. Al mismo tiempo, la cooperativa es arrasada y son asesinados 300 ex combatientes.

Con estos hechos, el movimiento liderado por Sandino se extingue.

El programa de Sandino era básicamente antiimperialista y su máximo objetivo, la retirada de las tropas americanas y la abolición de todos los tratados que ataban a Nicaragua con Estados Unidos. En ningún momento se planteó objetivos de tipo socialista, y el alejamiento con respecto al salvadoreño Farabundo Martí en 1931 se debió a la ideología comunista de éste, que aspiraba a una política más radical.

La revolución en El Salvador (1932)

El Salvador fue duramente golpeado por los efectos de la crisis económica de los años '30 y la miseria se extendió por todo el país.

En esta situación se produjo el golpe militar encabezado por el general Hernández Martínez el 2 de diciembre de 1931, quien convocó a elecciones para enero de 1932. El Partido Comunista concurrió a los comicios y obtuvo importantes triunfos en las zonas central y occidental. El gobierno suspendió las elecciones y reprimió a los campesinos.

El PC, de reciente creación y sumamente inexperto, decide organizar la insurrección basándose en la influencia del partido en la población y en el descontento del pueblo, la existencia de importantes núcleos de soldados comunistas, la falta de consolidación del gobierno, que aún no había sido reconocido por Estados Unidos y que suscitaba la reticencia de sectores oligárquicos a la hora de darle su apoyo.

La fecha de la insurrección se fija para el 16 de enero, siendo encargado de su preparación Farabundo Martí; esa fecha sufre postergaciones hasta el día 22.

"En la noche del 19 de enero el escondite desde el cual se hacían los preparativos insurreccionales es asaltado por la policía. Agustín Farabundo Martí (que había luchado junto a Sandino en Nicaragua), Alfonso Luna y Mario Zapata son capturados. Se decomisan escasos elementos bélicos e instrucciones y proclamas impresas para orientar el levantamiento".[8] El 20 de enero el Partido Comunista lanza un Manifiesto a los soldados del ejército en el que recuerda el fraude cometido por el gobierno: "El Comité Central ha guiado a los trabajadores en el curso de las elecciones municipales y legislativas (...) todo el mundo se ha podido dar cuenta de que el Partido Comunista era el más grande de todos, pues ha obtenido la mayoría de los sufragios (...) El gobierno de Martínez (...) no ha permitido a los trabajadores acceder a los ayuntamientos y a la Asamblea Nacional. Es por esas razones que el Partido Comunista ha armado a todos los obreros y obreras, a los campesinos y campesinas para lanzarse a la conquista del poder y establecer un gobierno de obreros, campesinos y soldados (...) para destruir sin piedad a los ricos y a la burguesía en general...". Y les dice a los soldados: "Vosotros debéis elegir comités de soldados y un comandante rojo que, de acuerdo con el Comité Central, os dirigirá en el movimiento. Vosotros no debéis tirar una sola bala contra nosotros.

---

[8] Arias Gómez, Jorge: *Farabundo Martí*, EDUCA, Costa Rica, 1972.

¡Abajo los oficiales y los jefes!"[9] El ejército logra frustrar un intento de toma de un cuartel y se descubren soldados comprometidos.

El día 22 amplias zonas del occidente se sublevan, tomando los campesinos las localidades de Izalco, Nahuizaico, Juayúa, Sonsonate, Ilopango y Tacuba, entre otras. Pero son derrotados por la Guardia Nacional con la colaboración de las Milicias Cívicas, organización paramilitar creada por los grandes cafetaleros. Cerca de 30.000 campesinos son fusilados.

La lucha duró varios días y puso en evidencia la debilidad del movimiento insurreccional, escasamente armado y sin preparación militar, aunque con fuerte respaldo de masas.

Farabundo Martí, Luna y Zapata fueron juzgados por un consejo de guerra y condenados a muerte, siendo fusilados el 1 de febrero de 1932; no contaron con defensa y Martí dijo "que se trataba de un proceso de una clase contra otra clase (...) y que si se defendiera estaría justificando su muerte y que, además, no tiene el propósito de echar mano de las leyes que ha combatido toda su vida".[10] Los últimos días de enero anclaron en el puerto de Acajutla los navíos de guerra *Skeena y Vancouver*, ingleses, y el *Rochester*, norteamericano, ofreciendo sus capitanes el desembarco de *marines* para sofocar el levantamiento. El jefe de operaciones, general Calderón, telegrafió a los comandantes de la flota extranjera que "se complace en comunicarles que la paz en El Salvador está restablecida, que la ofensiva comunista ha sido totalmente abatida y dispersa y que se llegará a la completa exterminación. Que ya están liquidados 4.800 bolcheviques".

---

[9]Lowy, Michael: op. cit.
[10]Arias Gómez, Jorge: op. cit.

Los levantamientos del APRA en Perú (1932 y 1948)

En 1930, un golpe militar dirigido por el coronel Sánchez Cerro derrocó la dictadura de Leguía, con lo que logró cierto respaldo popular. Llamando a elecciones en 1931, se impuso sobre Haya de la Torre, candidato del APRA (Alianza Popular Revolucionaria Americana). Este partido contaba con una fuerte organización y con bases sindicales importantes y un programa antiimperialista y populista.

El gobierno de Sánchez Cerro rápidamente se inclinó hacia posiciones favorables a la oligarquía, a lo que el APRA se opuso, desatándose una fuerte represión. Ésta culminó con la detención de Haya, lo que llevó al estallido de una auténtica sublevación obrera y popular en la ciudad de Trujillo el 7 de julio de 1932. Los obreros cañeros de Laredo atacaron y tomaron el cuartel O'Donovan del ejército y lograron dominar la ciudad; varios oficiales fueron fusilados; en esta acción participaron sargentos apristas. El movimiento quedó aislado en Trujillo y la ciudad, sometida a un ataque por aire, mar y tierra, cayó en manos gubernamentales el 11 de julio; la represión posterior arrojó varios miles de víctimas.

Otro levantamiento militar con apoyo aprista fue sofocado en la ciudad de Huaraz.

Bajo el gobierno de Bustamante, el aprismo intentó frenar su acercamiento a la derecha y fue reprimido. Dentro del APRA chocaban dos tendencias: la dirección que optaba por negociar con la derecha y otra ligada a las bases sindicales y a la organización militar del partido que se inclinaba por la toma del poder mediante la insurrección popular. "Durante este régimen, 1945-1948, las masas apristas con sentido revolucionario juzgan llegado el momento, al amparo de la legalidad obtenida y la influencia del partido ante el gobierno, para prepararse, organizarse e iniciar la revolución social cuando se encuentren en condiciones subjetivas de emprenderla, aquella revolución tan pregonada por los líderes apristas, en cuya realización se ha educado a toda una generación".[11] El 3 de octubre de 1948 se sublevó la escuadra peruana en el puerto de El Callao, debido a la fuerte implantación aprista existente en sus unidades; la casi totalidad de los suboficiales y unos pocos oficiales dirigieron la operación. También se sublevaron los marineros de Defensa de Costas y el Arsenal Naval, que tomaron la Escuela Naval.

Grupos de militantes apristas tomaron el fuerte Real Felipe y las armas existentes, pero este éxito en El Callao no fue acompañado con similares acciones que debían efectuarse en unidades del ejército, aviación y policía en Lima, con apoyo de núcleos civiles apristas.

La dirección del APRA actuó desmovilizando a los militantes concentrados en diversos lugares en espera de armas y del momento de luchar; ante esa falta de apoyo las unidades navales insurrectas se rindieron.

No obstante el papel jugado por la dirección del APRA, este partido fue ilegalizado y poco después se produjo el anunciado golpe de la derecha bajo la dirección del general Manuel Odría.

La Revolución Boliviana (1952)

En 1946, un golpe derechista depuso al gobierno populista del general Gualberto Villarroel y desató una fuerte represión contra el movimiento obrero y campesino.

El 27 de agosto de 1949 el Movimiento Nacionalista Revolucionario (MNR), heredero político de Villarroel, y el Partido Obrero Revolucionario (POR) lanzaron una insurrección que logró controlar las ciudades de Cochabamba, Potosí, Sucre, Vallegrande, Camiri y Santa Cruz, pero fracasó en La Paz y Oruro.

---

[11]Villanueva, Víctor: *100 años del ejército peruano: frustraciones y cambios,* Editorial Mejía Baca, Lima, 1971.

La ofensiva del ejército logró sofocar el movimiento luego de intensas luchas en Potosí e Incahuasi. La represión se ensañó con los mineros, que fueron fusilados en masa.

Pero tres años después el movimiento se había reorganizado.

"La mañana del 9 de abril de 1952, los grupos armados del MNR en unión con una parte de la policía comienzan una insurrección en La Paz. Se trataba del resultado de un plan de conspiración implicando a poca gente (...) A pesar del éxito inicial de los insurgentes, el ejército pudo tomar el control de la situación (...) la insurrección parecía casi dominada. Pero al día siguiente, el movimiento toma una amplitud que desborda ampliamente al MNR. Por todo el país muy serios enfrentamientos oponen el ejército a las masas: en Cochabamba, Oruro, Potosí, etc., los trabajadores se arman y se dirigen hacia La Paz (...) Los mineros de Milluni ocupan la estación de La Paz y se apoderan de un tren de municiones, haciendo inclinar la situación en favor de la insurrección. Los mineros armados de la región de Catavi rodean la ciudad de Oruro (...) El 11 de abril la Junta militar cae. El MNR toma el poder. Contingentes de trabajadores armados convergen hacia La Paz (...) el ejército se volatiliza. Grupos armados de civiles se apoderan de las guarniciones y puestos policiales y ocupan los edificios oficiales. En los distritos mineros y en las ciudades, ese movimiento se organiza y desemboca muy rápidamente en la creación de milicias obreras".[12] Esos miles de trabajadores, con pocas armas y mucha dinamita (herramienta de trabajo de los mineros), libraron muchos pequeños combates contra el ejército, en los cuáles éste fue desgastándose en la lucha de calles y experimentó un proceso creciente de deserciones.

La ciudad de Oruro fue tomada por los mineros de San José. Junto a los mineros de Milluni, aniquilaron al regimiento Bolívar.

---

[12]Lora, Guillermo: *Bolivie: De la Naissance du POR à l'Assemblee Pupulaire*, EDI, París, 1972.

La toma del arsenal y el desarme de numerosas unidades militares sellaron la derrota del ejército, que quedó destruido.

El golpe del MNR se había transformado en revolución.

No obstante, no se logró una completa victoria política, ya que la dirección del MNR, sobrepasada en sus objetivos y puesta al frente del país, logró reconducir el proceso, que carecía de dirección, según sus propios criterios.

Los procesos guerrilleros en Europa, Asia y África

Algunos procesos revolucionarios producidos fuera de América Latina también ejercieron profunda influencia en las guerrillas que surgieron en el continente.

La resistencia contra la dominación fascista en Europa (particularmente en Yugoslavia, Grecia e Italia entre 1941 y 1944), el triunfo de la Revolución China en 1949, la victoria vietnamita sobre franceses y americanos entre 1945 y 1975, la independencia de Argelia en 1960 y las luchas de liberación en África son acontecimientos que impactaron profundamente en América Latina en el período posterior a la II Guerra Mundial.

Yugoslavia

Concretamente Yugoslavia dio el ejemplo de la victoria de un movimiento guerrillero sobre el poderoso ejército alemán.

Al final de la guerra, más de 15 divisiones de tropas fascistas estaban empeñadas en el combate, siendo casi todas ellas aniquiladas. En esa victoria influyó decididamente el apoyo masivo del pueblo, la capacidad política y militar de la dirección, que supo formar y consolidar un movimiento en los años más difíciles de la guerra y, finalmente, las favorables condiciones internacionales a partir de 1943, cuando la derrota del Eje comenzó a atisbarse con claridad.

China (1927-1949)

A partir del ejemplo chino se revalorizó el papel del campesinado en los procesos revolucionarios y el papel del método guerrillero para la toma del poder.

Los comunistas chinos centraban su trabajo en las ciudades y lanzaron una insurrección en Cantón, siendo aplastados por las tropas nacionalistas. Una parte de los sobrevivientes se trasladó al campo uniéndose a quiénes habían participado en los levantamientos campesinos de Nanchang, dirigidos por Mao, y que tambíén habían sido derrotados.

Mao había presentado en 1927 un informe en el que afirmaba: "Dentro de poco, centenares de millones de campesinos (...) se lanzarán por el camino de la liberación. Sepultarán a todos los imperialistas, caudillos militares, funcionarios corruptos, déspotas locales y señores malvados. Todos los partidos y camaradas revolucionarios serán sometidos a prueba ante los campesinos y tendrán que decidir a qué lado colocarse".[13] Surgían "bases soviéticas", zonas donde los campesinos creaban su propio poder, producían y se organizaban militarmente; en 1930 el Ejército Rojo contaba con 64.000 hombres armados.

Las tropas de Chiang Kai Shek lanzaron varias campañas de cerco y aniquilamiento contra las bases; la táctica aplicada por Mao consistía en retirarse, atraer al ejército y darle batalla en la forma y lugar más favorable. Aplicaba el concepto básico de su teoría militar: "El enemigo avanza, nosotros retrocedemos. El enemigo se detiene, nosotros le hostigamos. El enemigo está agotado, nosotros atacamos. El enemigo se retira, nosotros lo perseguimos". Esta línea de máxima movilidad fue rechazada por la dirección del PC en 1933, aplicando la política de fortificar el área y resistir; eso

---

[13]Aricó, José: *Hombres del Tercer Mundo. Mao Tse Tung,* Centro Editor de América Latina, Buenos Aires, 1974.

provocó la derrota y la dirección recayó en manos de Mao. Se inició la retirada en lo que se ha conocido como la Larga Marcha; 85.000 soldados y 15.000 cuadros partidarios iniciaron un camino que los llevarla a 10.000 kilómetros de distancia. Al cabo de dos años de terrible travesía, sólo unos 8.000 hombres llegaron a Yenán.

Mao sostenía lo siguiente: "Nosotros debemos estudiar no solamente las leyes de la guerra en general, sino igualmente las leyes específicas de la guerra revolucionaria y las leyes específicas particulares de la guerra revolucionaria en China".[14] Para la realidad del país, muy extenso y poblado en su inmensa mayoría por campesinos, afirmaba que la guerra debía ir del campo a la ciudad, la cual sería cercada y capturada por los ejércitos revolucionarios; que el guerrillero debía moverse entre la población como pez en el agua, sin tomar ni una aguja del pueblo, y llevando el peso de las reivindicaciones del campesinado, de la lucha contra el terrateniente y el usurero.

Precisó las leyes de la guerra revolucionaria, con la íntima relación de los factores políticos y militares; dio valor al método guerrillero de combate, buscando la superioridad táctica en situaciones de inferioridad estratégica, normales en las primeras etapas; explicó la necesidad de concentrar y dispersar las fuerzas propias empleando la máxima movilidad, en función de las exigencias de la situación militar. Los textos de Mao fueron tema de estudio en las organizaciones que se plantearon la utilización de la vía armada, aunque en muchos casos desoyeron su consejo de estudiar la propia realidad.

Tras la derrota japonesa en 1945 se inició el avance del ejército revolucionario, que culminó en 1949 con la retirada de Chiang a Taiwán.

---

[14]Tse-Tung, Mao: *Problèmes estratégiques de la guerre revolutionnaire en Chine*, Pekín, 1966.

Vietnam (1945-1975)

El largo proceso revolucionario vietnamita influyó de una manera más directa y vital que el chino, ya que en buena parte coincidió con el surgimiento de las guerrillas en América Latina.

En 1940 las tropas japonesas invadieron la colonia francesa y el PC inició la resistencia.

Como relata Ho Chi Minh: "A partir de 1940 se organizaron muchos levantamientos armados en el norte, centro y sur de Vietnam contra los colonialistas franceses y los imperialistas japoneses. Aunque estos movimientos insurreccionales fueron reprimidos, constituyeron chispas que cinco años más tarde encendieron una revolución que hizo pedazos la dirección extranjera en Vietnam".[15] En 1943 ya existe una guerrilla en el Alto Tonkín y en 1944 funcionan grupos regulares de "propaganda armada" del Viet Minh, frente nacional antiimperialista creado por el PC.

En junio de 1945, al tiempo que Japón se acerca a la derrota en la guerra mundial, Ho Chi Minh reagrupa las distintas guerrillas y crea una zona liberada; el 19 de agosto se lanza la insurrección y el Viet Minh controla todo el país.

Se proclama la independencia de Vietnam y Ho es designado presidente. La intervención armada francesa para recuperar su antigua colonia provoca el reinicio de la guerra por la independencia nacional.

Refiriéndose a las características de la política militar francesa, dice Ho: "Recurrieron a la guerra total (...) establecieron tierras de nadie de 5 a 10 kilómetros de ancho alrededor de las zonas bajo su control y fortalecieron el delta del río Rojo con una red de 2.300 fortines (...) aplicaron la política de aniquilación y destrucción total de nuestro poder humano y de nuestros recursos potenciales". Tras

---

[15]Chi Minh, Ho: *Sobre la Revolución. Escritos,* Siglo XXI Editores, México, 1975.

la extensión de las guerrillas por todo el territorio nacional y el fortalecimiento del Ejército Popular, los franceses fueron vencidos en sucesivas batallas que culminaron en Dien Bien Phu en 1954. Ese mismo año se firmó la paz en Ginebra.

Según el acuerdo se crearon dos estados independientes, el del norte bajo dirección comunista y el del sur pro-occidental, con el compromiso de celebrar elecciones y reunificar el país. El incumplimiento de este compromiso desató un levantamiento en el sur y la reanudación de la lucha, con directa implicación de Estados Unidos, que ya en 1964 contaba con 25.000 hombres en Vietnam.

Luego de una guerra en la que participaron más de medio millón de soldados norteamericanos, además del ejército survietnamita, y en la que se utilizaron extensamente la aviación y las armas de destrucción masiva como el napalm y los desfoliantes, en 1975 Estados Unidos tuvo que retirarse, enfrentando a una creciente oposición dentro de su propia población.

Los vietnamitas emplearon todos los recursos de la guerra revolucionaria, combinando a la perfección los recursos y la movilización de todo el pueblo al servicio de una causa asumida por todos: la unificación del país y la expulsión de los invasores extranjeros; ligaron la fuerza de su ejército en el norte con la extensión de la rebelión y la guerra de guerrillas en el sur.

Argelia (1954-1962)

En 1945, durante la celebración del fin de la II Guerra Mundial en Argelia, en la población de Setif ondearon las banderas argelinas. La represión de la policía provocó un levantamiento espontáneo "y la matanza de 88 franceses; en represalia, las tropas coloniales masacraron a varios miles de aldeanos musulmanes".[16] Un sector

---

[16]Guerrero, Diana y Ceretti, C.: *Dependencia y liberación en el Tercer Mundo, Asia y África contra el colonialismo,* Centro Editor de América

nacionalista radicalizado creó el Frente Nacional de Liberación (FLN) que el 1 de noviembre de 1954 pasó a la acción armada. En 70 poblaciones se realizaron atentados nocturnos contra la potencia ocupante, pese a que el FLN no reunía más de 100 hombres pobremente armados y equipados.

A fines de 1956 el FLN contaba con una fuerza guerrillera en el interior del país integrada por 20.000 combatientes, a la que se sumaban los comandos urbanos, que no cesaban de realizar atentados. Francia respondió con el envío de medio millón de soldados.

La aplicación de la tortura se institucionalizó y los jefes militares franceses, como el coronel Trinquier, teorizaron sobre la guerra contrarrevolucionaria, el control de población y la obtención rápida de información. En Argelia aplicaron las enseñanzas recogidas en Vietnam y se utilizaron masivamente las aldeas estratégicas como forma de aislar a la guerrilla de la población. El crecimiento militar del FLN, que en 1960 contaba con más de 100.000 hombres, su acción urbana, la movilización de masas y el creciente rechazo en Francia al mantenimiento de la guerra sucia en Argelia obligaron al gobierno francés a negociar, y en 1962 concedió la independencia pese a la oposición de colonos y militares.

Latina, Buenos Aires, 1973.

Capítulo II

La Revolución Cubana y el Che Guevara

El asalto al Cuartel Moncada (1953)

Los gobiernos que se sucedieron desde 1948, el golpe de estado de Batista en 1952 y la situación de corrupción y represión imperante frustraron las expectativas de los sectores juveniles sobre la posibilidad de un cambio democrático por la vía electoral e impulsaron la preparación de acciones contra la dictadura.

A comienzos de 1953 el Movimiento Nacional Revolucionario (MNR) intenta tomar sin éxito el Cuartel Columbia, principal bastión del régimen ubicado en La Habana.

El 26 de julio de 1953 un grupo dirigido por Fidel Castro asalta el Cuartel Moncada, en Santiago de Cuba. Luego de varios enfrentamientos y habiendo tomado el Hospital Militar, los asaltantes son derrotados y capturados; muchos de los presos son asesinados, y se cuentan más de 60 muertos.

Simultáneamente otro grupo ataca el Cuartel de la Capitanía del Escuadrón 13 en Bayamo sin llegar a tomarlo.

Los autores de estas acciones eran en su mayoría estudiantes y obreros y miembros del Partido Ortodoxo (escisión del partido gubernamental en 1948). Participaron entre otros, además de

Fidel y Raúl Castro, los hermanos Ameijeiras, Nico López, Haydée Santamaría y Juan Almeida.

Un informe reservado del ejército da cuenta del buen grado de preparación y disciplina de los componentes del grupo.

El juicio a Fidel Castro y sus compañeros se transforma en una tribuna desde la que se acusa a la dictadura de sus crímenes y corrupción. El alegato de Fidel, "La historia me absolverá", se convierte en la principal arma propagandística del movimiento.

Como programa de los revolucionarios del Moncada, Fidel cita 5 proyectos de ley:

"La primera ley revolucionaria devolvía al pueblo la soberanía y proclamaba la Constitución de 1940 como la verdadera ley suprema del Estado (...)
La segunda ley revolucionaria concedía la propiedad inembargable e intransferible de la tierra a todos los colonos, subcolonos, arrendatarios y precaristas que ocupasen parcelas de cinco o menos caballerías de tierra (...)
La tercera ley revolucionaria otorgaba a los obreros y empleados el derecho de participar del 30% de las utilidades en todas las grandes empresas industriales, mercantiles y mineras, incluyendo centrales azucareras (...)
La cuarta ley revolucionaria concedía a todos los colonos el derecho a participar del 55% del rendimiento de la caña (...)
La quinta ley revolucionaria ordenaba la confiscación de todos los bienes a todos los malversadores de todos los gobiernos (...)"[1]

Fidel fue sentenciado a quince años de prisión y a penas menores los otros 30 detenidos; en mayo de 1955 fueron amnistiados. Fidel Castro creó el Movimiento 26 de Julio (M-26) y marchó a México, donde organizó el regreso a Cuba como grupo armado.

En diciembre José Antonio Echeverría, presidente de la Federación Estudiantil Universitaria, creó el Directorio

---

[1]Rojas, Marta: *La generación del centenario en el juicio del Moncada*, Editorial de Ciencias Sociales, La Habana, 1979.

Revolucionario (DR) para luchar contra la dictadura. El Partido Socialista Popular (PC) criticó el asalto al Moncada y la lucha guerrillera, el sabotaje y la quema de caña como obra de gangsters, pequeños burgueses y anticomunistas, pero en agosto de 1958 se unió al Frente Cívico antidictatorial.

Fidel recluta en México a los futuros combatientes, entre ellos al argentino Ernesto Che Guevara, y reúne las armas y equipos necesarios para un grupo de cerca de 100 hombres.

Simultáneamente, en Cuba se organiza el M-26, que trabaja en los medios obreros y en la juventud. En estos años (1955 y 1956) la agitación y las luchas populares no cesan, así como los atentados armados contra el régimen.

En diciembre de 1955, tras una serie de paros de ferroviarios, telegrafistas y bancarios, se declara una huelga azucarera, la industria básica de Cuba. Un movimiento militar contra Batista, dirigido por el coronel Barquín, es detectado en abril de 1956; sus integrantes son condenados y recluidos en la isla de Pinos.

El 29 de ese mes un grupo de jóvenes dirigidos por Reinol García atacan el cuartel Goicuría, sede del regimiento de Matanzas; los 16 combatientes, incluso los capturados vivos, son asesinados. En setiembre, el Movimiento 26 de julio y el Directorio Revolucionario firman una declaración, anunciando que lucharán juntos contra la dictadura. No obstante, el acuerdo no se extiende a los criterios de acción; el M-26 opta por un desembarco en Oriente coordinado con un levantamiento en Santiago de Cuba, mientras que el DR centra sus fuerzas en la posibilidad de organizar un ataque al Palacio Presidencial para eliminar a Batista.

En noviembre el DR ejecuta en el centro de La Habana al jefe del Servicio de Inteligencia Militar, coronel Blanco Rico.

Como represalia, la policía irrumpe en la Embajada de Haití y asesina a 10 asilados. En el enfrentamiento que se produce muere el jefe de policía, general Salas Cañizares.

"En México, Fidel hizo una declaración criticando el atentado a Blanco Rico. No quería presentarse como enemigo del Ejército".[2] El desembarco de la guerrilla en diciembre de 1956 distó de ser un hecho aislado, ya que integraba y se apoyaba en un fuerte movimiento antidictatorial.

El combate de Santiago de Cuba y el desembarco del *Granma*

El plan original consistía en hacer coincidir el desembarco de los 82 combatientes que llegarían en el yate *Granma* con un alzamiento en Santiago. Los inconvenientes en el viaje marítimo impidieron la coincidencia de las acciones.

El desembarco se produjo el 2 de diciembre, mientras las acciones en Santiago se habían iniciado el 30 de noviembre y fueron derrotadas por el ejército. Frank País, jefe de este movimiento urbano, relata así la posición del pueblo: "La población entera de Santiago, aliada de los revolucionarios, cooperó unánimemente con nosotros. Cuidaba a los heridos, escondía a los hombres armados, guardaba las armas y los uniformes de los perseguidos; nos alentaba, nos prestaba las casas y vigilaba de lugar en lugar, avisándonos de los movimientos del Ejército".

El desembarco, como testimonia uno de los participantes, "mas que un desembarco fue un naufragio". El grupo de 82 hombres perdió parte del armamento y las provisiones en el accidentado episodio. El 5 de diciembre fueron sorprendidos, y la mayoría de sus integrantes resultaron muertos. Varios días después lograron reunirse 12 sobrevivientes gracias al esfuerzo de los campesinos pertenecientes al M-26 al mando de Crescencio Pérez. Entre los 12 estaban Fidel y Raúl Castro, Che Guevara y Camilo Cienfuegos.

---

[2]Franqui, Carlos: *Diario de la Revolución Cubana,* Ediciones Ruedo Ibérico, París, 1979.

Los primeros combates en Sierra Maestra y La Habana

Luego del primer combate victorioso en enero, Fidel difundió un manifiesto el día 20 dando las siguientes consignas:

"1. Intensificar la quema de caña para privar a la tiranía de los ingresos (...)
2. Sabotaje general de todos los servicios públicos y todas las vías de comunicación y transporte.
3. Ejecución sumaria y directa de los esbirros que torturan y asesinan a revolucionarios, de los políticos del régimen que con su empecinamiento y terquedad han llevado al país a esta situación y de todo aquel que obstaculice la culminación del Movimiento Revolucionario.
4. Organización de la resistencia cívica en todas las ciudades de Cuba.
5. Intensificación de la campaña económica para atender a los gastos crecientes del Movimiento.
6. La Huelga General Revolucionaria como punto culminante de la lucha."[3]

Entre tanto, el DR lanzó un ataque al Palacio de Gobierno con el fin de ejecutar a Batista y extender el levantamiento.

El 13 de marzo de 1957 se tomó una radio por la que se difundió el comunicado revolucionario y se ocupó el palacio, con la participación de más de 100 combatientes. No se encontró a Batista y diversos fallos motivaron la retirada con fuertes bajas del comando, entre ellas la de Echeverría.

La represión fue muy dura y el DR resultó seriamente afectado por la pérdida de gente y de material.

---

[3] Idem.

Fortalecimiento de la guerrilla

Diversos combates en Uvero, El Hombrito, Pino del Agua y Las Cuevas se saldaron con fuertes pérdidas de hombres y material por parte del Ejército en 1957. Según dice el Che: "Desde entonces se marca más o menos el momento en que las tropas batistianas dejan definitivamente la Sierra..."[4] En setiembre tuvo lugar un alzamiento de la marina en Cienfuegos, en colaboración con el M-26; se tomó la base y los cuarteles policiales de la ciudad, se formaron pelotones conjuntos de civiles y marineros y se repartieron armas, pero al cabo de un día de combate el alzamiento fue aniquilado.

Al mismo tiempo arreciaban el sabotaje y las acciones de terrorismo en toda la isla; la quema de la caña en el mes de noviembre asumió dimensión nacional. Entre las acciones más resonantes de este período pueden mencionarse el sabotaje a la planta de níquel en Nícaro y el ajusticiamiento de Cowley, conocido torturador policial.

Analizando la táctica que se seguía en la Sierra y en las ciudades, dice el Che: "Lo que faltó en todo momento fue una conexión completa entre el Llano y la Sierra, debido a dos factores fundamentales; el aislamiento geográfico de la Sierra y las divergencias de tipo táctico y estratégico entre los dos grupos del Movimiento".[5] A finales de 1957 la guerrilla había logrado consolidarse, crecer en número y eficacia militar y contar con una zona donde, salvo excepciones, no penetraba el ejército.

El 16 de febrero de 1958 las fuerzas guerrilleras logran una nueva victoria al reducir a la compañía del ejército atrincherada en Pino del Agua, tomando abundante material.

---

[4]Guevara, Ernesto: "Pasajes de la guerra revolucionaria", en *Escritos y discursos,* Editorial de Ciencias Sociales, La Habana, 1972.
[5]Idem.

El 8 de febrero de 1958 un grupo del DR desembarcó en Nuevitas, comandado por Faure Chomón y Rolando Cubelas. Este grupo se instaló en la Sierra y luchó junto a la columna del Che en su avance hacia Las Villas.

La expansión de la guerrilla y la huelga de abril de 1958

Desde comienzos de 1958 el M-26 incrementó sus acciones tanto en la Sierra como en las ciudades.

Así, en febrero el Movimiento secuestró en La Habana al campeón mundial de automovilismo, Juan M. Fangio. El mes siguiente se efectuaron 100 atentados con bombas en La Habana y otros en diversas regiones del país.

En esos momentos la guerrilla operaba articulada en varias columnas comandadas por Juan Almeida, el Che, Fidel y Raúl. Este, al llegar con 890 hombres a la zona noreste de Oriente, se encontró con cuatro guerrillas regulares y más de 1.000 escopeteros que habían tomado los cuarteles de Nícaro, Mayarí Arriba y Caimanera.

Desde estas fechas, el M-26 cuenta con Radio Rebelde, que opera desde la Sierra Maestra bajo la dirección de Carlos Franqui. La dictadura se enfrenta con una generalización de la lucha guerrillera, con los Frentes de Sierra Maestra y Oriental del M-26 y el Frente del Escambray del DR, además de las acciones urbanas y la extensión del rechazo popular.

En esas circunstancias la dirección del M-26 adopta una resolución el 25 de marzo llamando a la huelga general: "Que la estrategia del golpe decisivo se base en la huelga general revolucionaria, secundada por la acción armada (...) La huelga general y la lucha armada proseguirán resueltamente si una Junta Militar intenta apoderarse del gobierno..."[6] Finalmente, la huelga se convocó para el día 9 y no tuvo éxito, sobre todo en La Habana. Faustino Pérez,

---

[6]Franqui, Carlos: op. cit.

dirigente del trabajo urbano, explicó las causas el fracaso: el principal factor fue "cierto subjetivismo, cierto exceso de optimismo".

Para intentar evitar la represión se dio la fecha por sorpresa mediante la toma de emisoras, con lo cual mucha gente no se enteró. Se planteó la huelga como una operación militar y no como un movimiento social; por las mismas razones tampoco se logró la coordinación con el PSP y el DR.

Fidel dijo al respecto:

"La movilización del pueblo para la huelga tiene una técnica propia a la cual hay que ajustarse y que está reñida con el secreto, el rigor y la sorpresa que exigen las acciones armadas; a la seguridad de estas acciones de carácter sorpresivo se sacrificó la movilización de las masas (...) No se puede llevar a un ejército, si no se le moviliza en el instante del combate. Y eso pasó el 9 de abril (...) fue una lección muy dura que no volverá a ocurrir, no hemos renunciado a la huelga general como arma decisiva de lucha contra la tiranía (...) Se perdió una batalla pero no se perdió la guerra."[7]

La derrota de la ofensiva del ejército contra la sierra

El 3 de mayo se realizó una reunión de la dirección del M-26 en la Sierra, se reemplazó a los responsables del trabajo urbano y Fidel asumió la conducción del conjunto. El 8 de mayo el ejército lanzó una ofensiva para frenar la expansión guerrillera concentrando unos 10.000 hombres en torno a Sierra Maestra. La táctica de la guerrilla consistió en la defensa de la zona previamente fortificada para desgastar el ataque enemigo en muchos combates y evitar así el desalojo de la guerrilla de Sierra Maestra.

Fidel planteó que había que estar dispuestos a resistir tres meses para conservar un territorio básico de operaciones y luego poder

---

[7]Idem.

pasar a la ofensiva. Se libraron infinidad de pequeños combates en los cuales el ejército llevó siempre la peor parte, necesitando horas y días para realizar lentos avances. El 30 de junio se infligió al ejército una derrota importante al dispersarse a un batallón en movimiento, que sufrió fuertes bajas y perdió numerosas armas.

Pero el golpe decisivo se dio en El Jigüe, donde un batallón fue cercado y hostigado hasta su rendición, tomándose 260 prisioneros.

Fidel sintetiza así esta campaña:

"El Ejército Rebelde, después de 76 días de incesante batallar en la Sierra Maestra, rechazó de plano y destruyó virtualmente a la flor y nata de las fuerzas de la tiranía (...) Se libraron más de 30 combates y 6 batallas de envergadura (...) El mando enemigo había logrado reunir para esta ofensiva 14 batallones de infantería y 7 compañías (…) Con las armas y el parque capturado en esta acción (Santo Domingo) que duró tres días, se inició el contraataque, que en 35 días arrojó de la Sierra Maestra a todas las fuerzas enemigas, después de ocasionarles casi 1.000 bajas, entre ellos más de 443 prisioneros."[8]

El Ejército Rebelde, que había comenzado la lucha contra la ofensiva militar con unos 300 hombres armados, contaba a finales de agosto con 800 combatientes, pertrechados con las armas tomadas a las tropas gubernamentales.

Ofensiva del ejército rebelde: las columnas invasoras

Mientras se libraban los duros combates de Sierra Maestra, el M-26 continuaba realizando sabotajes, cortes de energía eléctrica y quema de almacenes de tabaco, así como atentados contra espías y torturadores.

---

[8]Idem.

El Frente Cívico Revolucionario de Oposición dio a conocer una declaración apoyando la insurrección armada como medio para derrocar a la dictadura y llamando a organizar la huelga general. Proponía "conducir al país a la caída del tirano mediante un breve gobierno provisional a su normalidad, encauzándolo por el procedimiento constitucional y democrático (…) un programa mínimo de gobierno que garantice el castigo de los culpables, el orden y la paz, y el progreso económico, social e institucional del pueblo. Al pedirle al gobierno de Estados Unidos que cese toda ayuda bélica y de cualquier orden al dictador, reafirmamos nuestra postura en defensa de la soberanía nacional y de la tradición civilista y republicana de Cuba". Firmaron la declaración el M-26, el DR, Organización Auténtica, el PSP, la Federación de Estudiantes y diversos sectores militares, en lo que constituía una alianza amplia de sectores revolucionarios y democráticos.

Para financiar la marcha del Movimiento, se fijó en setiembre una contribución a la banca de un millón de pesos, y a los propietarios de los ingenios azucareros un pago de 15 centavos por cada saco producido en la zafra de 1958.

Ese mismo mes dos columnas al mando del Che Guevara y de Camilo Cienfuegos partieron desde la Sierra Maestra en dirección al Occidente de Cuba, librando combates con fuerzas de la dictadura hasta alcanzar la provincia de Las Villas y la Sierra de Escambray, poco antes de las elecciones del 3 de noviembre. En esa región operaban varios grupos armados: el Segundo Frente del Escambray, dirigido por Gutierrez Menoyo; un grupo del Directorio Revolucionario, comandado por Faure Chomón y Rolando Cubela; otro de la Organización Auténtica, y otro del PSP. El Che logró una cierta coordinación de las distintas fuerzas.

Comienzan a producirse deserciones en el ejército y grupos de soldados prometen levantarse contra Batista, a lo que Fidel responde que han vacilado mucho y los llama a no dilatar la acción, mientras se extiende el apoyo popular al avance de las columnas guerrilleras.

El día 20 de octubre se sanciona en la Sierra la Ley de Reforma Agraria con aplicación nacional, a medida que el Ejército Rebelde vaya liberando nuevas regiones

Las elecciones del 3 de noviembre de 1958 y el derrumbe de la dictadura

La última maniobra de la dictadura consistió en convocar en noviembre unas elecciones totalmente fraudulentas, en plena descomposición de sus estructuras.

El M-26 llamó al boicot, pero alertó contra las provocaciones y aclaró que no había llamado a la huelga general y que la consigna a la población era permanecer en sus casas el día 3.

La tarea asignada al Ejército Rebelde y a las milicias era paralizar el tráfico en las carreteras y vías férreas en todo el territorio nacional.

Carlos Franqui relata así lo sucedido el día 3: "A pesar del voto obligatorio, de amenazas y fraudes, el pueblo en masa no votó. El 80% del electorado siguió la consigna de abstención (...) a partir de entonces la suerte de Batista estaba decretada. El 3 de noviembre fue la primer victoria popular de la insurrección". El Che vivió así el proceso electoral: "En Oriente prácticamente no hubo votación; en Camagüey, el porcentaje fue un poquito más elevado, y en la zona occidental, a pesar de todo, se notaba un retraimiento popular evidente. Este retraimiento se logró en Las Villas en forma espontánea, ya que no hubo tiempo de organizar sincronizadamente la resistencia pasiva de las masas y la actividad de las guerrillas". El fracaso de la maniobra electoral significó para la dictadura la pérdida de toda iniciativa política mientras su ejército era sometido a un ataque permanente en todo el Centro y Oriente. El aislamiento de la dictadura era grande en el plano internacional. Estados Unidos e Israel suspendieron sus ventas de armas debido al desprestigio del gobierno. A partir de ese momento se sucedieron las victorias militares del Ejército Rebelde. Comenzaron a caer tanques y otros vehículos blindados en poder de los guerrilleros.

El 16 de diciembre la carretera central que comunica La Habana con Oriente fue cortada en el centro del país. El 1 de enero cayó Santa Clara, fue capturado un tren blindado y se rindió la guarnición de 3.500 hombres. Simultáneamente toda la provincia de Oriente había caído en manos rebeldes y la ciudad de Santiago estaba totalmente rodeada. El 1 de enero de 1959 Batista se fugó asumiendo el gobierno el presidente de la Corte Suprema y el mando militar, el general Cantilo.

En estas circunstancias, Fidel habló por Radio Rebelde:

"Se acaba de anunciar desde el campamento de Columbia que el tirano Batista ha huido. El general Cantilo a nombre del ejército anuncia que ha tomado el mando de la Junta Militar (...) se habla cínicamente del patriotismo del tirano que accedió a renunciar (...) Ordeno el avance rebelde sobre Santiago y la Habana y proclamo la huelga general. Jamás aceptaremos otra solución que un gobierno civil (...) El pueblo de Cuba y los trabajadores deben inmediatamente prepararse para que el día 2 de enero se inicie en todo el país la huelga general apoyando a las armas revolucionarias y garantizar así la victoria total de la Revolución. El Ejército Rebelde proseguirá su arrolladora campaña, aceptando sólo la rendición incondicional de las guarniciones militares".

En Santiago, las fuerzas del ejército, marina y policía cesaron toda resistencia ante el entusiasmo de la población. El 2 de enero Camilo tomó el mando del cuartel Columbia, donde existía una guarnición de 20.000 hombres que no habían llegado a combatir contra la Revolución; las fuerzas de Camilo apenas llegaban a 500 combatientes.

Ese mismo día, Urrutia fue proclamado presidente de la República en la Universidad de La Habana.

Desde el 1 de enero los trabajadores habían tomado los sindicatos, reemplazando a los dirigentes adictos a la dictadura, y se habían realizado grandes mitines en La Habana y Santiago mientras se cumplía la huelga general.

Fidel llegó a La Habana el día 8. La amplia política de alianzas realizada en esos primeros momentos se reflejó no sólo en el nombramiento de Urrutia, sino en el de Miró Cardona como primer ministro, a pesar de ser hombre de confianza del Departamento de Estado norteamericano. Esa etapa, que duró unas pocas semanas, dio paso a una creciente oposición de Estados Unidos y a una radicalización de la política cubana, que asumía posteriormente una posición claramente socialista.

La guerra de guerrillas y el pensamiento del Che Guevara

El máximo propagandista del ejemplo cubano fue el Che Guevara en su libro *La guerra de guerrillas,* que se constituyó en una guía para muchos militantes de izquierda.

Según el Che, la Revolución Cubana hizo tres aportaciones fundamentales a los movimientos revolucionarios en América:

1. Las fuerzas populares pueden ganar una guerra contra el ejército.

2. No siempre hay que esperar a que se den todas las condiciones para la Revolución; el foco insurreccional puede crearlas.

3. En la América subdesarrollada el terreno de la lucha armada debe ser fundamentalmente el campo.

Y agrega: "De estas tres aportaciones, las dos primeras luchan contra la actitud quietista de revolucionarios o seudorrevolucionarios que se refugian, y refugian su inactividad, en el pretexto de que contra el ejército profesional nada se puede hacer, y algunos otros que se sientan a esperar a que, en una forma mecánica, se den todas

92

las condiciones objetivas y subjetivas necesarias, sin preocuparse de acelerarlas".[9] Esta línea de pensamiento fue completada en su *Mensaje a la Tricontinental* en 1967, donde sostiene: "Por otra parte las burguesías autóctonas han perdido toda capacidad de oposición al imperialismo (si alguna vez la tuvieron) y sólo forman su furgón de cola. No hay más cambios que hacer; o revolución socialista o caricatura de revolución".[10] Estas posiciones del Che chocaron en cada país de América Latina contra los partidos comunistas, socialistas o populistas que, en líneas generales, predicaban el camino electoral y de reformas para mejorar las condiciones de vida del pueblo y rechazaban la vía revolucionaria.

Surgió entonces una corriente revolucionaria que fue conocida como castrista o guevarista; una corriente cuyo objetivo era la lucha contra el imperialismo y la instauración del socialismo y su método de acción fundamental, la lucha armada guerrillera. Corriente con muy diversas procedencias: comunistas pro-soviéticos o pro-chinos, populistas, cristianos, trotskistas, anarquistas, sindicalistas, etc. Este movimiento se extendió con rapidez por todo el continente y se expresó en el surgimiento de focos guerrilleros en muchos países latinoamericanos. Interpretaban así el mensaje del Che: crear focos insurreccionales en el campo, aunque no todas las condiciones fueran favorables para la revolución.

Es verdad que el texto del Che trata casi exclusivamente de la guerrilla rural a partir del foco, de su táctica y técnicas de formación, subsistencia y combate. Las menciones a la lucha urbana, a las huelgas, a la propaganda, al papel de los trabajadores en el proceso revolucionario son escasas y se pierden en el contexto de la exaltación del foco rural.

Y sin embargo, Guevara pone ciertas condiciones mínimas para iniciar un proceso de lucha armada: la más importante e

---

[9] Guevara, Ernesto: op. cit.
[10] Idem.

imprescindible es la existencia de una dictadura que impida toda forma de lucha política. "Donde un gobierno haya subido al poder por alguna forma de consulta popular, fraudulenta o no, y se mantenga al menos una apariencia de legalidad constitucional, el brote guerrillero es imposible de producir por no haberse agotado las posibilidades de la lucha cívica". Pero si tomamos la experiencia de la Revolución Cubana vemos que dista mucho de haber comenzado por un foco rural.

Es simplificar mucho la realidad cubana el considerar que su revolución fue iniciada por un foco de doce hombres, sin que esto implique negar la influencia que ese núcleo tuvo en el proceso.

Pero incluso en el momento del desembarco del *Granma* no puede ignorarse el audaz levantamiento en Santiago, que ayudó a desorientar y distraer al ejército de Batista.

Ni tampoco puede olvidarse que poco después de instalada, la guerrilla cubana comenzó a recibir nuevos combatientes llegados de la ciudad y que la resistencia urbana a la dictadura fue en constante aumento.

La guerrilla boliviana del Che fue un ejemplo de foco, aunque procuró el apoyo de un partido político. Pero precisamente el Partido Comunista de Bolivia adolecía de los vicios que el Che denunciaba. Y además incumplieron sus promesas en el momento en que ya el proceso era irreversible, estando el núcleo guerrillero instalado en el oriente boliviano.

En cuanto al tema de la lucha urbana, Guevara prácticamente la excluye.

Las ciudades juegan un rol de apoyo a la guerrilla rural hasta que llega el momento de la insurrección o la huelga general.

El Che parte en su análisis de una guerra de guerrillas en sociedades campesinas donde "la base económica está dada por la aspiración a la tenencia de la tierra". Por tanto, no menciona ni siquiera el caso de los países con mayoría de población urbana o con grandes centros urbanos, como Brasil, Uruguay o Argentina.

No obstante, en esos países se dieron fuertes corrientes guevaristas que desarrollaron experiencias de lucha armada urbana.

La razón de que en casi todos los países de América Latina, con abstracción de sus características sociales, económicas y geográficas, hayan surgido grupos guevaristas es que esa línea política respondía a urgentes necesidades reales, más allá de la corrección o no de sus tácticas.

Las ideas básicas de Guevara, que junto con el ejemplo cubano captaron la atención de miles de luchadores en todo el continente, no consistían en el mero hecho de montar un grupo heroico en la sierra, con todo el atractivo que pudiera tener. La esencial era la convicción de que la revolución podía hacerse, de que podía lucharse con posibilidades de éxito contra la opresión y la explotación, de que podía derrotarse por medio de la lucha armada del pueblo a los ejércitos represores y que en la misma lucha se podrían mejorar las condiciones para la victoria revolucionaria.

La Organización Latinoamericana de Solidaridad (OLAS)

En agosto de 1967 se celebró en La Habana el primer congreso de la OLAS, organización que reunía a todos los partidarios de la Revolución Cubana que procuraban una coordinación continental.

La declaración de la OLAS constituyó un llamamiento revolucionario a todo el continente y contribuyó al desarrollo de la corriente guerrillera, si bien no logró afianzarse como dirección centralizada de las luchas en América Latina. No se realizaron otros congresos.

La declaración proclamaba "el derecho y el deber de los pueblos de América Latina de hacer la revolución"; que ésta es "ante todo la lucha contra el imperialismo y las oligarquías de la burguesía y de la propiedad terrateniente"; "que la lucha revolucionaria armada constituye la línea fundamental de la revolución en América Latina"; y concluía afirmando "que nuestra lucha constituye un aporte decisivo a la lucha histórica de la humanidad para liberarse de la esclavitud y de la explotación. El deber de todo revolucionario es hacer la revolución."[11]

---

[11]Lowy, Michael: *Le marxisme en Amérique Latine. Anthologie,* François Maspero, París, 1980.

Capítulo III

Las guerrillas en Sudamérica entre 1950 y 1979

Colombia

El "Bogotazo" y las primeras guerrillas (1948-1952)

En 1946 se impuso en las elecciones el candidato conservador a la presidencia Mario Ospina Pérez, encarando la tarea de terminar con el período democrático vigente bajo el régimen liberal, que había contado con la fuerte oposición de los sectores más importantes de las clases dominantes, incluida la oligarquía liberal, temerosa de las demandas obreras.

La instauración del estado de sitio y la entronización de la violencia en la vida cotidiana de Colombia serían las vías para la concentración del poder, tan deseada por los sectores dominantes; la mayoría liberal del Congreso fue anulada mediante el estado de sitio. La lucha llevada adelante por el líder liberal y auténtico caudillo popular Jorge Eliecer Gaitán fue cortada de cuajo mediante su asesinato en Bogotá el 9 de abril de 1948.

Este crimen desató una auténtica rebelión popular conocida como el "Bogotazo". En toda Colombia las masas salieron a la calle, se armaron y en numerosas localidades los liberales se hicieron con el poder; se constituyeron juntas revolucionarias en distintos puntos. En Barrancabermeja los sindicalistas y sectores populares mantuvieron el poder casi un mes.

En Bogotá se intentó tomar el Palacio de Gobierno y se produjeron muchos saqueos e incendios. Abundaban los francotiradores; sectores de la policía se sumaron a los insurgentes y entregaron armas. Se combatió los días 9 y 10; finalmente, los tanques del ejército aplastaron el movimiento. Fidel Castro, joven dirigente estudiantil, se encontraba en Bogotá, donde se realizaba un congreso de estudiantes, y participó de las movilizaciones populares.

A partir de ese momento la represión y la violencia se intensificaron y surgieron numerosas guerrillas, integradas básicamente por liberales que procuraban defender su vida, ya que pueblos enteros fueron arrasados, con el resultado de miles de muertos.

En la región de Santander, en San Vicente de Cuchurí, Rafael Rangel formó una guerrilla llamada Fuerza de Resistencia Civil, y el día de las elecciones, mientras los campesinos eran obligados por el ejército a votar por Laureano Gómez, 700 guerrilleros a caballo entraron en el pueblo abatiendo a numerosos soldados.

Otro movimiento guerrillero surgió en Los Llanos, integrado por los vaqueros, que libraron continuos enfrentamientos con las fuerzas del gobierno. Eduardo Franco organizó una guerrilla en Yopal; procuró el apoyo de los líderes liberales de Bogotá, pero cuando los vaqueros comenzaron a pedir mejores salarios, donaciones de ganado para el sustento de los combatientes y reparto de tierras, los terratenientes se ubicaron al lado del gobierno traicionando la lucha.

En la zona de Tolima surgieron guerrillas con influencia del Partido Comunista; los campesinos ocuparon tierras y crearon milicias. Así surgieron las "repúblicas independientes".

En 1952 la guerrilla operaba en doce frentes regionales, sumaba entre 35.000 y 40.000 hombres armados y constituía un peligro para el régimen, asumiendo el carácter de una verdadera revolución social; la lucha comenzó a llegar a Bogotá y se inició la coordinación de los frentes. El ejército no estaba preparado para la guerra de movimientos impuesta por la guerrilla, y en esa situación las clases dominantes, al ver el deterioro de la situación, propiciaron un golpe de estado populista bajo el mando del general Rojas Pinilla. Éste logró un amplio respaldo popular y por medio de una amnistía consiguió desarmar temporalmente a la mayoría de los guerrilleros y frenar la violencia.

El 8 de setiembre de 1953 unos 10.000 combatientes dejaron la lucha. Los grupos de Tolima al mando de Manuel Marulanda e Isauro Llosa se replegaron sin entregar las armas y continuaron luchando contra la represión que desató Rojas.

En 1958, luego de derrocar al gobierno populista, el Frente Nacional, integrado por liberales y conservadores, consolidó un régimen que sólo en lo formal puede calificarse como democrático: "Condominio compartido por los dos partidos oficiales sobre la totalidad de aparatos del estado (...) exclusión política de las fuerzas sociales no expresadas ni representadas por los dos partidos oficiales (...) bloqueando todas las vías institucionales para el funcionamiento de la oposición..."[1] La abstención en las elecciones presidenciales fue del 61% en 1960, del 69% en 1964 y del 70% en 1968, y en lo económico cabe destacar que el 63% de las explotaciones agrarias sólo disponía del 5% de la tierra cultivable, que el 18% de la población activa estaba desocupada y que en 1960 la mitad de la población disponía del 17% del ingreso total. "La institucionalización del poder oligárquico en los últimos 20 años ha hecho posible el funcionamiento y la preservación de semejante estructura de distribución del ingreso nacional".[2] En esas condiciones políticas y económicas surgieron los nuevos movimientos guerrilleros de la década del 60.

---

[1]Instituto de Investigaciones Sociales de la UNAM: *América Latina: Historia de medio siglo,* Siglo XXI Editores, México 1977.
[2]Idem.

Las "repúblicas independientes"

Las "repúblicas independientes" contaban con una administración propia; las más conocidas fueron las de Marquetalia, El Pato, Río Chiquito y Sumapaz. La de Marquetalia estaba dirigida por el dirigente campesino Pedro Antonio Marín, "Manuel Marulanda", que había combatido en la guerrilla liberal y luego junto a los comunistas. Estas milicias aceptaron la amnistía, pero no dejaron las armas y crearon el Bloque Sur de Coordinación.

En 1964, bajo la presidencia del conservador León Valencia, el ejército movilizó a 16.000 hombres con apoyo aéreo contra Marquetalia; los 5.000 campesinos armados opusieron una resistencia tenaz, pero finalmente tuvieron que replegarse. Se estimó en 16.000 los campesinos muertos por los bombardeos masivos.

En diciembre de ese año fue atacada la República de El Pato con parecidos resultados. A partir de esta campaña militar surgieron en Colombia tres organizaciones armadas que se han mantenido hasta la fecha: FARC, ELN y EPL. La influencia de la Revolución Cubana se asentó sobre la realidad existente de guerrillas campesinas y combatientes con experiencia.

Fuerzas Armadas Revolucionarias de Colombia (FARC, 1964)

El ataque militar obligó a los campesinos a abandonar la autodefensa y a transformarse en guerrilleros: dejaron de defender una zona fija y comenzaron a moverse por un territorio más amplio. Así se constituyeron las FARC, que iniciaron una guerra de guerrillas con amplia base campesina y con la dirección política del PC. Hasta la actualidad han controlado amplias zonas, pese a la represión militar.

En su declaración del 20 de julio de 1964, las FARC proclamaron "la vía revolucionaria armada para la lucha por el poder".

Su programa se centra en la reforma agraria revolucionaria para entregar a los campesinos la tierra confiscada a los terratenientes. Afirman que ese programa "dependerá de la alianza obrero-campesina y del frente único de todos los colombianos en lucha por un cambio del régimen (...) Hacemos un llamamiento a todos los campesinos, a la clase obrera, a los empleados, a los estudiantes, a los artesanos, a los pequeños industriales y pequeños comerciantes, a la burguesía nacional y antimonopolista que está dispuesta a combatir contra el imperialismo, a los intelectuales demócratas y revolucionarios, a los partidos de izquierda y de centro que quieran un cambio en sentido del progreso, a la gran lucha revolucionaria y patriótica por una Colombia para los colombianos, por el triunfo de la revolución, por un gobierno democrático de liberación nacional".[3] Las FARC realizaron numerosas operaciones militares; la mejor síntesis de su fuerza fue un informe del ministro de Defensa de 1979 en el que eran definidas de la siguiente manera: "Un frente urbano en Bogotá con 27 hombres y 8 frentes rurales ubicados en Caquetá, Huila, región de El Pato, Magdalena medio, Uraba, Tolima, Meta y Santander, con 750 combatientes de los cuales algo más de la mitad armados".[4]

Ejército de Liberación Nacional (ELN, 1965)

A mediados de 1964 se constituyó el ELN, dirigido por Fabio Vazquez; éste, junto con Víctor Medina, había estado en Cuba y regresó en 1963 a Colombia; creó un grupo en San Vicente de Chucurí, departamento de Santander, que tenía 17 componentes

---

[3]Fuerzas Armadas Revolucionarias de Colombia: 25 *años de lucha por paz, democracia y soberanía*, 1989.
[4]Fajardo, José y Roldán, Miguel Ángel: "Informe del ministro de Defensa, 1978", en *Soy el Comandante 1*, Editorial La Oveja Negra, Bogotá, 1980.

y escasas armas. Contaban con equipos urbanos en Bogotá y Bucaramanga dedicados a ganar nuevos combatientes.

El 7 de enero de 1965 realizó el ELN su primer operativo: la toma del pueblo de Simacota, de 10.000 habitantes. Eran 27 guerrilleros. Coparon la comisaría dando muerte a 3 policías, tomaron el dinero de los bancos y realizaron un mitin en el que habló Víctor Medina.

En esa acción el ELN distribuyó el *Manifiesto de Simacota,* que decía:

"La violencia reaccionaria desatada por los diversos gobiernos oligarcas y continuada por el corrompido régimen Valencia-Ruiz-Novoa-Lleras, ha sido un arma poderosa para sofocar el movimiento campesino revolucionario. La tierra es explotada por campesinos, que no tienen donde caerse muertos (...) Los obreros trabajan por jornales de hambre, sometidos a la miseria y humillaciones de las grandes empresas extranjeras y nacionales (...) Las riquezas de todo el pueblo colombiano son saqueadas por los imperialistas norteamericanos (...) La lucha revolucionaria es el único camino de todo el pueblo para derrocar el actual gobierno de engaño y de violencia (...) En el ELN nos encontramos en la lucha por la liberación nacional de Colombia..."[5]

En junio se incorpora al ELN Camilo Torres, brillante sacerdote enfrentado a la jerarquía de la iglesia por sus posiciones. En un acto ante universitarios definió su programa. "El documento proponía una redistribución de la tierra y una reforma urbana que prometía una casa para cada ciudadano. Abogaba por la nacionalización de los bancos, los hospitales, las compañías de seguros, el transporte público, la radio y la televisión, y la explotación de todos los recursos naturales por el estado. Una planificación económica dirigida por el gobierno, programas de seguridad social, nuevas leyes tributarias..." Sobre el papel de las fuerzas armadas en

---

[5] Idem.

la sociedad revolucionaria afirmaba que "la defensa de la soberanía nacional estaría a cargo de todo el pueblo..."[6] Camilo desarrolló una intensa campaña de mitines en todo el país, de acuerdo con el ELN; éste, temiendo por su seguridad, decidió que se incorporara a la guerrilla, pero cayó en combate en febrero de 1966. En julio de ese año se libraron varios encuentros con el ejército en Gijón y Popayal, durante los cuales murieron varios soldados; en enero de 1967 el ELN tomó la localidad de Uijagal y un tren pagador allí estacionado.

En 1968 se produjo una grave crisis en el ELN, surgiendo dos tendencias: una más militarista, encabezada por Fabio Vázquez, y otra denominada proletaria, dirigida por Víctor Medina; varios miembros de esta última fueron fusilados por la misma organización. Un dirigente del ELN explica así esos hechos: "Sí, hubo un estilo militar, vertical, y según ese estilo, lo de los fusilamientos se impuso como método para resolver las diferencias. Eso causó un impacto tremendo entre nosotros mismos, fue un hecho grave y nos dejó una marca histórica (...) En 1973 se dieron los últimos fusilamientos".[7] El proceso de crisis se repitió en 1970; en 1972 cayeron en manos de la policía los archivos del ELN y fue desmantelada la red urbana. En enero de este año una fuerza de 200 guerrilleros tomó la población de San Pablo. Los destacamentos militares que los perseguían fueron emboscados. Pocos días después el ELN ocupó diversos pueblos del departamento de Antioquía movilizando unos 100 combatientes.

En octubre de 1973 el ejército montó un cerco en Anorí con 33.000 soldados y en el curso de un mes dispersaron la columna del ELN, que preparaba una operación.

---

[6]Broderick, Walter J.: *Camilo Torres, el cura guerrillero*, Grijalbo, Barcelona, 1977.
[7]Vigil, Maria López: *Camilo camina en Colombia*, Txalaparta, Navarra, 1990.

Allí murieron o fueron detenidos cerca de 80 combatientes. Entre los muertos estaban Antonio y Manuel Vázquez, hermanos de Fabio. El resto se dispersó.

En 1974 quedaban 80 combatientes en el campo y se produjo una división que se llamó Replanteamiento y que se mantuvo dos o tres años.

Fabio marchó a Cuba y en 1978 no quedaban sino 40 guerrilleros. Un dirigente del ELN dice que "la principal debilidad fue que no logramos empalmarnos con las bases, no logramos articular un movimiento de bases, una organización popular. ¡Y lo peor era que no había conciencia de ese vacío! (...) Otra gran debilidad fue que no hubo madurez para resolver las diferencias políticas". En 1978 comenzó la reorganización con una reunión a la que asistieron veinte delegados de los diversos grupos existentes. A partir de ese momento el ELN experimentó un profundo cambio. Dio prioridad al trabajo político, comenzó a reunir a los campesinos y se planteó "cómo enganchar nuestra actividad militar con el trabajo de masas". También surgió la primera coordinadora del trabajo cristiano, que al relacionarse con el ELN contribuyó a la solución de la crisis.

El citado informe del ministro de Defensa de 1979 dice que el ELN ha sufrido fuertes golpes represivos y que cuenta con menos de 100 hombres distribuidos en 3 frentes rurales.

Ejército Popular de Liberación (EPL, 1965)

Surgió el EPL, a partir de un fraccionamiento maoísta del PC, dirigido por Pedro Vázquez Rendón, Francisco Gamica, Pedro León Arboleda, Ricardo Torres, Carlos Alberto Morales y Libardo Mora;

a él se sumó un sector del Movimiento Revolucionario Liberal, con Francisco Caraballo a la cabeza.[8] Comenzó con diez combatientes.

La actividad inicial consistió en la toma de haciendas, el reparto de ganado y el ajusticiamiento de los hacendados.

En esa primera época "existieron algunos desenfoques por la influencia que teníamos, por una parte del revisionismo, quien en ese momento era el apagafuegos, y el movimiento pacifista, y por otro lado por la estadía de algunos cuadros en Cuba en quiénes influyó mucho la teoría del foco", según cuenta Caraballo en una entrevista en 1984.

Entonces se decide refundar el trabajo en el noroeste del país, si bien, según el citado: "Lógicamente que en este trabajo se corrigieron los errores de foquismo, pero continuó la influencia negativa de la teoría de Mao Tse Tung sobre la guerra popular prolongada".

La tarea del EPL consistía en crear zonas de apoyo a la guerrilla "gracias al exterminio del enemigo en su territorio; permitirán el desarrollo de las milicias populares y permitirán formar, con base en los mejores hombres de las guerrillas y de las milicias, los primeros destacamentos regulares del EPL". En la primera etapa del EPL, hasta 1973, "se subestimó el problema de las armas", ya que "en el desarrollo de nuestra actividad estuvo presente el maoísmo haciendo bastante daño para el avance del proceso revolucionario". Consideraban el maoísmo revisionista como la línea de Moscú y criticaban su práctica militar por su poca profesionalidad y la pérdida de movilidad guerrillera por la defensa de zonas fijas. A partir de 1973 se inició un trabajo urbano como apoyo a la guerrilla rural; en el curso de esa actividad en 1975 se produjeron importantes detenciones de miembros del EPL.

---

[8]Calvo Ocampo, Fabiola: *EPL, diez hombres, un ejército, una historia,* Ecoe Ediciones, Bogotá, 1985.

108

En años sucesivos se extendieron a otras regiones, contando con frentes en Antioquía, Córdoba, Caldas, Risaralda, Valle del Cauca, Putumayo y Norte de Santander.

El informe del ministro de Defensa atribuía en 1979 al EPL la realización de 12 asaltos a bancos, 6 incursiones y 4 asaltos a poblaciones y daba cuenta de la captura de 87 personas vinculadas al EPL así como la muerte de 17.[9]

Movimiento Revolucionario 19 de abril (MR-19, 1974)

Esta organización hizo su aparición pública en 1974, cuando sustrajo la espada del Libertador Simón Bolívar.

Surge el M-19 de un sector radicalizado de ANAPO (Alianza Nacional Popular), fundada por el general Rojas Pinilla para presentarse a las elecciones de 1970. Ante el fraude y la falta de decisión de Rojas Pinilla para luchar, un grupo decide formar el M-19. En una carta que le envían en 1974 a la hija de Rojas Pinilla precisan aspectos de su definición política: "No pretendemos desconocer (...) el papel que ha jugado el general Rojas en el proceso formativo de Alianza Nacional Popular. Por el contrario, sus dotes excepcionales de gran caudillo posibilitaron la vigorosa gestión de un partido de masas en Colombia que ha roto espectacularmente la recalcitrante tradición bipartidista..."[10] Y terminan diciendo que "constituiría un gravísimo error de parte de ANAPO el seguir insistiendo en la vía electoral como la única alternativa del pueblo hacia una nueva sociedad". En 1980 algunos dirigentes encarcelados se definen así: "El M-19 es una organización democrática, nacionalista, revolucionaria y patriótica". En 1975 la organización secuestró al gerente de la empresa Sears, por cuya libertad obtuvo un importante rescate.

---

[9]Fajardo, José y Roldán, Miguel Ángel: op. cit.
[10]Idem.

En las resoluciones de la Sexta Conferencia Nacional realizada en marzo de 1978 se definen como una organización político-militar y se señala la existencia de dos campos irreconciliables: los amigos (obreros, campesinos y sectores populares) y los enemigos (el imperialismo norteamericano y la oligarquía colombiana). Se dice que "los problemas de nuestro pueblo sólo se resuelven a través de una revolución de liberación nacional, que lleve al pueblo a dirigir su destino y su estado, es decir, una revolución que logre integrar a la mayoría del pueblo por un objetivo concreto: la liberación total de las ataduras oligárquicas e imperialistas, lo cual conduce necesariamente a la construcción de la patria socialista".[11] En esa misma conferencia se adopta un reglamento interno, con características marcadamente militaristas, a semejanza de los ejércitos convencionales: instrucción de orden cerrado, voces de mando, etc.

La operación más importante del M -19 en esta etapa fue el saqueo de Cantón Norte, un almacén del ejército de donde extrajeron por un túnel más de 5.000 armas de todo tipo, el 31 de diciembre de 1978. Aunque el ejército recuperó buena parte de ese armamento, la acción tuvo una enorme resonancia.

El informe del ministro de Defensa dice que el M-19 practicaba repartos de leche y mercancías, toma de autobuses, arengas en colegios y hospitales así como secuestros (gerente de la empresa Texaco) y operaciones rurales en cinco departamentos. Da cuenta de la detención de 673 personas vinculadas al M-19 entre enero y octubre de 1979 y de la realización de 95 operativos guerrilleros en 1978, la mayor parte de éstos de propaganda armada.

Autodefensa Obrera (ADO)

Organización creada en los años '70 por Giomar O'Beale, antiguo paracaidista brasileño, militante en su país de organizaciones

---

[11]Idem.

armadas que había logrado eludir la represión. Actuó en Colombia con el nombre de Juan Manuel González Puentes, según cuenta Adelaida Abadía Rey.[12] Este grupo realizaba acciones de propaganda armada, como la colocación de cajas lanza-volantes y toma de locales donde se realizaban actos culturales. Ocuparon la fábrica de zapatos Croydon, cuyo personal estaba en huelga, y se llevaron dinero y calzado. También realizaron tomas de colegios para hacer propaganda. Con igual finalidad tomaron una radio en 1978 y difundieron una proclama.

El mismo año dieron muerte al ex ministro Pardo Buelvas. En setiembre de 1979 se fugaron de prisión González Puentes y otros miembros de ADO. También organizaron una acción para liberar a Adelaida durante el traslado a un juzgado. Poco después murió González Puentes en un tiroteo con la policía en Bogotá.

Argentina

El derrocamiento del régimen populista del general Perón en 1955 por un golpe militar, la represión que le sucedió, así como la proscripción del movimiento peronista, son importantes antecedentes del largo periodo de movilizaciones y luchas populares, de gobiernos dictatoriales y de lucha armada que vivió Argentina desde 1955 hasta 1984.

La resistencia peronista (1955-1956)

El golpe militar dispuso la intervención de los sindicatos, la liquidación de muchas conquistas del movimiento obrero y la proscripción del movimiento peronista; muy pocos dirigentes se opusieron al golpe. John Cooke, diputado peronista y representante de su sector más nacionalista, planteó la necesidad de resistir:

---

[12]Behar, Olga: *Las guerras de la paz,* Plateta Colombiana, Bogotá, 1985.

"Durante el golpe de setiembre, Cooke pidió a Perón que abandonara su refugio en el Ministerio de Guerra, que hablara al pueblo por radio, que tomara personalmente el liderazgo de la resistencia e instalara unidades militares en las plazas del Gran Buenos Aires".[13] Tras la caída de Perón, Cooke comenzó a organizar la resistencia, pero fue detenido.

La resistencia contó con escasa dirección y se apoyó fundamentalmente en sectores de base que se organizaron en grupos de acción.

"A partir de setiembre de 1955 hasta el llamado a elecciones en 1957 se hicieron estallar aproximadamente 7.000 artefactos explosivos en la Argentina".[14] En el terreno militar, la única expresión de la resistencia fue un intento de golpe en junio de 1956; su jefe, el general Juan Valle, fue fusilado.

Los Uturuncos (Hombres Tigres, 1959-1960)

A finales de 1959 un grupo armado tomó la comisaria de policía de Frías, en la provincia de Santiago del Estero.

Se ha señalado a John Cooke como el inspirador político de este grupo; su jefe militar, Manuel Enrique Mena, "Comandante Uturunco", fue capturado junto con otros miembros de la organización, que resultó desarticulada; sus efectivos se calculan en 20 combatientes. Siendo concebido como un típico foco rural de composición peronista, es posible que tendiera a confluir con movimientos urbanos, civiles o militares partidarios de lograr el retomo de Perón.

---

[13]Gillespie, Richard: *J. W Cooke, el peronismo alternativo*, Cántaro Editores, Buenos Aires, 1989.
[14]General Bessone, Ramón Díaz: *Guerra revolucionaria en la Argentina*, Círculo Militar, Buenos Aires, 1988.

112

El grupo Bengochea (1963-1964)

Angel Bengochea era en 1960 responsable del equipo militar de la organización trotskista Palabra Obrera, que inició su preparación con vistas a un posible desarrollo de la lucha armada. En 1963, de retorno de un viaje a Cuba, Bengochea profundiza anteriores diferencias con Palabra Obrera y forma un grupo con militantes de esa organización para desarrollar una actividad guerrillera.

"La guerra revolucionaria es la que plantea la conquista revolucionaria del poder a través de la incorporación de los sectores más pobres de la población a esa guerra partiendo primero de un foco (...) No se trata de subestimar el rol del partido, se trata de no hacer del partido un fetiche, un fin en sí mismo, un fetiche incapaz, pretendiendo que la lucha de clases y la lucha antiimperialista se detengan hasta que tengamos Partido suficientemente pulimentado".[15] Se proponían montar un foco rural en la provincia de Tucumán, asentado en el trabajo político realizado durante varios años por Palabra Obrera y por el propio grupo entre los obreros azucareros de la región; la zona de montaña y bosque se consideraba propicia para el foco guerrillero. Un accidente en la manipulación de explosivos causó la muerte de Bengochea y varios de sus compañeros en Buenos Aires en 1964, con lo que el grupo se extinguió.

Ejército Guerrillero del Pueblo (EGP, 1963-1964)

Esta organización fue creada en 1963 por el periodista Jorge Ricardo Masetti, "Comandante Segundo"; su objetivo era crear un foco guerrillero en la provincia de Salta, limítrofe con Bolivia, en la región de Orán.

---

[15]Mattini, Luis: *Hombres y mujeres del PRT-ERP*, Editorial Contrapunto, Buenos Aires, 1990.

El EGP intentó vincularse con los campesinos, ayudándoles en sus tareas, para constituir una base social de apoyo y comenzar a operar durante los primeros meses de 1964. Según el general Díaz Bessone, la existencia del EGP fue detectada a fines de 1963, y el grupo fue atacado antes de que estuviera preparado.

En los primeros enfrentamientos cayó el capitán cubano Hermes Peña; otros guerrilleros muertos o detenidos, Federico Méndez y Juan Jouvé permanecieron varios años en prisión.

Masetti y varios compañeros lograron internarse en la selva sin que volviera a tenerse más noticias de ellos, suponiéndose que murieron durante la retirada.

El "Cordobazo" (1969)

El nuevo golpe de estado producido por el general Onganía en 1966 y la represión que genera abre una etapa de crisis en diversas organizaciones políticas, surgiendo sectores que propugnan la lucha armada para toma del poder.

La política de la dictadura crea un clima de profundo descontento obrero y estudiantil que culminará en el "Cordobazo". En mayo de 1969 los trabajadores realizaron un movimiento huelguístico semi-insurreccional con apoyo estudiantil, que ocupó la ciudad de Córdoba y desbordó a la policía, provocando la intervención del ejército.

Tanto el "Cordobazo" como el "Rosariazo", ocurrido poco después, fueron movilizaciones que carecieron de una dirección organizada y centralizada; pero no se las puede calificar simplemente de luchas espontáneas, en tanto que culminaron un proceso de acumulación de luchas obreras y populares.

La suma de estos factores (dictaduras militares, represión del movimiento obrero y estudiantil, partidos aliados a las dictaduras, surgimiento de sectores sindicales y juveniles combativos y grandes luchas), junto con el ejemplo de la Revolución Cubana, constituyó el caldo de cultivo dentro del cual nacieron las organizaciones armadas en Argentina.

Fuerzas Armadas Revolucionarias (FAR, 1966-1973)

Surge en 1966, aunque aparece públicamente el 30 de julio de 1970, cuando toma la localidad de Garín, con unos 40 combatientes; se constituye con varios afluentes de raíces marxistas procedentes en su mayoría del PC. El núcleo más importante es el ELN, preparado para intervenir en relación con el Che Guevara en Bolivia y en el cual participa algunos sobrevivientes del grupo Bengochea.

La muerte del Che les hace dejar de lado la guerrilla rural y desarrollar la lucha armada urbana, influidos por los Tupamaros uruguayos.

Plantean la necesidad de "construir un ejército del pueblo, que obtenga para el pueblo el poder y, con el pueblo en el poder, asuma la tarea de la construcción de una sociedad distinta. Una sociedad sin explotación, una sociedad con igualdad absoluta de posibilidades para todos, una sociedad donde los derechos y las igualdades no estén en la Constitución sino en la vida". Se declaran organización peronista, ya que "el peronismo es la forma política del movimiento de liberación nacional", y reivindican el marxismo-leninismo como método de análisis.

Entre sus militantes más conocidos figuraban Carlos Olmedo, Marcos Osatinski, Roberto Quieto, Mirta Misetich, Marcelo Verd y Juan Pablo Maestre.

La primera operación importante que realizaron las FAR fue el incendio de trece supermercados Minimax en Buenos Aires el 26 de junio de 1969 para repudiar la visita de Nelson Rockefeller.

Algunas de las operaciones que ejecutaron hasta 1973 fueron: en octubre de 1970 atacaron una importante unidad policial en Córdoba; en abril de 1971 asaltaron un camión militar que transportaba armas; tomaron dos comisarías de policía en Virreyes y La Plata.

Un operativo conjunto de FAR, FAP y Montoneros en Córdoba se saldó con un grave revés al morir en el tiroteo Carlos Olmedo, máximo dirigente de FAR, en noviembre de 1971.

El 10 de abril de 1972, conjuntamente con el ERP, las FAR dieron muerte en Rosario al general Sánchez, máximo jefe militar de la región; el 1 de mayo tomaron el destacamento de la Prefectura Naval en Dock Sud y se apoderaron de armamento; en noviembre secuestraron a un empresario y obtuvieron un importante rescate; el 28 de diciembre dieron muerte al contralmirante Berisso.

Desde 1972, se iniciaron conversaciones con Montoneros tendientes a la unificación, que se concretó en octubre de 1973. Desde ese momento desaparece la sigla FAR, pasando a llamarse Montoneros la organización unificada.

Frente Argentino de Liberación (FAL, 1967-1969)

Es un grupo surgido en 1967 como escisión del Partido Socialista Argentino. Realizaron algunas acciones contra bancos para conseguir fondos; desarmaron a los centinelas del Instituto Geográfico Militar y luego a la guardia del Regimiento I de Infantería, e15 de abril de 1969.

Por esta última acción fueron detenidos y secuestrados dos militantes de FAL: Alejandro Baldú y Carlos Della Nave.

Para lograr su aparición secuestraron al cónsul paraguayo en Buenos Aires, logrando que Della Nave fuera mostrado por televisión; Baldú había muerto en la tortura.

Fuerzas Armadas de Liberación (FAL, 1969-1973)

Conservando las siglas FAL se conformó un frente al coordinarse el antiguo FAL con los siguientes grupos:

-Movimiento Revolucionario 8 de Octubre: escisión del PCR, constituido por parte del aparato militar de este partido, cuyo dirigente más notorio era Luis María Aguirre, conocido como "Zárate" o "Tato". Sector marxista bastante numeroso pero con escasa preparación militar.

-Brigada Masetti: su núcleo fundador provenía de un grupo de antiguos militantes del EGP que en 1966 contaba con bases en varias ciudades. Con un planteamiento guevarista lograron captar a distintos sectores: obreros influenciados por sectores progresistas de la iglesia, estudiantes católicos y peronistas con vínculos en la resistencia.

-América Libre: constituida por sectores del aparato militar del PC y PCR y por una fracción desprendida del Movimiento de Liberación Nacional (MLN); éste provenía del frondizismo, pero se definía como antiimperialista y marxista.

-Brigada Che Guevara: constituida por estudiantes secundarios provenientes del PCR. Esta unificación se produjo a finales de 1969, coordinándose las direcciones pero conservando cada organización sus trabajos y estructuras separadas.

Se constituyeron las FAL como un frente de liberación en el que pudieran convivir marxistas y peronistas, sin un programa desarrollado ni líneas concretas para frentes de masas y con un acuerdo militar para desarrollar acciones armadas.

Su declaración pública más importante sostenía que el eje de su aparición era la lucha armada y la ruptura con el oportunismo, el apoyo a Cuba y a los movimientos de liberación nacional. "Creemos que en nuestro país la lucha no es sólo de liberación nacional sino de liberación nacional y social; es decir que en nuestro país se va a dar una guerra no sólo antiimperialista sino que se va a dar también una guerra civil (...) nuestra lucha tiene que tener un tinte anticapitalista".[16] Y manifiestan que además de acciones armadas trabajarán en el movimiento obrero, estudiantil y en las villas miseria.

Las acciones más importantes de las FAL en 1970 fueron: el asalto a un banco en Córdoba; asalto a un tren con toma de armas y dinero; asalto a una clínica en La Plata; toma de un avión en Rosario y lanzamiento de volantes; desarme de la custodia de la Embajada de Estados Unidos; asalto a la Empresa Telefónica; toma de la bandera del Ejército de los Andes en Mendoza y ajusticiamiento del subcomisario Sandoval, señalado como autor del asesinato de Baldú.

En este período se considera que la organización contaba con unos 300 miembros, entre las áreas política y militar.

Un año después de constituirse las FAL estalló una grave crisis por las fallas surgidas en un operativo para capturar un tren correo; la policía montó una emboscada de la cual salió el comando de FAL con varios heridos. Las discusiones para deslindar responsabilidades revelaron la existencia de actividades paralelas de cada grupo y de serias divergencias no resueltas. Así se dio de hecho por terminada la coordinación de FAL y surgieron distintas columnas que operaban por separado.

Un debate acerca del peronismo y las futuras elecciones acentuó las diferencias e inclinó a las columnas hacia Montoneros o ERP, de manera que la mayoría de los militantes se incorporó en una de estas organizaciones.

Durante un periodo, en especial hasta 1973, se mantuvo la actividad independiente de varios sectores: Columna Masetti, Columna América en Armas, Columna FAL Che y Columna FAL 22 de Agosto.

---

[16]Anzorena, Oscar: *Tiempo de Violencia y Utopía (1966-1976)*, Editorial Contrapunto, Buenos Aires, 1990.

Fuerzas Armadas Peronistas (FAP, 1968-1973)

Esta organización surgió públicamente al ser detenidos en Taco Ralo, provincia de Tucumán, trece de sus miembros en setiembre de 1968, cuando estaban iniciando su preparación guerrillera.

"Las FAP habían sido creadas para la guerra de guerrillas rural y urbana, e incluían a militantes peronistas experimentados, como Envar el Kadri y Carlos Caride (fundadores en abril de 1958 de la primera Juventud Peronista), así como a los ex seminaristas católicos radicales Arturo Ferré Gadea y Gerardo Ferrari".[17] Se declaraban peronistas y afirmaban la necesidad de apelar a la lucha armada ante la dictadura del general Onganía.

Las FAP se reorganizaron y comenzaron a operar como grupo de guerrilla urbana realizando acciones de aprovisionamiento. El 6 de enero de 1970 reaparecieron con la toma de un puesto policial en Villa Piolín. En el curso de ese año realizaron varios operativos, como las ocupaciones de destacamentos policiales y una guardia militar en las cuales se apoderaron de armamento, además de efectuar repartos de víveres en barrios marginales.

En un documento de 1970 sostenían las FAP: "Hemos emprendido el camino de la guerra revolucionaria con la intención de unir a todo el pueblo en la única forma de lucha que entendemos como condicionante de todas las demás: la lucha armada (...) Este largo proceso debe ser una sucesión de acciones de guerra que, yendo de menor a mayor, vayan convulsionando al régimen, integrando las luchas populares y posibilitando la formación del Ejército del Pueblo, como única garantía de derrotar al ejército de la oligarquía".[18]

En junio de 1971 comandos de FAP con apoyo de FAR y Montoneros liberaron a cuatro militantes de la Cárcel de Mujeres

---

[17]Gillespie, Richard: *Soldados de Perón. Los Montoneros,* Grijalbo, Buenos Aires, 1987.

[18]Anzorena, Oscar: op. cit.

de Buenos Aires, en otra acción conjunta dieron muerte al ex jefe de policía de Córdoba, Mayor Julio Sanmartino.

Las FAP, además de esta intensa actividad militar, colaboraron ese año en la formación del Peronismo de base (PB), agrupamiento que pretendía expresar a los sectores combativos del movimiento peronista en oposición a la burocracia sindical y política; así se describía a este grupo: "Son la expresión consecuente en el Movimiento de la política y la ideología de las clases dominantes".[19] La convocatoria electoral de 1972 provocó un vivo debate: la mayoría propuso la creación de una "alternativa independiente", que de hecho era la continuidad del PB, que no formara parte del sector político ni sindical burocrático peronista. Dentro de esa política de FAP se inscribe la acción del 22 de mayo de 1973, cuando dieron muerte a Dirk Klosterman, dirigente sindical peronista de derecha.

Un sector de FAP dirigido por Caride ingresó a Montoneros en 1974 mientras que otros continuaron actuando como FAP Nacional.

El largo debate y los fraccionamientos redujeron la capacidad de acción de FAP hasta su desaparición.

Partido Revolucionario de los Trabajadores (PRT)
Ejército Revolucionario del Pueblo (ERP, 1968-1976)

En 1963 la organización Palabra Obrera se fusionó con el Frente Revolucionario Indoamericano Popular (FRIP) dirigido por Mario Roberto Santucho y con asentamiento en el norte del país. Como fruto de esa unión surgió el Partido Revolucionario de los Trabajadores (PRT).

La instauración de la dictadura en 1966 planteó el problema de la lucha armada, apareciendo un sector partidario de impulsarla

---

[19]Idem.

120

dirigido por Santucho y otro minoritario que se oponía encabezado por Nahuel Moreno.

El PRT contaba con varios centenares de militantes, un trabajo de varios años en el movimiento obrero y estudiantil y cierta implantación entre los trabajadores azucareros de Tucumán, que protagonizaron en esa época luchas muy combativas.

El IV Congreso del PRT, celebrado a comienzos de 1968, antes del cual se escindió el sector de Moreno, adoptó las resoluciones sobre la cuestión de la lucha armada que lo diferenciaban de los intentos guerrilleros desarrollados hasta ese momento en el país y en especial del foquismo rural.

El documento aprobado, *El único camino hacia el poder obrero y el socialismo,* sostenía:

"Que la revolución tiene un carácter continental y es prácticamente imposible que triunfe en un solo país; (...) será antiimperialista y socialista, es decir permanente; que es obrera y popular por su contenido de clase, por ser el proletariado industrial sus vanguardia y por ser sus aliados la pequeña burguesía urbana y el campesinado pobre; que la guerra civil revolucionaria desembocará en una guerra nacional antiimperialista, en la cual pueden unirse al proceso sectores de la burguesía mediana; que una vez que las condiciones objetivas estén dadas, la lucha armada puede iniciarse, también en períodos de retroceso y a partir de entonces debe adquirir un carácter permanente."[20]

Estas concepciones recogían la ideología trotskista en lo político y tomaban elementos de la teoría militar de Mao Tse Tung y de los vietnamitas, si bien en un intento de adaptación a una sociedad predominantemente urbana.

---

[20]Santucho, Julio: *Los últimos guevaristas. Surgimiento y eclipse del ERP,* Puntosur Editores, Buenos Aires, 1988.

Entre el IV y el V Congreso, el PRT comienza la práctica de la lucha armada con algunas acciones, como la del banco de Escobar, la formación de los primeros equipos militares y el entrenamientos en el exterior de algunos cuadros del partido.

Simultáneamente se desarrolla una intensa lucha interna en torno a la aplicación de las resoluciones del congreso, y se escinden dos sectores que no comparten la línea de Santucho. Este presenta un plan que comprende desde el nombramiento de un jefe militar único hasta acciones simultáneas en cuatro regiones del país, con ataques a cuarteles destinados a obtener armamento e iniciar lo que de hecho eran focos guerrilleros. Esto constituía el inicio de la guerra revolucionaria, lo cual fue considerado como una desviación militarista por otros sectores que se escindieron.

En mayo de 1970 el PRT realiza su V Congreso, contando entre sus principales integrantes, además de Santucho y su compañera Ana María Villarreal, a Luis Pujals, Domingo Mena, Joe Baxter; Clarisa Leaplace, Antonio Fernández, Benito Urteaga, Rubén Bonnet, Osvaldo Debenedetti y Enrique Gorriarán.

Allí se crea el Ejército Revolucionario del Pueblo (ERP) y se inicia un vasto plan de acción militar con participación de todos los militantes, que implica el desarme de policía, el reparto de víveres en villas miseria y la realización de operaciones de envergadura.

Entre éstas pueden mencionarse secuestros de industriales, como Stanley Sylvester, de Frigorífico Swift, y Oberdan Sallustro, de Fiat, dirigidos ambos hechos a apoyar luchas de los trabajadores de esas empresas; la fuga del penal tucumano de Villa Urquiza; el asalto al Banco Nacional de Desarrollo en pleno centro de Buenos Aires, del que se obtuvo un cuantioso botín; el atentado que causó la muerte en Rosario del general Sánchez, comandante del II Cuerpo de Ejército, y numerosas acciones contra destacamentos policiales, armerías, clínicas médicas y dependencias oficiales en busca de armas y otros equipamientos necesarios.

No obstante el carácter urbano de su acción, el ERP desde su creación sostenía la necesidad de combinar la lucha en ciudad y campo, construyendo una guerrilla rural. "Ambos procesos desarrollan una lucha de desgaste de la fuerza enemiga, quebrando su capacidad ofensiva en el campo mediante su dispersión y agarrándola al terreno en la ciudad; movilizando a las masas e incorporando a todo el pueblo a la guerra; creando tanto en el campo como en la ciudad unidades militares estratégicas, hasta desembocar en la insurrección general urbana con el cerco y liberación de las ciudades medianas, cercanas a la zona de operaciones rurales. Ambos procesos son (...) inseparables".[21] El 15 de agosto de 1972 en colaboración con FAR y Montoneros, se organizó un asalto al penal de Rawson, del que lograron huir en un avión Santucho, Mena y Gorriarán del ERP, Quieto y Osatinski de FAR Y Vaca Narvaja de Montoneros.

El fracaso de parte del plan posibilitó la captura de 19 presos, que fueron conducidos a la Base Aeronaval de Trelew, siendo asesinados el día 22, Rubén Bonnett, Eduardo Capello, Mario Delfino, Alberto del Rey, Clarisa Leaplace, José Mena, Miguel Polti, Ana María Villarreal, Humberto Suárez, Humberto Toschi y Alejandro Ulla, del ERP; Carlos Astudillo, Alfredo Kohon y María Sabelli, de FAR; y Susana Lesgart y Mariano Pujadas, de Montoneros.

En 1972 surgieron fracciones que discrepaban con la línea oficial y se alejaron del PRT para dar origen a otras organizaciones armadas.

Ya en el V Congreso se habían producido diferencias importantes, que se saldaron con un acuerdo en tomo al objetivo común de desarrollar la guerra revolucionaria.

La Tendencia Leninista, formada por unos pocos militantes y dirigida por Joe Baxter, envió en octubre de 1972 un documento en el que se planteaba la necesidad de convocar al VI Congreso

---

[21]Anzorena, Oscar: op. cit.

con un periodo amplio de debate. El grupo se caracterizaba por la falta de democracia interna, por las diferencias creadas a partir del V Congreso, por las discrepancias en tomo al alejamiento de la IV Internacional, por el acercamiento a posiciones del PC y por la línea adoptada frente a las elecciones de 1973; esta tendencia se extinguió a la muerte de Baxter en un accidente aéreo en julio de ese año.

La actividad política interna del PRT fue debilitándose a medida que aumentaban las tareas militares y el VI Congreso fijado para 1974 se suspendió, siendo reemplazado por resoluciones de la dirección. La separación entre partido y ejército fue reemplazada por una militarización total y la ausencia de debates.

Una de las últimas acciones del ERP antes de las elecciones de 1973 fue la toma del Batallón de Comunicaciones 141 del ejército, ubicado en Córdoba, donde los guerrilleros obtuvieron gran cantidad de armamento y municiones.

La intensa operatividad militar le costó muy caro al ERP. Las miles de acciones armadas implicaron centenares de presos y numerosos militantes caídos, entre ellos muchos de la dirección.

Además, implicó una disminución significativa del trabajo político, no sólo por el militarismo de la línea de la organización sino por el trasvase continuo de militantes desde los frentes de masas a la acción armada.

Pese a su línea abstencionista en las elecciones, el PRT-ERP emergió de la clandestinidad con su prestigio acrecentado, como el conjunto de las organizaciones armadas, por el papel desempeñado en la lucha contra la dictadura. La libertad de los presos políticos en 1973 permitió al ERP recuperar gran cantidad de militantes con los que reforzar sus estructuras. La organización, pese a todas las caídas sufridas, había crecido notablemente.

La retirada de los militares del gobierno abría un nuevo periodo político en Argentina, pero el Comité Central del PRT decidió en febrero de 1973, un mes antes de las elecciones, que "el ERP no dejará de combatir"; y ya triunfante el candidato peronista Héctor J. Cámpora, el 14 de mayo anunciaba que "no atacaría al nuevo gobierno, mientras éste no ataque al pueblo y a la guerrilla", pero que continuaría combatiendo a las fuerzas armadas.

El ERP no cesó su actividad armada, sino que la aceleró, aprovechando las facilidades democráticas existentes. Se basaba en el análisis de que las masas iniciarían grandes luchas por sus reivindicaciones, lo que desataría la represión por parte del gobierno e impulsaría la guerra revolucionaria. El PRT-ERP subestimó las posibilidades del gobierno populista y el ascendiente de Perón, y sobreestimó los niveles de combatividad y conciencia de los trabajadores, alejándose de sus luchas cotidianas y disminuyendo su influencia política. Su actividad estuvo más condicionada por su estrategia que por la evolución de la situación concreta.

En esta época el PRT vendía miles de ejemplares de *El Combatiente y Estrella Roja* al amparo de la legalidad; creó y extendió el Movimiento Sindical de Base (MSB) con sectores clasistas de trabajadores; creó asimismo el Frente Antiimperialista y por el Socialismo (FAS), que en el congreso de 1974 reunió a 25.000 personas. Pero toda esta actividad política fue cediendo terreno ante la creciente y reforzada tarea estratégica: desarrollar la guerra revolucionaria.

Actividad después de asumir su cargo el presidente Cámpora

Tras una serie de operativos para obtención de dinero y armas, el 6 de setiembre el ERP intenta tomar el Comando de Sanidad del Ejército en plena ciudad de Buenos Aires, para obtener armamento, pero la operación fracasa. El mismo día el ERP secuestra a Víctor Samuelson, gerente de la petrolera, ESSO, por quien obtendrá unos 12 millones de dólares como rescate.

El 19 de enero de 1974 fracasa en un intento de toma de los cuarteles del ejército en Azul para obtener armamento.

En febrero se constituye la Junta de Coordinación Revolucionaria entre el ERP, Tupamaros de Uruguay, el ELN (Ejército de Liberación Nacional), de Bolivia y el MIR (Movimiento de Izquierda Revolucionario) de Chile, en un intento de complementación que tuvo corta vida por las caídas de sus integrantes.

El 11 de agosto se intentó tomar el Regimiento 17 de Infantería en la provincia de Catamarca, pero fue detectado el grupo antes de iniciar la acción. Simultáneamente se tomó la Fábrica Militar de Villa María, en donde se obtuvo abundante cantidad de armamento.

En ese mismo año el ERP comenzó a instalar en Tucumán un núcleo guerrillero rural denominado Compañía de Monte Ramón Rosa Jiménez; a esa tarea se incorporaron importantes cuadros.

Se realizan diversas emboscadas contra las fuerzas policiales destacadas en la zona y se toman algunos pueblos, como Acheral, mientras arrecia la presión represiva sobre la población y se prepara la intervención militar.

En febrero de 1975, coincidiendo con la intervención directa del ejército, el ERP da a conocer un plan estratégico en el que sostiene la necesidad de generalizar la guerra civil concentrando los principales recursos en la lucha militar y encara el enfrentamiento con criterio de aniquilamiento, extendiendo la guerra a todo el país en forma armónica para utilizar grandes unidades conforme a la concepción de una guerra prolongada; plantea la realización de una huelga general, de masificar el sabotaje y de aumentar los efectivos de la guerrilla.

El ejército, avalado por un mandato expreso de las autoridades civiles, acentúa la actividad represiva sobre la población y comienza el hostigamiento militar; en mayo logra sorprender a una concentración de más de 100 guerrilleros en marcha en Manchalá, causándoles varias bajas y pérdida de armamento y equipo.

En octubre se suceden varios combates y la guerrilla sufre importantes pérdidas: el día 9, en El Quincho, caen Asdrúbal

Santucho, miembro del Estado Mayor del ERP, y Manuel Negrín, segundo jefe de la Compañía de Monte.

El 18 el ejército se apodera del campamento central guerrillero y requisa armas y equipos; a partir de ese momento la guerrilla rural del ERP deja prácticamente de combatir.

Un resumen militar de esta campaña se sintetiza así: "Hacia fines de 1975, en Tucumán se habían producido 37 combates, se habían destruido 58 campamentos, instalaciones y depósitos del enemigo y se habían causado 160 bajas. Las fuerzas de la nación y de la provincia de Tucumán habían tenido 53 muertos. A raíz de estos golpes la guerrilla fue debilitada y obligada a disminuir su acción".[22] Lo que no menciona este parte es que los pobladores de la zona fueron recluidos en campos de detención clandestinos, torturados y asesinados sin darse noticia de ello, engrosando la larga lista de desaparecidos.

La última gran operación del ERP, y su más grande derrota, consistió en el intento de copamiento del Batallón de Arsenales 601, ubicado en la localidad de Monte Chingolo, en las afueras de Buenos Aires, el 23 de diciembre de 1975.

Se pensaba que con un gran operativo urbano y un nuevo despliegue de la guerrilla rural se produciría un efecto político capaz de frenar el golpe militar inminente.

El ataque encontró una dura resistencia, pues falló el factor sorpresa, y pese a los centenares de combatientes implicados no fue posible la captura del cuartel. Helicópteros artillados y numerosas tropas aniquilaron a los atacantes; se calcula en 58 el número de guerrilleros muertos.

El operativo era conocido por el ejército debido a un infiltrado. Sin embargo, el ERP, pese a saber este hecho, decidió seguir adelante. "Sólo se explica entendiendo que a esta altura estaban perdiendo totalmente la conciencia, la iniciativa y entraban en la

---

[22]Díaz Bessone, Ramón: op. cit.

desesperación".[23] El ERP quedó gravemente afectado por las pérdidas precisamente en vísperas del golpe. Como parte de la represión que desató la dictadura militar se produjo la detención y muerte de Santucho, Domingo Mena y Benito Urteaga, miembros del Buró Político del PRT, en julio de 1976. A partir de ese momento, a través de sucesivas caídas el PRT-ERP fue aniquilado, y su actividad organizada cesó por completo.

Descamisados (1968-1972)

Surgieron a partir de la juventud demócrata cristiana y de sectores del nacionalismo católico; trabajaron en villas y sindicatos vinculándose al peronismo. Aparecieron públicamente en setiembre de 1970, cuando difundieron una proclama en un cine previamente tomado. Efectuaron la voladura del Círculo Naval en Tigre y la del yate *Biguá,* perteneciente al comandante en jefe de la marina; secuestraron al gerente de General Electric, obteniendo un millón de dólares por su rescate, así como otras acciones.

Se vincula a Descamisados con el Ejército Nacional Revolucionario (ENR), un comando que fue autor de las muertes de los dirigentes sindicales peronistas Augusto Vandor y José Alonso, en 1969 y 1970. El ENR es considerado como un mero sello de Descamisados para llevar a cabo acciones que podían crear conflictos en el seno del peronismo, a pesar de que los dos sindicalistas asesinados eran conciliadores con los militares.

A finales de 1972 Descamisados se unificó con Montoneros y desapareció su sigla. Sus dirigentes más conocidos eran Dardo Cabo, Horacio Mendizábal, Norberto Habbeger, Osvaldo Sicardi, Oscar Degregorio y Fernando Saavedra Lamas. "Los seis perecieron siendo montoneros".[24]

---

[23] *Estrategia de poder. Argentina* 1976, resoluciones del I Congreso de GOR.
[24] Anzorena, Oscar: op. cit.

Comandos Populares de Liberación (CPL, 1968-1973)

Este grupo surgió como una división del ya citado ELN antes de que éste se transformara en FAR. Los CPL tenían en ese momento una posición más cercana al peronismo e irían a confluir con sus compañeros de FAR en Montoneros, grupo al que se incorporaron en 1973.

Montoneros (1968-1979)

En 1968 se reunieron en Córdoba militantes de distintas zonas para discutir las posibilidades de iniciar la lucha armada; desestimaron el montaje de una guerrilla rural en la zona del Chaco y comenzaron a preparar la lucha armada urbana.

Provenían de la Agrupación de Estudios Sociales de la Universidad Católica, de la Federación de Agrupaciones Integralistas de la Universidad Nacional y de la Agrupación Barrial Eva Perón, de Córdoba; del Ateneo Universitario y de la Acción Sindical Argentina, de Santa Fe; y de la Juventud Estudiantil Católica y los Comandos Camilo Torres (inspirados por la revista *Cristianismo y Revolución)* de Buenos Aires.

En su gran mayoría eran estudiantes de origen católico progresista, aunque alguno procedía de Tacuara o Guardia Restauradora Nacionalista, organizaciones nacionalistas de derecha. Estos sectores habían evolucionado hacia el peronismo a partir de la represión del régimen de Onganía y de la prédica de algunos sacerdotes progresistas.

Entre los fundadores de Montoneros estaban Fernando Abal Medina, Carlos Ramus, Mario Firmenich, Emilio Maza, Ignacio Vélez, Norma Arrostito, Susana Lesgart y Raúl Yagger. Una excepción en cuanto a la extracción social era Sabino Navarro, trabajador de la fábrica DECA, quien en 1969 constituyó un grupo en Buenos

Aires para desarrollar la lucha armada y que también se contó entre los fundadores de Montoneros.

En febrero de 1969 este núcleo inicial de Montoneros se apoderó de armamento en el Tiro Federal de Córdoba y organizó otras acciones para lograr armas, explosivos y dinero.

En uno de los sus primeros comunicados manifiestan sus objetivos y bases políticas: "Entonces para reconquistar el poder, para hacer posible el retomo de Perón y el Pueblo al Poder, tenemos que derrotar definitivamente al ejército de la oligarquía y el imperialismo. Para ello no bastan las movilizaciones, las huelgas, la lucha electoral, porque si bien todas las formas de lucha son legítimas, lo son encuadradas dentro de una estrategia de *Guerra Popular*, ya que a un ejército sólo se lo derrota con otro ejército".[25] Y en 1971 definen "la Guerra Popular como total, nacional y prolongada (...) total porque supone la destrucción del estado capitalista y de su ejército, como previos a la toma del poder por el pueblo, nacional porque su sentido es el de la emancipación del dominio extranjero, prolongada porque hay que formar el Ejército Popular..." Aparecieron como Montoneros en mayo de 1970 con el secuestro y muerte del general Aramburu, uno de los jefes del golpe militar que derrotó a Perón en 1955 y ex presidente del país.

En el comunicado respectivo afirman que "detuvimos y ejecutamos a Aramburu por (...) anulación de las conquistas sociales de la Revolución Justicialista, represión al pueblo peronista y pretender encaramarse nuevamente en el poder..." Este operativo impactó profundamente a todos los peronistas, para quiénes Aramburu era el símbolo de la represión contra su movimiento y el responsable del fusilamiento del general Valle.

En julio tomaron el pueblo de La Calera, en las cercanías de Córdoba. Si bien como consecuencia inmediata varios guerrilleros cayeron presos y uno resultó muerto, a medio plazo estos hechos

---

[25]Mattini, Luis: op. cit.

redituaron a la organización en términos de prestigio y de captación de nuevos militantes; a partir de las pocas decenas de militantes iniciales, Montoneros logró transformarse en una organización armada de implantación nacional en el periodo 1970-1973.

Junto con la toma de comisarías o el secuestro de un directivo de Standard Electric para obtener rescate, la mayoría de sus acciones consistía en la colocación de bombas en objetivos simbólicos como el Jockey Club o empresas extranjeras, apuntando a la resonancia política más que al objetivo militar. En general, su nivel de operatividad era menor que el del ERP. En el proceso electoral de 1973 Montoneros se volcó en apoyo del candidato peronista y logró una amplia movilización. Contaba con una fuerte implantación en la Juventud Peronista, así como en movimientos sectoriales y de barrio.

El triunfo del peronismo, las luchas que lo acompañaron y la liberación de los presos políticos crearon expectativas de que el gobierno adoptara un curso progresista. Sin embargo, Perón impuso un giro a la derecha que culminó en 1974, cuando insultó a Montoneros y provocó su retirada de la Plaza de Mayo.

Poco después moría Perón y la AAA (Alianza Anticomunista Argentina) redobló su actividad, asesinando a los opositores.

Montoneros entró en la clandestinidad el 6 de setiembre de 1974, cuando anunció el reinicio de la lucha armada contra el gobierno y los monopolios. Comenzaron las acciones: muertes de policías acusados de asesinatos de militantes, operaciones en apoyo a obreros en huelga y toma de armas, como en el Palacio de Justicia de La Plata.

La explicación de esta reanudación de operaciones la da Firmenich en conferencia de prensa diciendo que "se han agotado todas las formas legales de continuar la lucha", por lo que sólo quedaba la opción de emprender una guerra popular integral.[26] El 22 de marzo dieron muerte a Rogelio Coria, ex dirigente sindical conocido por su colaboracionismo con los regímenes militares, y el 15 de julio realizaron un operativo similar contra Mor Roig, ex ministro del Interior del General Lanusse y miembro de la UCR.

El 19 de setiembre secuestraron a los hermanos Born, dueños de la empresa más grande de Argentina, por quiénes obtuvieron 60 millones de dólares como rescate. El 1 de noviembre de 1974 dieron muerte al comisario Alberto Villar, jefe de la Policía Federal y uno de los cabecillas de la AAA.

En febrero de 1975 secuestraron al cónsul de Estados Unidos en Córdoba, John Patrick Egan, al que fusilaron en respuesta a la desaparición de varios compañeros.

En agosto atentaron contra un avión de la Fuerza Aérea en Tucumán y contra una fragata de la Armada en Ensenada.

El 5 de octubre realizaron la operación de mayor envergadura que acometió esta organización: el asalto al cuartel del Regimiento 29 de Infantería en Formosa, a más de 1.000 kilómetros al norte de Buenos Aires. Participaron unos 60 combatientes. Penetraron en el cuartel, se apoderaron de armamento y se retiraron desde el aeropuerto de Formosa, previamente tomado, en un avión de Aerolíneas Argentinas capturado antes de aterrizar. En el combate, según fuente oficial, murieron 16 guerrilleros, mientras el ejército sufrió 12 bajas mortales y 19 heridos.

Simultáneamente hubo intentos de crear focos guerrilleros en Chaco y Tucumán, que no tuvieron mucha vida. En esta última provincia la Fuerza de Monte del Ejército Montonero tuvo algunos choques armados y el grupo dejó de existir al cabo de unas pocas semanas.

---

[26]Gasparini, Juan: *Montoneros, final de cuentas,* Puntosur, Buenos Aires, 1988.

Diversas discrepancias surgieron en Montoneros. La primera de ellas dio lugar en 1973 al surgimiento de la Columna Sabino Navarro, en Córdoba. Este grupo criticaba la falta de presencia obrera en el origen de la organización y el empleo de la lucha armada.

Señalaba la militarización de Montoneros y el hecho de que la actividad política hubiera sido obstaculizada por la estructura militar y burocrática, lo que sofocó el espíritu crítico y la disensión.

Otra expresión de descontento se dio en el seno de la Zona Norte de Buenos Aires, con un fuerte componente de antiguos militantes de FAR. Este sector criticaba en 1975, ante la ofensiva de la AAA y la inminencia de un golpe de estado, la falta de medidas preventivas, y reclamaba la provisión de fondos destinados a la seguridad de los militantes, el cambio de domicilio, ya que la actividad política legal había dado a conocer a los cuadros, etc. Las críticas fueron desoídas por la dirección, y el golpe militar del 24 de marzo de 1976 se produjo sin que la organización hubiera adoptado medidas de seguridad.

Esta etapa de la organización estuvo marcada por una actividad decreciente mientras la represión iba destruyendo las estructuras y capturando militantes. Cabe señalar el atentado que costó la vida al jefe de la Policía Federal, general Cesario Cardozo; el atentado con explosivos en la sede de la Superintendencia de Seguridad Federal, tradicional centro policial de detención y torturas a presos políticos, que causó 18 muertos y 65 heridos el 2 de julio de 1976; la colocación de un explosivo en el Círculo Militar, causando 60 heridos el 16 de octubre; en la misma fecha un atentado contra el subjefe de policía de la provincia de Buenos Aires, que resultó herido; y otro explosivo en el Ministerio de Defensa, que causó 14 muertos en diciembre. Por estas fechas la dirección montonera salió del país.

En 1977 se produjeron acciones con intensidad y frecuencia menores y en 1978 fue casi nula la actividad militar de Montoneros.

En 1979 la dirección en el exterior, que había logrado reagrupar a un buen número de militantes, lanzó la llamada Contraofensiva, que consistió en hacer retomar al país a núcleos organizados para realizar acciones armadas y participar en la apenas naciente actividad sindical; esta estrategia se basaba en una supuesta debilidad de la dictadura; a la que se derrotaría con una ofensiva conjunta de los trabajadores y la acción armada.

Se realizaron varios atentados, algunos contra miembros del equipo económico de la dictadura, pero casi todos los montoneros que retornaron murieron como consecuencia de la represión. En esta etapa surgieron en el exterior movimientos de rechazo a la línea oficial. Uno de ellos, en un documento de junio de 1979 firmado por Rodolfo Galimberti y otros cuadros de la organización, rechazaba la contraofensiva por descabellada, tildaba de elitista y antidemocrática la concepción organizativa, señalaba una actitud sectaria frente a la clase obrera y decía que "la propuesta de contraofensiva es militarista, foquista y putschista". Este grupo propugnaba una mayor integración de Montoneros en el peronismo ortodoxo.

Otra ruptura se produjo en diciembre del mismo año con el documento llamado "de los tenientes", por tener ese grado sus seis firmantes. Estos coincidían con el otro sector disidente en muchas de las críticas y rechazaban la valoración que la dirección hizo de las bajas de la contraofensiva como simples costes de guerra. En ese momento la organización había dejado de existir.

Grupo Obrero Revolucionario (GOR, 1970-1979)

Entre el IV y V Congreso del PRT se escindió una tendencia bastante numerosa y heterogénea que discrepaba con la línea militar del partido Revolucionario de los Trabajadores.

De esa tendencia surgió en 1970 el GOR como organización político-militar que no compartía con el PRT la idea de la creación inmediata del ejército y el inicio de la guerra revolucionaria.

Planteaba tareas militares de propaganda armada y apoyo a las luchas populares y daba prioridad al trabajo político sobre la clase obrera y a la construcción de la organización partidaria. Se declaró ideológicamente trotskista y se adhirió a la IV Internacional.

El GOR daba mucha importancia a la vida democrática de la organización y realizó un primer y único congreso en 1976.

Fueron dirigentes del GOR Rafael Lasala, "Eloy", muerto en prisión en 1976; "José", desaparecido en 1977; y Roberto Ramírez, "Tito", procedente del ERP y de la LCR. También desaparecieron Juan Carlos Chiaravale y Alfredo Cajide.

Este grupo centró su actividad en la penetración en sectores obreros y estudiantiles de Buenos Aires; participó en una tendencia estudiantil de izquierda y contribuyó a la creación de la Corriente Sindical Clasista.

El GOR secuestró a un empresario del sector de los frigoríficos con fines propagandísticos y llevó a cabo la toma de empresas para realizar actos con los trabajadores.

En enero de 1973, conjuntamente con la Columna América en Armas de las FAL, militantes del GOR secuestraron al jefe de Psiquiatría de la Cárcel de Villa Devoto para denunciar los malos tratos sufridos por los presos políticos en ese penal; luego de interrogarlo y de lograr publicidad, lo dejaron en libertad.

En 1975 se fusionó con la LCR. En 1976, el GOR definía así la utilización de la lucha armada: "Empleamos hoy la lucha armada para garantizar (...) que nuestra propaganda y agitación lleguen a las masas, que podamos respaldar a éstas en sus luchas cotidianas para enfrentar la represión creciente (...) El camino que va desde los piquetes de huelga armados hasta las milicias obreras debe ser acompañado y dirigido por los militantes revolucionarios (...) Esta preparación político-militar debe garantizar que los militantes sepan, ante cualquier explosión de la lucha de clases, asumir las tareas que la misma demanda (...) capaces de impulsar y dirigir las tareas militares en las grandes movilizaciones y en los estallidos insurreccionales".[27] Continuó operando tras el golpe militar, pero sufrió varios golpes represivos y, como consecuencia de la desaparición de militantes y la pérdida de su infraestructura, el GOR fue desarticulado y cesó su actividad en julio de 1979.

Fracción Roja del PRT-ERP (1973-1975)

La mayor crisis del PRT-ERP se produjo en el curso del año 1972 en la Regional Sur de Buenos Aires con motivo de los equipos militares. Comenzaron a hacerse críticas al militarismo del ERP, por considerarse desproporcionadas a sus fuerzas los operativos asignados; también se cuestionó la realidad misma del ERP, ya que todos sus integrantes eran miembros del PRT. Se criticaba la traslación mecánica de la experiencia vietnamita y no se veía propicia la etapa para el surgimiento de un ejército revolucionario.

Se inició entonces un periodo de análisis y debate, en el que se planteó la existencia de métodos burocráticos y la falta de un juego democrático. En diciembre de ese año se produjo la ruptura de la mayoría de la Regional Sur, unos 90 militantes. Apareció así la Fracción Roja, que reproducía el esquema organizativo del PRT-ERP, pese a las críticas al carácter militarista del ERP. Se intentó competir con el PRT y se mantuvo con una intensa actividad militar.

La Fracción Roja sufrió varias bajas, entre las cuáles se destaca la caída de J. Rodríguez y su compañera en diciembre de 1974, al allanar la policía su domicilio.

Las acciones más frecuentes fueron las de propaganda armada, incluyendo la toma de fábricas, y las destinadas a conseguir armamento y dinero.

---

[27]Anzorena, Oscar: op. cit.

En la provincia de Córdoba, los militantes de Fracción Roja participaron en tareas de autodefensa junto a sindicalistas clasistas en su enfrentamiento con la burocracia sindical peronista.

La Fracción pasó a llamarse LCR ante el rechazo por el PRT de toda posibilidad de debate de cara al VI Congreso.

Liga Comunista Revolucionaria (LCR, 1974)

Manteniendo en general la línea de la Fracción Roja, la LCR se aproximó al GOR, con el cual mantuvo un proceso de unificación en 1975. A fines de ese año sufrió un fuerte golpe represivo y fue detenida casi toda su dirección. Los militantes que quedaron en libertad se incorporaron mayoritariamente al GOR, entre ellos Roberto Ramírez, que era miembro del Buró Político de LCR. Cuando era dirigente del GOR, Ramírez fue secuestrado en 1978 junto con militantes de varias organizaciones.

Liga Comunista (LC, 1974)

La Liga Comunista se conformó con un sector de LCR y la organización Espartaco, implantada en las provincias de Córdoba y Tucumán. Diferían de la concepción de LCR, a la que consideraban militarista, y se orientaban hacia un trabajo con mayor contenido de masas y en especial en el movimiento obrero, al que estaban vinculados en Córdoba.

Sufrieron un fuerte golpe represivo en 1976, cuando cayó casi toda la dirección, con lo que la LC queda desarticulada.

ERP-22 de Agosto (1973-1975)

Se basaba en los equipos militares del ERP de Buenos Aires que proponían una línea de acercamiento al peronismo. El ERP-22 planteó a la Fracción Roja la posibilidad de unirse, ya que entre ambos grupos nucleaban a la mayoría del PRT, que no tenía más de 300 ó 400 militantes. Esos equipos tenían una gran capacidad operativa y habían protagonizado algunas de las acciones más importantes del PRT, como la del Banco Nacional de Desarrollo. La Fracción Roja no aceptó la propuesta por las diferencias políticas.

El ERP-22 se fundó en enero de 1973 y en marzo dio su apoyo a la candidatura peronista en las elecciones. Para dar a conocer su aparición pública sus militantes secuestraron al director del periódico *Crónica* y obligaron a que se publicara un comunicado en el que difundieron su posición. El día 30 de abril dieron muerte al almirante Hermes Quijada en Buenos Aires. En esta acción murió Fernández Palmeiro, que había protagonizado una fuga espectacular del Palacio de Justicia.

Después de las elecciones iniciaron un proceso de acercamiento al peronismo de Base, y a partir de 1974 sufrieron el hostigamiento de la AAA. En abril de ese año realizaron un atentado que causó la muerte al ex juez Jorge V. Quiroga, integrante de la Cámara Federal que juzgaba a los presos políticos bajo la anterior dictadura. Posteriormente un sector de esta organización se integró en Montoneros.

Organización Comunista Poder Obrero (OCPO, 1974-1977)

Surgió esta organización por la fusión de "Lucha Socialista" de Córdoba y "El Obrero" de Rosario, ambos grupos de izquierda marxista que provenían del PC y del trotskismo. También se incorporaron sectores de la Columna Sabino Navarro, disidente de Montoneros, y un sector de la Columna América en Armas de FAL. Buena parte de los militantes de OCPO eran activistas sindicales, y se afirma que llegó a contar con unos 1.000 de los cuales 100 componían el aparato militar.

Planteaban la necesidad de construir el partido revolucionario y el ejército; critican al PRT sobre todo por su militarismo. Sin embargo, la dinámica de la lucha armada fue primando también en OCPO, hasta convertirse en el eje de su actividad.

Se diferenciaban de Montoneros por su ambigua posición frente al peronismo, lo que los llevó a no definir un proyecto político claro.

Formaron parte del FAS y participaron en las luchas sindicales de 1975 contra la política económica del gobierno de Isabel Perón.

En 1976 OCPO participó junto a Montoneros y el PRT en los intentos de coordinar la acción de las tres organizaciones, lo que no se concretó por la caída de la dirección del ERP.

Las operaciones más importantes realizadas por OCPO fueron: el secuestro del gerente de Kodak, el atentado que causó la muerte al coronel Reyes, la muerte de otro coronel en Rosario y el secuestro durante varios meses del coronel Pita, interventor militar en la CGT. Como consecuencia de estas acciones, la organización fue duramente reprimida y sufrió fuertes bajas, hasta que cesaron prácticamente sus actividades en 1977. Un documento posterior de OCPO dice que posiblemente llegaron tarde a la tarea de construcción de un partido revolucionario socialista, en vista del retroceso de las luchas obreras de 1975 y del cambio que implicó el golpe y la dictadura militar de 1976.

En ese documento se citan entre sus compañeros caídos a Jorge Camilión, Raúl Tissera, Carlos Alberto Fessia, Luis Honores, Juan Cardozo, Julio Palacios y Guillermo Barros, la mayoría dirigentes sindicales combativos.

Paraguay

En 1950 llegó a la presidencia paraguaya Federico Chavez, del ala moderada del Partido Colorado, luego de una serie de golpes y presiones militares. El nuevo gobierno se acercó políticamente al régimen de Perón, liberó a los presos políticos, facilitó el retorno de los exiliados y tomó algunas medidas de control de precios y salarios en un tímido intento populista; al mismo tiempo rechazó las recomendaciones del Fondo Monetario Internacional.

Este gobierno pronto quedó puesto en la mira de Estados Unidos, que propició el golpe de estado del 4 de mayo de 1954. La dictadura de Alfredo Stroessner se mantuvo en el poder hasta 1989.

Como rechazo surgieron varios grupos guerrilleros derivados de los partidos Febrerista y Comunista.

Movimiento 14 de Mayo (1959)

Desde Argentina entró en territorio paraguayo una columna guerrillera surgida de la Juventud Febrerista y el Partido Liberal bajo el mando de Roteli, ex comandante del ejército.

"El 20 de noviembre de 1959 una columna de 80 guerrilleros penetró por la selva del norte de Paraguay. Algunos días después no quedaba sino una docena de sobrevivientes que escaparon por milagro hacia la Argentina. Los otros cayeron muertos en el combate o bajo las torturas".[28]

Frente Unido de Liberación Nacional (FULNA, 1959)

Después de la represión de las manifestaciones populares de 1958 y 1959, "el PC llegó a la conclusión de que la vía pacífica del desarrollo de la revolución en las condiciones existentes no podría conducir a la victoria, y que el levantamiento armado constituía el único camino. El Comité Central planteó la tarea de preparar la lucha armada con la activización simultánea de las formas pacíficas (…) El FULNA se dirigió al pueblo con este llamamiento".[29] En el

---

[28]Debray, Regis: *Ensayos sobre América Latina,* Ediciones Era S.A., México 1976.

[29]Jaritonov, Vitali: *Paraguay: dictadura militar-policial* y *lucha de clases,* Editorial de Ciencias Sociales, La Habana, 1980.

proyecto de programa se decía que "en la etapa actual el Partido lucha no por el establecimiento de un régimen socialista o comunista, sino por la democratización del país..." En junio de 1960 el FULNA inició operaciones en Paraguay con la columna guerrillera Itororó, preparada en Argentina, que contaba con 54 combatientes. Estaba dirigida por el comunista Adolfo Avalor Caríssimo y contaba en sus filas con dos miembros del Comité Central del PC. A poco de comenzar a operar fue cercada y aniquilada casi por completo.

A partir de ese revés, la guerrilla buscó relación y respaldo en el movimiento campesino y se implantó en el departamento de Caaguazú, donde se mantuvo durante algún tiempo una combinación de movilización campesina y actividad guerrillera. Como parte de esta última, la columna Mariscal López ocupó la población de Eusebio Ayala en mayo de 1960. A finales de ese año atacó la base naval ubicada sobre el río Paraguay.

En 1962, núcleos del FULNA operaban en las zonas de San Pedro, General Aquino y Rosario, pero fueron derrotadas.

Para frenar las movilizaciones campesinas y quitar base social a la guerrilla, Stroessner, al tiempo que mantenía una fuerte represión, dictó una seudo-reforma agraria por la que se darían tierras en alejadas zonas selváticas a los campesinos pobres del área más combativa; se crearon colonias agrícolas y se descongestionó así la zona oriental, donde mayor impacto habían logrado los revolucionarios.

La política del secretario general del PC, Oscar Creyat, en 1964 fue duramente criticada por el Comité Central, que lo consideró responsable de improvisaciones costosas en el terreno de la lucha armada cuando intentó lanzar una nueva operación militar que fracasó.

Uruguay

La crisis del modelo económico vigente desde el fin de la II Guerra Mundial, la incapacidad de los partidos de izquierda para encabezar las protestas populares y la influencia de la Revolución Cubana están en la base del surgimiento del movimiento guerrillero en Uruguay.

Movimiento de Liberación Nacional-Tupamaros (MLN, 1962-1973)

En las condiciones señaladas, con un comienzo de represión por parte del gobierno y las primeras apariciones de grupos fascistas, diversos partidos y organizaciones crearon en 1960 organizaciones de autodefensa. Los miembros de estos grupos pronto encontraron más afinidad entre sí que con sus respectivas organizaciones, que no estaban dispuestas a avanzar mucho por ese camino. Raúl Sendic, Manera y Marenales (fundadores del MLN) formaban parte del PS; junto con otros sectores anarquistas, sindicalistas, etc. conformarían una organización en 1962 unida por su adhesión a la Revolución Cubana y por el propósito de iniciar un proceso revolucionario en Uruguay.

"Formábamos parte de la izquierda uruguaya y compartíamos sus penas y alegrías, sus aciertos y sus errores. Lo que sí cabe afirmar es que rompimos con ciertos vicios arraigados en algunas partes de esa izquierda. Y lo que tambimage es muy cierto es que la izquierda tradicional, por definirla de algún modo, y pecando otra vez de injusta generalización, rompió con nosotros".[30] La idea vigente de la guerrilla rural, del foco, no parecía tener futuro en un país llano, sin selvas ni montañas, y los guevaristas ortodoxos se oponían a emprender la lucha armada en un país con tales características. Fueron los futuros Tupamaros quiénes elaboraron la teoría de que la guerrilla urbana era posible. A partir de ese convencimiento comenzaron a crear una organización, todavía sin nombre, con la consigna de "ármate y espera". En el *Documento N° 1* se sostenía que "las

---

[30]Fernández Huidobro, Eleuterio: *Historia de los Tupamaros,* Tupac Amaru Editores, Uruguay, 1986.

palabras nos dividen, los hechos nos unen". En las *30 preguntas a un Tupamaro* dicen: "Cuba es un ejemplo. En lugar del largo proceso de formación del partido de masas, se instala un foco guerrillero con una docena de hombres y este hecho genera conciencia, organización y condiciones revolucionarias que culminan con una verdadera revolución socialista". Es una aplicación de los principios generales sostenidos por el Che Guevara, pero no en la sierra sino en la ciudad.

a. Los comienzos (1962-1966)

La primera acción que realiza la organización, sin firmarla, está destinada a conseguir armas y se efectúa el 31 de julio de 1963 en la Sociedad de Tiro Suizo de Nueva Helvecia; la llevan a cabo nueve militantes que obtienen 30 fusiles sin cerrojo y unas cajas de municiones. El 24 de diciembre reparten víveres en una población marginal de Montevideo.

En 1964 llevan a cabo varias acciones para conseguir armas y explosivos.

También realizan atentados contra empresas norteamericanas y miembros del gobierno en señal de repudio a la ruptura de relaciones con Cuba.

Dos asaltos a bancos fracasan: en uno caen presos tres dirigentes sindicales de los cañeros (obreros del azúcar de los cuales Raúl Sendic era dirigente); también caen dos de los fundadores, Manera y Marenales.

En 1965 realizan varias acciones en una línea antiimperialista y ligadas a luchas sindicales: atentados contra empresas norteamericanas en solidaridad con la República Dominicana, invadida por tropas de Estados Unidos; contra la alemana Bayer por suministrar productos químicos utilizados contra Vietnam; quema de cañaverales en Bella Unión en solidaridad con los cañeros; y varias acciones de rechazo a las medidas de seguridad implantadas por el gobierno.

Como consecuencia de dos enfrentamientos armados, en 1966 mueren dos militantes y un comisario de policía; se desata la represión y buena parte de la estructura de los Tupamaros es desmantelada.

b. Fortalecimiento y expansión (1967-1971)

Todo el año 1967 es dedicado por los Tupamaros a reconstruir sus estructuras. En noviembre se produce un choque armado con la policía en el Balneario Shangrilá, quedando varios agentes heridos. Para explicar lo ocurrido el MLN publica un comunicado que constituye la primera aparición política de la organización con amplia difusión. Este hecho coincide con el comienzo de un ascenso de las luchas obreras y estudiantiles que se extenderá a los años 1968 y 1969.

Surge una corriente combativa en el movimiento sindical y una tendencia estudiantil avanzada y se constituye un frente de seis organizaciones de izquierda partidarias de las tesis de la OLAS. En 1968 se producen varios paros generales, el gobierno decreta las Medidas Prontas de Seguridad (un virtual estado de sitio), se clausura la universidad, varios estudiantes son asesinados por la policía; es el año de las grandes movilizaciones estudiantiles.

Simultáneamente a estos hechos el MLN reanuda su actividad registrándose entre otra las siguientes operaciones: asaltos a varios polvorines para obtener explosivos; atentados con bombas en bancos; voladura de las antenas de Radio Ariel minutos antes de la transmisión de un mensaje presidencial; secuestro de Ulises Pereyra Reverbel, destacado consejero del gobierno; asalto al Casino de Carrasco.

144

La característica central de toda esta actividad fue la falta de víctimas propias o ajenas, el ingenio desplegado para obtener resultados eficientes sin casi apelar a la fuerza. Esto contribuyó a que los Tupamaros lograran una creciente simpatía popular y a que tuvieran un fuerte crecimiento.

Tres sectores en particular fueron sensibilizados por la actividad tupamara, desde los cuales se incorporaron nuevos militares al MLN. Uno de ellos fue el estudiantado; otra fuente de reclutamiento fueron los núcleos cristianos radicalizados, con influencia en el movimiento obrero y estudiantil; por último, posiblemente el aporte más importante lo constituyeron los sectores políticos que se acercaron al MLN, como el grupo Espartaco, escindido del Movimiento Revolucionario Oriental (MRO) y con cierta influencia entre los estudiantes, y el Movimiento Revolucionario 8 de Octubre (MR-8), con más de 100 militantes de extracción estudiantil y obrera.

Estos eran activistas de la tendencia sindical combativa y aportaron su experiencia y su contacto con las luchas de masas.

Así como 1968 se distingue por las grandes movilizaciones estudiantiles, 1969 se caracteriza por las luchas obreras, con un fuerte enfrentamiento a la represión gubernamental: los trabajadores de la banca mantuvieron un conflicto durante 70 días estando militarizados, y el sector de los frigoríficos libró una huelga de tres meses, con gran apoyo de los estudiantes y de las barriadas obreras de El Cerro y La Teja de Montevideo.

El apoyo popular se caracterizó por un alto grado de combatividad, con levantamiento de barricadas y hostigamiento a las fuerzas policiales, las cuales se vieron obligadas a efectuar una virtual ocupación de la zona. Grupos de obreros asaltaron los almacenes Manzanares y distribuyeron alimentos entre los huelguistas del sector de los frigoríficos.

En ese clima, el MLN realizó una fuerte ofensiva político-militar. Entre las acciones realizadas destacan el asalto a un juzgado para recuperar armas; la operación contra la Financiera Monty, de donde se sustrajo documentación sobre estafas y negociados en los que participaban altos funcionarios públicos, lo cual se difundió ampliamente; la toma del Casino de San Rafael, donde se obtuvo el mayor botín económico; varios asaltos a bancos; la sustracción de municiones de la Base Naval de La Paloma; el incendio de un organismo estatal encargado de instrumentar la congelación salarial; la ocupación de Radio Sarandí, desde donde se difundió una proclama; el incendio de la planta de General Motors en repudio a la visita de Rockefeller; el atentado contra el equipo informático del Banco Comercial, en plena huelga de los empleados bancarios; diversos asaltos a coleccionistas de armas y desarmes de policías; el secuestro del banquero Pellegrini Giamprieto, presidente de la Asociación de Bancos, etc.

El día 8 de octubre de 1969, aniversario de la muerte del Che, los Tupamaros realizaron su operación más espectacular al tomar la ciudad de Pando. Cuarenta y cinco militantes ocuparon la comisaría de policía, el cuartel de bomberos, la central telefónica y tres bancos, obteniendo armamento y una fuerte suma de dinero. Se produjeron dos enfrentamientos armados y en la retirada cayeron varios combatientes. El balance del MLN sobre este año dice que se produjeron unos 100 operativos, que hubo un incremento de la acción represiva y que la organización aflojó las medidas de seguridad, por lo cual hubo "demasiados presos y casi todos cayeron en 1969".

Los avances del MLN fueron muy rápidos y muchos activistas se aproximaron a la organización, ejerciendo una intensa presión con sus demandas. Llevaban información, solicitaban acción, pedían un lugar en la lucha; esto creaba a su vez una dinámica interna de necesidad de medios, dinero y armas, de busca de formas organizativas capaces de encuadrar a los nuevos militantes. Así se crearon las columnas, unidades relativamente autosuficientes, y se volcaron recursos al reforzamiento del aparato técnico y militar.

Los Tupamaros eran conscientes de que "hasta enero de 1969 peleamos por crear la organización, ahora la pelea es por el pueblo". La entrada a la organización de sectores combativos y la posición del PC, que consideraba como tarea más importante la preparación de las elecciones de 1971, hicieron que el MLN quedara como la única opción revolucionaria. Pero fue precisamente desde fines de 1969 cuando se produjo una inflexión en las luchas de masas; no se habían logrado detener los planes del gobierno y la represión hacía mella en el ánimo de los trabajadores y estudiantes.

En esta etapa de descenso de las luchas, el MLN, estimulado por su crecimiento interno, incrementó su actividad. En 1970 se dio muerte a un policía que había participado en el asesinato de tupamaros; se efectuó el asalto al Banco Francés e Italiano, de donde se sustrajo documentación útil para denunciar maniobras financieras, así como otros bancos; se tomó la Cárcel de Mujeres, de donde fueron liberadas quince compañeras; se ocupó la financiera Mailhos S.A. de la cual se obtuvo dinero y documentación probatoria de evasión de impuestos; se dio muerte al comisario Morán Charquero, acusado de torturador; el 29 de mayo un grupo de 40 tupamaros tomó el Centro de Instrucción de la Marina (CIM), con la complicidad de un soldado, y se llevó centenares de armas largas y equipos sin disparar un tiro ni dejar rastros. Esta última operación proporcionó al MLN una capacidad de fuego muy elevada, lo que fue observado con preocupación por las fuerzas armadas.

Pese a las caídas de militantes y a los golpes sufridos, la eficiencia demostrada por la organización, sobre todo en la operación del CIM, produjo un efecto triunfalista. En 1969 un responsable del MLN declaraba: "Solamente queremos ratificar nuestra certeza de que a esta altura nuestro movimiento es indestructible".

A fines de julio y comienzos de agosto de 1970 los Tupamaros secuestraron al norteamericano Dan Mitrione, agente de la CIA y asesor de la policía uruguaya, así como al cónsul de Brasil, Aloisio Dias Gomide, y al agrónomo Claude Fly, asesor de la AI, organismo dependiente de Estados Unidos. A cambio de los secuestrados se pidió la libertad de todos los presos políticos; el gobierno no cedió y Mitrione fue ejecutado.

En octubre se efectuaron numerosos ataques a casas particulares, restaurantes de lujo y clubes de la oligarquía. También se ocuparon varias fábricas, donde se leyeron proclamas destinadas a los trabajadores, se incendiaron los depósitos de la fábrica textil Sudamtex y se efectuó el asalto a la Caja Nacional de Préstamos, donde la organización obtuvo cerca de 2.500 millones de pesos.

La caída de Sendic en agosto junto con un grupo de miembros veteranos de la dirección dio lugar a la aparición de un nuevo equipo sin la experiencia política de los "antiguos"; eran personas formadas dentro del aparato, con una experiencia militar y conspirativa que acentuó las características militaristas de la organización.

Por otra parte, el objetivo propuesto con los secuestros había fracasado. No se consiguió la libertad de los presos y el gobierno salió triunfante de esa prueba de fuerza, lo que no dejó de afectar a la militancia del MLN. En esas circunstancias surgió la llamada "microfracción", la cual constituyó después otra organización que criticaba el progresivo aislamiento del MLN con respecto del movimiento de masas.

En este año el MLN dio apoyo al Frente Amplio, coalición de izquierdas para participar de las elecciones presidenciales. En el terreno militar se centró en tareas de propaganda armada (ocupación de lugares de trabajo, cines, etc.) relacionadas con el proceso electoral; en el hostigamiento a la policía en respuesta a la represión y las torturas; en el incremento de los secuestros para afianzar la imagen de un doble poder, y como hilo conductor estratégico en la infraestructura, incrementar la preparación militar y liberar a los presos. Se actuaba sobre el supuesto de que la guerra era inevitable, tanto si el Frente Amplio ganaba las elecciones como si las perdía, ya que se consideraba que en ambos casos la derecha efectuaría una represión generalizada.

En el marco de estos planes se realizaron numerosos atentados contra efectivos de la Guardia Metropolitana. Fueron secuestrados el embajador de Gran Bretaña, Geoffrey Jackson, el fiscal Berro Oribe, el ex ministro de Ganadería y Agricultura, Carlos Frick Davies, y los industriales Berenbau y Ferrés Terra, y se llevaron a cabo varios asaltos a bancos y financieras.

También se produjeron dos fugas de presos del MLN: del penal de mujeres, de donde se evadieron 38 militantes en julio, y del penal de Punta Carretas, del que lograron fugarse 106 tupamaros el 6 de setiembre por un túnel; entre los evadidos figuraban los integrantes de la dirección histórica de la organización, incluido Raúl Sendic.

Entonces el gobierno consideró que estaban dadas las condiciones para apelar a las fuerzas armadas y destinarlas a luchar contra la "subversión", lo que se hizo efectivo el 9 de setiembre; la Guardia Metropolitana estaba desbordada por el MLN y la moral de sus efectivos se encontraba bastante deteriorada.

En las elecciones triunfó el candidato del Partido Colorado, Bordaberry; el Frente Amplio obtuvo cerca de un 20% de los votos.

Este resultado defraudó las expectativas de la izquierda y fortaleció la política del gobierno, que preparó el acceso de las fuerzas armadas al control absoluto del poder. También influyó sobre los Tupamaros acentuando sus tendencias militaristas y centrando más sus expectativas en los planes de guerra formulados.

Es interesante constatar la composición social del MLN comparando los años 1969 y 1972; la *Revista Militar* de Estados Unidos de abril de 1973 aporta los siguientes datos: los asalariados pasaron de un 34% en 1969 a un 47% en 1972, los estudiantes del 24,4% al 44,1% y los profesionales universitarios evolucionaron desde el 16,5% al 8,1% en los mismos años.[31] En cuanto a la composición

---

[31]Araujo, Ana María: *Tupamaras, des femmes de L'Uruguay*, Editions Des femmes, París, 1980.

social de los 861 tupamaros presos en 1973, eran diplomados 227, estudiantes 162 y el resto trabajadores, lo que significa que en las filas del MLN había una mayoría absoluta de asalariados.

c. La derrota (1972)

El MLN inició el año 1972 con la aplicación de tres planes que había desarrollado en el marco de su preparación para la guerra.

El Plan 72 consistía en el ataque continuado a las fuerzas represivas y a los Escuadrones de la Muerte, que estaban incrementando su actividad; el Plan Collar implicaba la realización de acciones en la periferia de Montevideo, y el Plan Tatú consistía en incorporar el campo como zona de operaciones a través de la organización de columnas en diversas regiones del país y la construcción de refugios *(tatuceras)* para albergar combatientes y equipos.

Se buscaba mediante este plan descentralizar el MLN y también dividir las fuerzas militar, concentradas mayoritariamente en Montevideo. Sin embargo, el resultado concreto fue nefasto: se unificaron la información y los servicios de abastecimiento para poder cubrir las demandas de las *tatuceras* y con ello se debilitaron las medidas de seguridad, al concentrarse en Montevideo y en pocas manos, enormes dispositivos de la organización.

Por otra parte, la valoración de las elecciones fue que "a esta altura del proceso, la masa que se podía ganar ya se ganó"; debía producirse un "salto cualitativo", que planteara la posibilidad de tomar el poder a medio plazo y, por lo tanto, "tenemos que derrotar a las FFAA. Se plantea un ataque sistemático y selectivo contra las mismas".[32] Estos proyectos habían sido elaborados por la dirección de reemplazo durante el año 1971; la fuga de Punta Carretas

---

[32]Costa Bonino, Luis: *Crisis de los partidos tradicionales y movimiento revolucionario en el Uruguay,* Ediciones de la Banda Oriental, Montevideo, 1985.

permitió una gradual vuelta a la actividad de la anterior dirección, que en marzo de 1972 retomó en una reunión tensa donde se confrontaron ambos equipos.

El MLN atravesaba una grave crisis de dirección mientras se desarrollaba un vasto plan de operaciones. El 14 de abril se realizaron atentados mortales contra tres integrantes del Escuadrón de la Muerte: el subcomisario Delega, el capitán de la marina Ernesto Motto y el profesor Acosta.

A partir de ese momento se inicia la represión generalizada contra el MLN y cae el servicio central de información; en días sucesivos caen numerosos militares y locales de la organización.

También en el interior del país se producen enfrentamientos y caídas de *tatuceras,* en mayo es descubierta una "cárcel del pueblo", de la que son liberados dos secuestrados.

Pese a todas estas caídas, el MLN sigue realizando acciones, sin tomar medidas de repliegue; es como si la sensación de invulnerabilidad persistiera pese a la evidencia de la ofensiva desatada por las fuerzas armadas. Esta actitud agravó las consecuencias de la represión y aceleró la victoria gubernamental. En su informe, las fuerzas armadas dicen que en los siete meses transcurridos desde el 15 de abril al 15 de noviembre de 1972 se lleva a cabo la campaña de liquidación del MLN: se practican 7.012 operaciones, "con la captura de 2.873 sediciosos" y la incautación de más de 3.000 armas, así como el descubrimiento de dos "cárceles del pueblo", dos hospitales, 145 *berretines* (escondrijos) y 121 *tatuceras.* Además, se informa de la muerte de 62 "sediciosos" y la salida al exterior de 844. Calculan las FFAA en 4.200 la cantidad aproximada de efectivos de los Tupamaros en abril de 1972, y en 300 los existentes en noviembre.[33] Entre las numerosas caídas de miembros de la dirección, el 31 de agosto es gravemente herido y detenido Raúl Sendic.

---

[33]Junta de Comandantes en Jefe: *La subversión, 1977.*

El MLN sufrió una grave derrota de la que no pudo recuperarse; su infraestructura fue destruida por completo, y su dirección y muchos militantes pasaron largos años en la cárcel. "Ese largo viaje de los rehenes de la dictadura duró exactamente once años (...) Adolfo Wasem, Raúl Sendic, Jorge Manera, Julio Marenales, José Mujica, Jorge Zabalza, Henry Engler, Mauricio Rosencof y Eleuterio Fernández fuimos los nueve señalados..."[34] Es indudable que el MLN subestimó la capacidad de las fuerzas armadas a partir de su éxito en la lucha contra la policía (Guardia Metropolitana). No comprendió que aquellas realizaron un serio trabajo de inteligencia, que duró años, para conocer y poder combatir a la organización. Tampoco vio el peligro que implicaba el uso de la tortura y la infiltración, así como la utilización de elementos traidores.

Los dirigentes del MLN no comprendieron que las fuerzas armadas sólo lanzarían el ataque cuando tuvieran pleno conocimiento de los centros vitales de la estructura tupamara. Y que una vez lanzada la ofensiva no habría respiro, que toda la organización militar y represiva estaría al servicio de la destrucción del MLN.

Una vez lanzado el ataque, la dirección no tuvo la rapidez de reflejos ni la decisión política necesaria para ordenar un repliegue ordenado y salvaguardar todo lo posible, como se hizo en 1966. La continuación de las operaciones en esa situación de debilidad extrema sólo podía conducir a un aniquilamiento rápido, tal como sucedió, ya que se trataba de la lucha entre dos aparatos y no de la lucha del pueblo y sus organizaciones armadas contra el poder militar represivo.

Tal como decía el MLN premonitoriamente en 1969; "Si no contamos con el pueblo deberemos enfrentar los aparatos represivos solos (...) ese pleito lo perderemos".[35]

---

[34]Rosencof, Mauricio y Fernández Huidobro, Eleuterio: *Memorias del Calabozo,* Txalaparta, Navarra, 1993.
[35]Costa Bonino, Luis: op. cit.

152

Fuerzas Armadas Revolucionarias Orientales (FARO, 1970-1973)

Este grupo era el brazo armado del Movimiento Revolucionario Oriental (MRO), una de las organizaciones que suscribieron la Declaración de la OLAS e integrante del Frente Amplio desde su fundación. En febrero de 1971 fueron detenidos varios de sus militantes; en ese mismo año se fugaron de la cárcel algunos de ellos y realizaron algunos operativos de resonancia. También FARO fue víctima de la represión general y desapareció en 1973.

Comando 22 de diciembre (1971)

Grupo desprendido del MLN después de las caídas de 1970. Se conformó con algunos cuadros medios de Tupamaros y tuvo una corta existencia; su orientación era totalmente militarista.

Fuerza Revolucionaria de los Trabajadores (FRT, 1972)

Surgida a partir de la ruptura de la "micro fracción" con el MLN, esta organización contaba con un núcleo de militantes experimentados en el movimiento obrero y estudiantil; desarrollaron una concepción insurreccionalista sin diferenciarse demasiado de la metodología de trabajo de los Tupamaros. Básicamente criticaban a la dirección surgida en 1970. En febrero de 1972 ocuparon el Sindicato Médico y dieron lectura a una proclama; ese mismo año fue destruida la FRT, en el curso de la ola represiva que terminó con el MLN.

Organización Popular Revolucionaria 33 Orientales (OPR-33)

Formada a partir de una escisión del MLN con militantes anarquistas, tales como Carlos Collazo, y los sindicalistas Hugo Cores y León Duarte. Participaron de las críticas que se hacían a los

Tupamaros de haber abandonado su relación con el movimiento de masas; desarrollaron una importante labor sindical y vincularon sus operaciones a conflictos laborales, realizando secuestros de directivos de empresas y actos de propaganda armada. Aunque no buscaron el enfrentamiento con las fuerzas represivas, adoptaron rasgos militaristas y asumieron algunas de las concepciones que criticaban en el MLN.

El 23 de junio de 1971 la OPR-33 secuestró al directivo de la empresa UNSA Alfredo Cambón, y el 18 de agosto a Fernández Llado, directivo de Frigorífico Modelo; el 23 de ese mes secuestró al director del diario *El Día* y en noviembre a la periodista francesa Michele Ray. En mayo de 1972 secuestró al industrial Sergio Molaguero, cuya empresa había entrado en conflicto con su personal. En julio, militantes de la OPR-33 dieron una conferencia de prensa clandestina a la que llevaron al corresponsal de UPI; en agosto fueron detenidos varios de sus miembros y tras sucesivos golpes su estructura quedó muy debilitada, hasta que la organización dejó de realizar acciones armadas. La OPR-33 logró mantener cierta presencia bajo la dictadura.

Perú

El golpe militar de 1948 impuso la dictadura del general Odría hasta 1956; el APRA y la izquierda pasaron a la clandestinidad. La política populista confirió una relativa autonomía al gobierno con respecto a la oligarquía tradicional, que le retiró su apoyo y promovió un recambio en las elecciones de 1956 por medio de un candidato de su absoluta confianza: Manuel Prado.

Con éste tomaron el poder los sectores exportadores y la banca, contando con el apoyo del APRA, que así inauguró el llamado período de la "convivencia", dando un vuelco decisivo a la derecha.

154

De sus filas se desprendió en 1959 con una línea guevarista el APRA Rebelde, dirigido por Luis de la Puente. También crecieron el PC y sectores a su izquierda.

En 1958 se produjeron diversas luchas, cuyo nivel más alto se alcanzó en Cuzco, centro de una importante región campesina. La central obrera local declaró una huelga general que duró varios días, con actos violentos y barricadas; la ola de huelgas se extendió por todo el país, y la de los empleados de banca duró seis semanas.

Simultáneamente creció la sindicalización campesina, que se radicalizó desbordando la línea del PC; ésta no pasaba más allá de los trámites legales con la denuncia legal de las arbitrariedades.

El movimiento campesino

El nuevo movimiento campesino pone en el centro de las luchas la cuestión de la tierra. El grado de explotación de los campesinos por los gamonales, los sistemas de trabajo sin remuneración económica o con un pago ínfimo, las formas de auténtico vasallaje que sufren familias enteras, la agresión contra las comunidades indígenas, que ven como les son arrebatadas sus tierras, y la alianza de policías, jueces y demás autoridades con los terratenientes provocan una inevitable radicalización de las luchas. La gran ola de ocupaciones de tierras que se produce, unida al proceso de sindicalización, se inicia en el Valle de la Convención y Lares y se extiende luego al resto del departamento del Cuzco, irradiando su influencia a todo el país. Este proceso sólo culminará parcialmente con la Ley de Reforma Agraria dictada en 1968.

En esos años la población campesina indígena, que constituía más de la mitad de la población, sufría una enorme marginación; sus lenguas quechua y aymara no eran reconocidas, y los indios no tenían acceso a prestaciones sanitarias ni educativas, ni podían votar por ser analfabetos.

Como decía un fiscal en su informe oficial de 1930: "Un dato revelador del grado de relajamiento de las prácticas del Foro es que no existe un solo caso, absolutamente uno solo, en que el indio, no obstante haber sido víctima de frecuentes crímenes, haya alcanzado justicia contra algún hacendado; por eso, al convencerse de la irrisoria eficacia de la sanción legal, ha estallado en la reacción violenta de la sublevación o alzamiento contra los terratenientes".

Y el presidente de la Corte Suprema en su memoria de 1972, afirmaba que "según habíase investigado durante toda la República jamás un campesino o una comunidad había ganado un sólo juicio a ningún hacendado".[36] Toda esa superestructura dominante se asentaba en una realidad económica: la tierra estaba en manos de unos pocos terratenientes. Un estudio del Comité Interamericano de Desarrollo Agrícola referido a la tenencia de la tierra en 1961 resulta revelador: el 83,3% de las explotaciones agrarias cuentan con un 6% de la tierra y, en el extremo opuesto, un 0,1 de las unidades (965) poseen el 59,3%.[37] Sobre esta situación socio-económica se desarrollarán los movimientos de lucha armada hasta hoy existentes en Perú.

Frente de Izquierda Revolucionario (FIR, 1961-1963)

La base sobre la cual se creó el FIR en 1961 fue el Partido Obrero Revolucionario (POR), grupo trotskista asentado en Lima, Arequipa y Cuzco, donde contaba con actividad sindical.

En 1958 sus militantes participaron en la huelga general de Cuzco, contándose entre ellos el estudiante Hugo Blanco, que tomó contacto con dirigentes sindicales campesinos del Valle de

---

[36]Valer, Vladimiro: *El rol del derecho en el movimiento campesino y los procesos revolucionarios,* tesis presentada al Programa Académico de Derecho, Universidad San Antonio Abad, Cuzco, 1979.
[37]Idem.

la Convención y posteriormente se convirtió en su dirigente. La creación de un sindicato significaba la realización de una asamblea democrática donde se confeccionaba un petitorio y, en muchos casos, se declaraba de huelga; el campesino dejaba de trabajar para el gamonal y se dedicaba a cultivar las tierras que tenía asignadas. A su vez, la organización significaba de hecho el fin de los malos tratos y abusos de todo tipo que sufrían los campesinos y, con frecuencia, ofrecía la posibilidad de afrontar la violencia de los gamonales o de la policía y los matones a su servicio.

Este proceso iniciado en 1958 fue entendido en toda su potencialidad revolucionaria por el POR, que reforzó el trabajo en Cuzco; simultáneamente solicitó ayuda a la organización argentina Palabra Obrera, la cual contribuyó con varios militantes. Esto ocurría en 1961, cuando la influencia de la Revolución Cubana se hacía sentir con fuerza en todo el continente. El ejemplo de la Reforma Agraria en Cuba tocó muy de cerca a los campesinos peruanos en su deseo de obtener la tierra. El POR comprendió que la situación en Cuzco era explosiva debido a los choques, que se consideraban inevitables, y que había que prepararse para una situación revolucionaria.

La idea de preparar la lucha armada era asumida por la organización, pero no estaba muy clara la forma que ésta debía tomar; se contaba con la necesidad de armar a los campesinos, de reforzar las tomas de tierras y de repeler las agresiones que se producirían. Desde los activistas campesinos llegaba una constante presión en demanda de armas y medios para luchar. La consigna de "Tierra o muerte" se difundió con rapidez y los sectores campesinos de vanguardia sabían que la lucha no sería sólo contra el terrateniente local, sino que detrás suyo estarían las instituciones.

Una ola de entusiasmo y combatividad recorría toda la sierra, reflejada en centenares de tomas de tierras, en manifestaciones multitudinarias y en el surgimiento de nuevos sindicatos y federaciones campesinas.

El POR planteó la necesidad de unir a la izquierda revolucionaria para cooperar con el movimiento campesino, ligar sus luchas a la de los trabajadores urbanos y reforzar la organización partidaria, que se consideraba imprescindible para encarar las tareas políticas y militares. Así surgió el FIR, que se nutrió con diversos sectores revolucionarios: el POR, un núcleo disidente del PC y un grupo de independientes, entre los que estaba Juan Pablo Chang, que años después caería junto al Che Guevara en Bolivia. Pero no se consiguió la unidad de toda la izquierda revolucionaria.

El programa básico del FIR, aparecido en 1962 decía: "Apoyo incondicional a la ocupación de tierras; reorganización de la central obrera y lucha por un pliego único de reivindicaciones; amnistía para todos los presos y perseguidos políticos y sociales; defensa incondicional de la Revolución Cubana; confiscación de todos los latifundios y distribución gratuita de la tierra a los campesinos; nacionalización de las empresas imperialistas; reforma urbana y gobierno de los trabajadores".[38] No obstante sus limitaciones, el FIR encaró una fuerte actividad para ponerse a la altura de las necesidades, fortalecer el trabajo y acompañar a las masas cusqueñas. Realizó varios mitines importantes en Lima y Cuzco y editó un periódico con una tirada de varios miles de ejemplares. También envió cuadros a distintas zonas rurales para ampliar el trabajo campesino y extender su influencia. Por otra parte, formó un equipo militar cuya tarea primordial consistía en obtener fondos; se realizaron dos asaltos a bancos en Lima, uno en diciembre de 1961 y otro en abril de 1962.

El equipo militar cayó posteriormente en Cuzco cuando se disponía a integrarse al trabajo campesino; todo el FIR resultó afectado por la represión debido a su debilidad e inexperiencia.

---

[38]Béjar, Héctor: *Perú 1965: Apuntes sobre una experiencia guerrillera,* Casa de las Américas, Cuba, 1969.

158

Paralelamente, en Chaupimayo se había creado una milicia del sindicato, que realizó cierto entrenamiento militar y se proveyó de algunas armas, las escopetas de los mismos campesinos y otras requisadas a gamonales de la zona. Este núcleo armado campesino, denominado Brigada Remigio Huamán, se enfrentó a un terrateniente de la zona apoyado por la policía, que atacó al sindicato de Cayara en La Convención. El último choque armado de la Brigada Remigio Huamán se produjo en Pucyura, donde murió un guardia civil. El cerco a Hugo Blanco, que se encontraba aislado y carente de recursos, determinó su caída en mayo de 1963 al mismo tiempo que eran detenidos centenares de dirigentes y activistas campesinos; Blanco permaneció ocho años en prisión.

Desde mediados de 1962 se abatió sobre el campesinado una ola represiva de carácter nacional que incluía la orden de captura de sus dirigentes. Aprovechando un confuso resultado electoral, los militares dieron un golpe de estado y posteriormente dictaron una Ley de Reforma Agraria parcial para La Convención.

La asunción de la presidencia por Belaúnde en julio de 1963 estuvo acompañada por una nueva ola de ocupaciones de tierras, tal como lo relata el documento del Ministerio de Guerra titulado *Las guerrillas en el Perú y su represión*, de 1966:

"(...) En plenas fiestas patrias, la hacienda Chinchausiri de Junín fue invadida en la madrugada por 3.000 comuneros de San Pedro de Cajas. Esta fue la iniciación de las invasiones.
Luego siguieron Algolán, Coyllor Grande, Coyllor Chico, Huaripampa, etc. En Paseo, Junín, Cuzco y Puno se realizaron decenas de invasiones. Las invasiones continuaron extendiéndose a Huancavelica, Huánuco, Lima e incluso Piura y Lambayeque."[39]

---

[39]Villanueva, Víctor: *¿Nueva mentalidad militar en el Perú?*, Editorial Replanteo, Buenos Aires, 1969.

En diciembre de ese año, en demanda de la libertad de los presos políticos (muchos de ellos campesinos), la Confederación Campesina del Perú decretó una huelga general que tuvo un máximo cumplimiento en Cuzco, donde se cortaron caminos y vías férreas.

Durante el año 1964 se produjeron ocupaciones masivas de tierras, pero las continuas represiones y matanzas fueron desgastando la combatividad del campesinado.

Comentando la caída de Blanco dijo Héctor Béjar, dirigente de ELN: "Un resultado en el cual la izquierda en general y particularmente la izquierda revolucionaria tenía seria responsabilidad".[40] La izquierda revolucionaria peruana en general no comprendió la potencialidad del movimiento campesino, y sus divisiones y sectarismos le impidieron acudir en su ayuda. Tampoco el FIR tuvo la capacidad ni la claridad suficientes para jugar el rol dirigente que las circunstancias exigían.

El mayor problema de esta etapa fue que, mientras los campesinos libraban una lucha muy dura, en general las masas de trabajadores de las ciudades dirigidas por el PCP y el APRA permanecieron ajenas a ese movimiento que sacudía las estructuras del país. Y es en este aspecto donde más se notó la falta de una dirección capaz de unir las luchas, con las consignas y los medios adecuados a cada situación. Béjar lo señala cuando, en relación a las luchas de 1963 y 1964, dice: "Constreñida por su falta de audacia, la izquierda se había aislado por su propia voluntad del ascenso popular y en consecuencia no se encontraba en capacidad de utilizarlo para ligar las reivindicaciones de los campesinos con los objetivos de la Revolución. Con ello perdía, como en 1962, una oportunidad revolucionaria".[41]

---

[40]Béjar, Héctor: op. cit.
[41]Idem.

160

Grupo de Jauja (1962)

En julio de 1962, casi simultáneamente con el golpe de estado, se produjo una acción guerrillera en la ciudad de Jauja, ubicada en la sierra central.

Un grupo armado tomó los puntos vitales de la ciudad (cárcel, comisaría, bancos) y se retiró llevándose armas, dinero y otros equipamientos; los campesinos presos fueron liberados, y algunos de ellos se unieron al comando.

Los guerrilleros se dirigieron hacia la sierra cercana, pero fueron perseguidos; en un enfrentamiento cayó el jefe del grupo y resultaron detenidos muchos de sus integrantes. El dirigente era el teniente de la Guardia Republicana Francisco Vallejo, encargado de la custodia de la cárcel local. La mayoría de los guerrilleros eran jóvenes estudiantes con una mínima preparación militar. El grupo tenía una orientación castrista e intentaba desarrollar una guerrilla ligada al campesinado de la zona.

Ejército de Liberación Nacional (ELN, 1962-1965)

Surgió el ELN en 1962 con un reducido núcleo de jóvenes procedentes en su mayoría de la Juventud Comunista y del PC, siendo su dirigente más importante Héctor Béjar. En 1964 se incorporó al ELN un grupo de militantes del FIR, tras el golpe sufrido por esa organización, entre los que figuraban Juan P. Chang y Guillermo Mercado.

Según Béjar, el programa del ELN en 1964 se podía sintetizar en cinco puntos:

Gobierno popular.

Expulsión de todos los monopolios extranjeros.

Revolución agraria.

Amistad con todos los pueblos del mundo.

Soberanía nacional.

Dice Béjar que la elaboración del programa "no ocupó los mejores esfuerzos de la organización. En verdad, para casi todos sus integrantes la izquierda había elaborado ya bastantes programas como para ponerse a redactar uno más".[42] En cuanto a su táctica, se centraba en la instalación de un destacamento guerrillero en una zona rural, tendiendo a vincularse a las necesidades y luchas campesinas.

Puerto Maldonado (1963)

En mayo de 1963 un núcleo del ELN sostuvo un enfrentamiento con fuerzas policiales en la ciudad de Puerto Maldonado, cercana a la frontera boliviana; allí murió el joven poeta Javier Heraud y fueron detenidos varios miembros del grupo. En los enfrentamientos murió un guardia y dos resultaron heridos; la pertenencia del grupo al ELN fue mantenida en secreto.

La guerrilla de Ayacucho (1965)

El ELN montó un grupo guerrillero en la provincia de La Mar, departamento de Ayacucho, en el sur del país. Esa provincia comprende zonas selváticas, similares a las existentes en la limítrofe provincia de La Convención, y se extiende hasta zonas de montaña, con alturas de 4.000 metros. Es en las serranías donde vive la mayor parte de la población campesina, que incluye las comunidades de Chungui y Ancco, en cuyas tierras se desarrollaron las acciones de ELN.

En 1961 la población mayor de cinco años en la provincia era de 40.961 habitantes de los cuales "32.598 no hablan castellano y son analfabetos".[43] En abril de 1965 un pequeño núcleo del ELN se

---

[42]Idem.
[43]Idem.

desplazó desde la zona selvática de Chinchibamba hacia las tierras altas de las comunidades, donde operaría a partir de junio con el nombre de Frente Javier Heraud. A medida que los guerrilleros reconocían el terreno y tomaban contacto con la población iban consiguiendo colaboradores y algunos campesinos se unieron a la guerrilla.

El 25 de setiembre tomaron la hacienda Chapi, la más importante de la zona. Sus propietarios, la familia Carrillo, eran odiados por su despotismo, similar al de muchos gamonales de la sierra. El ELN procedió a ejecutar a los hacendados. Poco después, la zona fue rodeada por efectivos militares y los colaboradores y amigos del ELN fueron fusilados, lo que sembró el terror entre la población.

En esas condiciones, el núcleo guerrillero comenzó a sufrir inconvenientes serios: sus contactos quedaron cortados, con lo que se imposibilitó la llegada de nuevos combatientes y de abastecimientos. Algunas deserciones achicaron al escaso número de activistas, que descendió hasta trece hombres, y las incorporaciones de campesinos no llegaron a cubrir las bajas; Béjar tuvo que ser evacuado, víctima de una grave enfermedad.

Se produjeron algunos enfrentamientos con el ejército, y el 17 de diciembre el grupo guerrillero fue sorprendido por las tropas en Tincoj, donde murió Edgardo Tena, que estaba al mando, y otros dos combatientes. Los demás guerrilleros se dispersaron y fueron aniquilados uno a uno. Béjar fue detenido en Lima. Tres sobrevivientes del ELN cayeron con el Che en Bolivia: Juan P. Chang Navarro ("El Chino"), José Cabrera Flores ("El Negro") y Lucio Galván ("Eustaquio").

La guerrilla llegó a actuar en la zona nueve meses, aunque desde su primera operación hasta la dispersión sólo transcurrieron tres. La táctica del ejército consistió en aislarla de sus contactos campesinos, tender un cerco y luego estrecharlo hasta aniquilar a la guerrilla; ésta no logró evadirse, e incluso fue atacada por sorpresa.

Béjar da cuenta de las causas que a su entender provocaron la derrota del ELN: era un grupo de militantes urbanos que operaban en un medio desconocido y, aunque en poco tiempo superaron este problema, muchas veces descuidaron la seguridad marchando por lugares muy frecuentados; no supieron prever la dimensión y profundidad que alcanzaría la represión; no supieron cuidar a los campesinos amigos, quiénes eran conocidos por todos y fueron fusilados al llegar al ejército; sólo uno de los combatientes hablaba quechua, el idioma de la región; faltó una mayor compenetración con las costumbres de los campesinos. Y concluye diciendo: "Las guerrillas de 1965 no lograron fusionar sus métodos con los del campesinado. Tanto el campesinado como los guerrilleros siguieron su propio camino porque las guerrillas no engarzaron a tiempo con el ascenso social que el campo venía viviendo desde 1956".[44] Por otra parte, como veremos en el apartado siguiente, sin coordinación con el ELN se desarrolló casi simultáneamente la guerrilla del MIR en otras regiones del país, lo cual supuso la dispersión de las fuerzas guerrilleras y facilitó la represión.

Los contactos que ambas organizaciones mantenían desde 1962 no lograron soldar la unidad de acción; cada una preparó su propia guerrilla. El MIR era una organización política que decidió iniciar la lucha armada creando su propia organización militar; por el contrario, el ELN se constituyó como guerrilla y creía que el partido debía surgir luego como un efecto de la acción armada. A su vez, el MIR exigía como condición previa para participar en su guerrilla el ingreso en su organización política.

También había discrepancias acerca de si convenía hacer o no un trabajo político previo en la zona de operaciones: el MIR sostenía que sí y el ELN que no, por razones de seguridad.

Acerca del motivo por el que no se llegó a un acuerdo entre ambas organizaciones, Béjar sostiene que más que las diferencias

---

[44]Idem.

tácticas pesaba el hecho de provenir el MIR y el ELN de cuadros desprendidos del APRA y del PCP respectivamente, los cuales arrastraban prejuicios y métodos de trabajo muy distintos y cuyo acercamiento era imposible conseguir de manera inmediata. El 9 de setiembre de 1965 ambas organizaciones formaron un Comando de Coordinación que resultó ser tardío, limitado y ficticio: se formó con militantes de las ciudades, cuando ya los frentes guerrilleros estaban operando hacía meses y la coordinación operativa era inviable.[45]

Movimiento de Izquierda Revolucionario (MIR, 1962-1965)

El MIR surgió en 1962 como continuidad del APRA Rebelde, dirigido por Luis de la Puente Uceda. Decididos a iniciar un proceso de lucha armada como vía para la revolución, algunos de sus integrantes viajaron al extranjero en procura de formación militar y en 1964 iniciaron un trabajo político en algunas zonas elegidas para montar núcleos guerrilleros. La táctica del MIR, era similar a la del ELN, aunque mucho más ambiciosa militarmente, ya que procuraba iniciar la lucha con tres frentes guerrilleros:

-El Frente Pachacutec, ubicado en la provincia de La Convención, donde había actuado Hugo Blanco. Se procuraba enlazar con los antiguos activistas campesinos del FIR en la zona. El comandante del frente era De la Puente, también comandante supremo de las guerrillas del MIR.

-El Frente Tupac Amaru, destinado a operar en las provincias de Concepción y Jauja, en el centro del país, donde existía un potente movimiento campesino y se efectuaban numerosas ocupaciones de tierras. Este frente estaba comandado por Guillermo Lobatón y Máximo Velando.

---

[45]Idem.

-El Frente Norte debía operar en la provincia de Ayabaca, departamento de Piura, y estaba al mando de Gonzalo Fernández Gasco y Elio Portocarrero. Por problemas de organización este frente no estaba preparado en el momento de iniciarse las operaciones y la dirección del MIR dispuso que no combatiera.

Esta concepción se basaba en la necesidad de dividir a las fuerzas represivas, pero en realidad sólo sirvió para fraccionar las escasas fuerzas de la guerrilla.

En febrero de 1964 Luis de la Puente habló en un mitin en Lima en el que perfiló la línea política del MIR, según lo relata Víctor Villanueva:

"Atacó duramente al régimen (de Belaúnde), denunció el fracaso reformista de la burguesía, fustigó a las izquierdas que buscan el camino electoral para llegar al poder. Expuso las realizaciones de la revolución cubana que sólo son posibles cuando 'el pueblo haya derrotado al aparato represivo que garantiza la permanencia de aquellos grupos de privilegio y de agresión'. Hizo la apología de dicha revolución alentando al pueblo a seguir 'el camino de Fidel'.
Proclamó la necesidad de nacionalizar el petróleo y expropiar a la Intemational Petroleum Company, realizar una reforma agraria auténtica liquidando el latifundio."[46]

Las operaciones del Frente Central

En mayo de 1965 la prensa informaba del montaje de campos de entrenamiento guerrillero en la región de Púcuta.

El 7 de junio la guerrilla capturó a dos guardias civiles a los que quitó el armamento; el día 9 asaltó una mina en donde obtuvo explosivos, y ese mismo día otro grupo tomó el puesto policial de Andamarca, de donde se llevó armas y municiones. Posteriormente, los guerrilleros volaron un puente en la carretera a Sátipo, cerca de

---

[46]Villanueva, Víctor: op. cit.

la hacienda Runatullo; en ésta realizaron mitines de propaganda y repartieron víveres entre los campesinos.

El primer parte de operaciones del Frente Tupac Amaru, redactado por Guillermo Lobatón, dice lo siguiente: "Asalto a la hacienda Alegría, a la cual se convirtió en comunidad y se dispuso de sus bienes (animales y productos) en forma de reparto para los campesinos".[47] Varios días después se produjo un enfrentamiento en Yahuarina, donde un destacamento de 17 guerrilleros al mando de Máximo Velando aniquiló a una columna de unos 50 guardias a cuyo frente estaba el mayor Patiño. "Los guerrilleros causaron a la fuerza represiva 9 muertos, varios heridos y 12 prisioneros, entre ellos un oficial, los que fueron puestos en libertad sin haber sufrido ningún maltrato".[48] El 27 de junio, otro destacamento de la guerrilla, comandado por Lobatón derrotó a una columna de *rangers* en Púcuta, tomando armas y equipos "y ocasionándoles numerosas bajas entre muertos y heridos", según informaba el MIR en su periódico *Voz Rebelde*.[49] A partir de ese momento se decidió la entrada en acción de las fuerzas armadas, lo que tuvo sanción legal en el Consejo de Ministros del 2 de julio de 1965.

Víctor Villanueva dice en su libro ya citado que el ejército era renuente a participar en la lucha antiguerrillera, por considerarla sólo digna de la policía, pero que los golpes sufridos por esa institución le obligaron a intervenir: "Triunfó la presión burguesa, llegó el asesoramiento de los veteranos de Vietnam y se llegó al convencimiento de que era necesario sacrificar un poco el orgullo profesional en defensa del orden constituido, empleando aun métodos reprobados por las leyes internacionales de la guerra y principios morales de tipo universal. Los asesores yanquis se encargaron de destruir prejuicios éticos e instruir en nuevos procedimientos

---

[47]Béjar, Héctor: op. cit.
[48]Idem.
[49]Idem.

tácticos".[50] Posiblemente Villanueva, antiguo mayor del ejército, expulsado por su participación en el levantamiento del 3 de octubre de 1948, consideraba en demasía los principios morales de sus antiguos camaradas de armas al creer que necesitaban ser presionados para saltarse la ética.

El comando militar dispuso que la Segunda División Ligera se encargara de destruir a la guerrilla. Se le asignaron como apoyo varios aviones de combate y la fuerza naval con base en Iquitos para el control de los ríos de la región. En total, se movilizaron unos 5.000 hombres.

La táctica empleada fue el bombardeo masivo de la zona con explosivos y napalm y una represión generalizada contra el campesinado local. Varios pueblos fueron evacuados y sus habitantes desplazados a otras regiones.

A partir de la intervención del ejército se produjeron varios combates en Kubantia, Púcuta y Shuenti. Ante la presión militar los guerrilleros se vieron obligados a dejar la zona donde habían efectuado más trabajo político y marchar hacia la zona selvática, donde sufrieron todos los inconvenientes del aislamiento y la falta de abastecimientos. Máximo Velando cayó prisionero en Puerto Bermúdez en diciembre, y a continuación fue asesinado.

El núcleo de Lobatón siguió combatiendo mientras se retiraba hacia la selva. El informe del ejército proporciona algunas precisiones: "Los guerrilleros se mueven de una base a otra constantemente acosados. Salen de Mapishiviari el 25 de noviembre (...) permanecen en Oventeni los días 28 y 29"; el 9 de diciembre sufren ocho bajas en Nevate, "produciéndose un nuevo choque el día 22 de diciembre en Kuatsiriqui en el que resulta muerto Florián Herrera (...) hasta que el día 7 de enero de 1966 caen muertos Guillermo Lobatón y los pocos que lo acompañaban".[51]

---

[50]Villanueva, Víctor: op. cit.
[51]Ministerio de Guerra: *Las guerrillas en el Perú y su represión,* Lima, 1966.

Las operaciones del Frente Sur

El Comando Central del MIR se había ubicado en la zona de La Convención, en un lugar llamado Mesa Pelada, con el destacamento guerrillero Pachacutec. El Comité Central, en un análisis posterior a los hechos, dice que en la zona de este frente "el trabajo de construcción del Partido y de organización de las masas a partir de aquel se encontraba en pleno desarrollo..." y que "de haberse continuado así la acción armada habría tenido un amplio y firme respaldo de masas..."[52] Pero realmente la situación en La Convención ya no era igual que años atrás. Muchos dirigentes estaban en prisión y otros habían tenido que dejar la zona. Las masas campesinas habían sufrido mucha represión y algunos grupos habían sido beneficiados con la tímida reforma agraria de la junta militar de 1963. En esas condiciones, el MIR captó e incorporó a sus filas en la zona a algunos activistas campesinos, pero ya no contó con el respaldo organizado que tenía Hugo Blanco.

"Las acciones guerrilleras resultan una sorpresa para gran parte del campesinado en proceso de lenta recuperación.
Recién menguada una larga y despiadada represión, aún los sindicatos no habían logrado su reconstrucción y coordinación estrechas. La combatividad todavía no resurgía como en 1963, y la inmediata entrada en acción del ejército fueron factores que impidieron que el campesinado o su vanguardia se incorporasen masiva y organizadamente al movimiento guerrillero."[53]

El Frente Sur fue diseñado a partir de la suposición de que era prácticamente inexpugnable, debido a la naturaleza del terreno y a las defensas preparadas. Se instalaron campamentos, depósitos y

---

[52]Béjar, Héctor: op. cit.
[53]Valer, Vladimiro: op. cit.

zonas minadas. En un comunicado del MIR del 5 de setiembre se afirmaba: "Serán aniquilados cuantos se atrevan a acercarse a Illarec Ch'aska (Estrella del Amanecer)".

El 9 de setiembre se produjo un choque con tropas del ejército en el que murieron cinco guerrilleros y dos soldados resultaron heridos. Entre el 23 y el 25 de ese mes se sucedieron varios combates mientras arreciaban los bombardeos aéreos y los ataques con morteros pesados.

La labor de la inteligencia militar, basada en el terror sobre la población civil, permitió al ejército localizar el campamento central de la guerrilla. El día 23 de octubre, unidades del ejército conducidas por un desertor del movimiento que conocía los preparativos efectuados rodearon y tomaron el campamento guerrillero. Además de otras causas, el hecho de aferrarse a un terreno que se consideraba inaccesible conspiró sin duda contra las posibilidades de este destacamento del MIR. Allí murieron Luis de la Puente, Raúl Escobar y Rubén Tupayachi, además de otros combatientes; algunos lograron retirarse y concluyeron las actividades del frente, que tuvo una corta existencia. Béjar sostiene que el nivel de preparación militar de la guerrilla en este frente era escaso en el momento del ataque, a diferencia de lo que sucedía en el caso del frente Tupac Amaru, que hizo gala de movilidad constante y buen nivel combativo, lo que quedó evidenciado por el tiempo que le llevó al ejército su aniquilamiento.

Venezuela

La dictadura de Marcos Pérez Jiménez provocó la aparición de una creciente resistencia que tendría su culminación en enero de 1958 con una huelga general convocada por la clandestina Junta Patriótica, organización que agrupaba a toda la oposición. Acción Democrática y el PC fueron la base de la resistencia, y muchos militantes de ambos partidos fueron detenidos y asesinados. También hubo militares que conspiraron contra el régimen, como fue el caso, en diciembre de 1957, del alzamiento de Maracay, que fue aplastado por la dictadura.

El 23 de enero Pérez Jiménez huyó del país y asumió el gobierno una junta presidida por el almirante Wolfgang Larrazabal, jefe de la oposición militar. La gran movilización popular contra la dictadura fue canalizada hacia la vía electoral y culminó con la asunción de Rómulo Betancourt, de AD; como presidente en febrero de 1959.

Varias importantes movilizaciones se sucedieron en la primera época de este gobierno, tal como la que repudió la visita del vicepresidente norteamericano Richard Nixon, las manifestaciones de desocupados en Caracas en agosto de 1959 y las realizadas por estudiantes el mismo año. Todas estas protestas fueron reprimidas por el gobierno, rápidamente escorado a la derecha. Las desigualdades sociales que habían sido atribuidas a la dictadura no sólo no se aliviaron, sino que, por el contrario, se fueron agravando.

Las reacciones de la sociedad no se hicieron esperar; en 1960, a consecuencia de la condena del régimen cubano, el partido Unión Republicana Democrática (URD), formación de centro izquierda, se alejó de la gestión de gobierno y sus tres miembros del gabinete renunciaron. A su turno, en la gubernamental AD se produjo una ruptura por la izquierda protagonizada por catorce diputados encabezados por Domingo Alberto Rangel, que constituyeron el Movimiento de Izquierda Revolucionario (MIR).

Este curso político y económico, constituye el trasfondo sobre el cual surge la guerrillera en Venezuela, sustentada con una gran frustración popular: el gobierno que releva a la dictadura no responde a las expectativas populares, sino que, por el contrario, se les opone frontalmente.

En ese mismo año, tanto el PC como el MIR, ya declarado marxista leninista, comenzaron a pronunciarse sobre la posibilidad de asumir la lucha armada. En el caso del PC la declaración no era muy explícita: se señalaba la vía de las armas para acceder al poder, pero a través de una movilización de masas. En cambio, el MIR tomó mucho más decididamente la iniciativa, conectando así con la agitación existente. En esa situación se produjeron varios levantamientos militares que contribuyeron más tarde a engrosar las filas guerrilleras.

Sublevación militar en Carúpano

El 4 de mayo de 1962 se produjo una sublevación militar en Carúpano, estado de Sucre, protagonizado por unos 500 hombres pertenecientes a la Guardia Nacional y a la Infantería de Marina, bajo el mando del capitán de corbeta Jesús Teodoro Molina Villegas. El movimiento, que ocupó la ciudad, contó con la participación de civiles del PC y del MIR y fue sofocado rápidamente, siendo detenidos casi todos los dirigentes.

La proclama firmada por el Movimiento de Recuperación Democrática definía a éste como nacionalista y no influido por ideologías extranjeras, sintetizando sus objetivos en cuatro puntos: a) restablecer las libertades cívicas y desplazar al actual gobierno; b) constituir en Carúpano un gobierno provisional que actuara en nombre del Congreso; c) hacer que las fuerzas armadas no siguieran siendo utilizadas como instrumento de represión; d) condenar el falso exilio impuesto a destacadas personalidades militares.[54] Este programa democrático reflejaba el profundo descontento existente en toda la sociedad, incluidas las fuerzas armadas, contra el gobierno de Betancourt.

---

[54] Valsalice, Luigi: *Guerrilla y política. Curso de acción en Venezuela 1962/1969,* Editorial Pleamar, Argentina, 1975.

Sublevación militar en Puerto Cabello

La más importante base de la marina de Venezuela se sublevó el 2 de junio, poco después del movimiento de Carúpano. Participaron unos 1.500 hombres de infantería de marina y ejército al mando del capitán de navío Manuel Ponce Rodríguez, del capitán de fragata Pedro Medina Selva y del capitán de corbeta Víctor Hugo Morales Monasterios; también participaron los dirigentes comunistas Lubén Petkoff y Germán Lairet y el diputado mirista Lugo Rojas, así como algunos presos de izquierda liberados de la cárcel local.

Hubo un llamamiento a la rebelión en todo el país y, tras una lucha violenta que causó bastantes bajas, el alzamiento fue sofocado esa misma noche.

Su programa incluía el nombramiento de un gobierno provisional presidido por un independiente, el desarrollo de una política exterior tercermundista, suspensión por seis meses de la actividad de los partidos políticos, elecciones en dieciocho meses, liberación de los presos políticos y reintegro de sus grados a los militares perseguidos.[55] La falta de coordinación entre los dos movimientos militares, la escasa definición de sus programas y los errores operativos cometidos, así como la concepción típica de los golpes castrenses, con soldados actuando exclusivamente conforme a las órdenes de los superiores, explican el rápido fracaso de estos alzamientos.

Ejército de Liberación Nacional (ELN, 1962)

Las acciones armadas comenzaron en Venezuela de forma dispersa, sin responder a un centro dirigente. En diversos lugares y con métodos distintos fueron apareciendo grupos que operaban desde finales de 1961.

---

[55] Idem.

A comienzos de 1962 un grupo de veinte hombres, casi todos procedentes de la ciudad, instalaron una guerrilla en Falcón; estaban dirigidos por Douglas Bravo, estudiante de derecho, y Teodoro Petkoff, economista, ambos dirigentes del PC.

En abril de 1962 se realizó la primera operación de envergadura; un grupo guerrillero capturó vehículos del Ministerio de Obras Públicas y con ellos atacó la prefectura de policía de Humocaro Alto, de donde obtuvo algunas armas. Simultáneamente se llevaron a cabo otras tomas de pueblos y ataques a policías para desarmarlos.

También surgieron núcleos de guerrilleros en los departamentos de Falcón, Lara, Portuguesa, Mérida y la zona de Charal, en Yaracuy; el Frente José Leonardo Chirinos, en Falcón, dirigido por Douglas Bravo y en el que participaba el capitán Elías Mamuit Camero; el grupo que operaba en Charal, dirigido por Juan Vicente Cabezas, y dos núcleos más reducidos en Carabobo y Lara. Estos cuatro destacamentos guerrilleros formaron el ELN, que no pasaba de ser un intento de coordinación.

El 31 de agosto los revolucionarios tomaron el cuartel de San Juan de Macaparanas y atacaron el de Quebrada Seca. El 30 de setiembre tomaron la localidad de El Hatillo, muy cercana a Caracas. El 27 de noviembre un grupo de estudiantes secuestró un avión DC6 en vuelo y arrojó volantes sobre la capital.

En esta época se crearon las Unidades Tácticas de Combate (UTC), grupos de acción urbana que desarrollaron una intensa actividad. "En el extranjero, sobre todo, no se habla más que de los golpes urbanos de las FALN, ataques terroristas contra el potencial industrial y militar del imperialismo, detenciones de militares enemigos (coronel Cheanux), secuestros publicitarios (Di Stéfano). Se habla muchos menos de la lucha en profundidad de las UTC urbanas: amagos a cuerpos represivos destinados a acelerar su desmoralización y disgregación. Recuperación de armas, evasiones organizadas, toma y ocupación de ranchitos (gigantescos barrios pobres que rodean Caracas), distribución de víveres y de juguetes

174

confiscados a las empresas norteamericanas".[56] Entre otras acciones antiimperialistas y de propaganda contra el gobierno se pueden contar la captura del navío *Anzoátegui,* el robo de cuadros de una exposición francesa de pintura, los incendios de los almacenes Sears y de la misión militar norteamericana en Caracas, la voladura de oleoductos de los Creole Petroleum y el reparto de víveres tomados de camiones de los supermercados de Rockefeller.

A finales de año las autoridades suspendieron las garantías constitucionales y declararon ilegales a PC y al MIR.

En enero de 1963 las acciones guerrilleras habían alcanzado tal amplitud que el gobierno comenzó las operaciones contrainsurgentes a gran escala lanzando la "Operación Torbes", en el estado de Falcón, con varios miles de soldados y apoyo aéreo; no obstante, la guerrillera eludió el golpe y la operación fracasó.

En febrero se realizó otra operación similar que tampoco tuvo éxito y en el curso de la cual la guerrilla capturó dos pueblos: Cabure y Pueblo Nuevo.

Fuerzas Armadas de Liberación Nacional (FALN, 1963-1970)

a. Surgimiento y expansión (1962-1963)

Las FALN fueron creadas en febrero de 1963. Estaban integradas por el Frente José Leonardo Chirinos, bajo el mando de Douglas Bravo y Lino Martínez, que operaba en Falcón y Yaracuí; por el Frente Guerrillero Libertador, que actuaba en la región de Charal, estado de Portuguesa; por el Comando Nacional Guerrillero, constituido por grupos menores; y por los movimientos de militares que habían protagonizado los alzamientos de Carúpano y Puerto Cabello.

---

[56]Debray, Regís: *Ensayos...,* op. cit.

El documento fundacional, fruto de la unión de los sectores políticos y militares mencionados, era bastante amplio. Dice Debray que "sorprende el carácter democrático burgués, nacionalista y liberal de su contenido político", y añade que "implicaba un cuadro de reivindicaciones y una enumeración de reclamaciones aún menos importantes y avanzados que los planteados por el Movimiento 26 de Julio (cubano) en 1957".[57] Sin embargo, era bastante lógico ese perfil si se tiene en cuenta no sólo el tipo de los movimientos militares sino también las imprecisas definiciones aportadas por el PC y el MIR e incluso las dudas y diferencias existentes en el interior del primero de esos dos partidos. Tampoco estaba totalmente definida la estrategia de lucha armada que se desarrollaría. Desde el apoyo a los alzamientos militares, con sus implicaciones insurreccionales, pasando por los comandos urbanos, hasta los frentes de guerrilla rural e incluso la combinación de estos tipos de lucha. Cada sector desarrolló modos de acción propios, según el terreno y su experiencia particular.

Poco después de crearse las FALN surgió el Frente de Liberación Nacional (FLN) como órgano de dirección política de la lucha armada. A su frente fue nombrado Fabricio Ojeda, antiguo diputado, destacado luchador contra la dictadura de Pérez Jiménez y preso por Betancourt. Escapó de la prisión poco después de la creación del FLN, en 1963.

Entretanto, se acercaban las elecciones de diciembre de 1963 y la guerrilla combinó sus acciones con un intento de negociación que fue desoído por el gobierno. Hubo incluso un período de tregua que se rompió al efectuarse un atentado contra varios guardias que viajaban en un tren. A raíz, de ese hecho el gobierno, violando la inmunidad parlamentaria, detuvo a varios legisladores del PC y MIR.

---

[57]Debray, Regis: *Las pruebas de fuego. La crítica de las armas/* 2, Siglo XXI Editores, México, 1975.

Las FALN encararon las elecciones llamando a la abstención y a una huelga general el 19 de noviembre; Caracas quedó paralizada y en los enfrentamientos se produjeron varios muertos. Pero la consigna de abstención no fue seguida; la votación fue normal y resultó electo presidente Raúl Leoni, candidato oficialista.

Este triunfo político del gobierno, sumado a la relativa efectividad de la represión, trajo aparejada una cierta estabilización y una pérdida de la iniciativa por parte de la guerrilla.

La lucha armada, que había comenzado en Venezuela a partir de núcleos urbanos que realizaban acciones de sabotaje y de propaganda armada y que había enlazado con los alzamientos militares, fue desplazando su centro de gravedad hacia la guerrilla rural, empujada por la represión y el ejemplo cubano. La base de apoyo en el campo venezolano para la acción guerrillera era mucho menor que en las ciudades, lo que facilitó la acción represiva. Por otra parte, el envío de cuadros políticos a los frentes guerrilleros, junto con las caídas en la ciudad, debilitó el trabajo urbano. El fracaso de la línea abstencionista en las elecciones demostró que la guerrilla no había encontrado la respuesta correcta a la situación. A partir de ese momento, en el seno de las FLN se instaló una crisis político-militar que no fue posible revertir y que años después conduciría a la extinción del movimiento.

b. Crisis política y declive militar (1964-1970)

En esos momentos las fuerzas de las FALN estaban integradas por varios grupos.

El Frente Simón Bolívar actuaba en Lara bajo el mando de Argimiro Gabaldón, dirigente de la zona con gran prestigio, y además existía un buen trabajo político del PC. El frente contaba con unos 120 combatientes y varios cuadros de la dirección del partido especialmente enviados a la zona. Esta fuerza contaba con el apoyo de varios destacamentos urbanos.

En el estado de Trujillo operaba el Frente José Antonio Paez, comandado por Fabricio Ojeda y Juan Vicente Cabezas; llegó a contar con 80 guerrilleros.

El Frente José Leonardo Chirinos, en el estado de Falcón, contaba a finales de 1963 con unos 100 combatientes.

En la región de Bachiller operaba el destacamento Ezequiel Zamora, de dimensiones más reducidas, compuestos por miembros del MIR y fue duramente golpeado en julio de 1964.

Estas unidades guerrilleras no encaraban en esa fase actividades ofensivas, sino que procuraban afianzarse y subsistir frente a los ataques que sufrieron entre 1964 y 1965. Las fuerzas armadas, con la moral fortalecida por el triunfo electoral, iniciaron una nueva táctica: tendieron un cerco flexible sobre los frentes guerrilleros a partir de unidades muy móviles con apoyo de helicópteros. Al mismo tiempo sembraron el terror entre la población campesina, eliminando los contactos y el abastecimiento. En Caracas, una intensa labor policial y numerosas redadas lograron destruir la mitad de los efectivos de las FALN que operaban la capital.[58] Al mismo tiempo se desarrolló una intensa lucha política en el seno del PC que condujo al abandono de la lucha armada por parte de esa organización. A finales de 1965 la mayoría de la dirección planteó dicho abandono de la lucha armada, lo que produjo una ruptura del partido y la reorganización de las FALN bajo la dirección de Douglas Bravo y Fabricio Ojeda. Este último, en carta a Fidel Castro escrita poco antes de ser asesinado por el Servicio de Inteligencia del ejército en 1966, decía: "El centro de la divergencia está en la lucha armada, a la cual se ha venido oponiendo desde el comienzo un grupo de dirigentes del PC..."[59] A partir de esa reorganización la guerrilla inició una fase de fortalecimiento. Se recibió ayuda a través de un desembarco de catorce combatientes experimentados llegados de Cuba al

---

[58]Idem.
[59]Idem.

mando de Luben Petkoff, que fueron a engrosar las filas del Frente de Falcón. Este contaba con unos setenta hombres y hacía meses que no operaba debido a la crisis política y a la ausencia de sus comandantes, que participaban en el debate político en Caracas.

El frente Simón Bolívar, en Lara, también estaba inactivo y dividido entre un sector adicto a la línea del PC, con treinta y cinco hombres, y otro que seguía a Bravo y a Ojeda, con veinticinco combatientes.

El Frente José Antonio Paez, de Trujillo, luego de la muerte de Ojeda y la detención de Cabezas quedó reducido a unos quince integrantes activos. El Frente de Bachiller continuó inactivo desde el golpe de 1964, contando con unos veinte hombres.

En Caracas y otros centros urbanos, algunos núcleos de combatientes reducidos y desmoralizados a consecuencia de la crisis política, pero de buen nivel técnico, realizaron algunas acciones a fines de 1966, como atentados contra jefes militares y policiales.

La dirección de las nuevas FALN estaba compuesta por Douglas Bravo, Luben Petkoff, Lunar Márquez, Elías Manuitt, Francisco Prada, Fredy Cárquez y Nery Carrillo, entre otros.

La táctica se basaba en la acción rural del Frente de Falcón, que contaba con casi cien hombres bien armados. Amplió la zona de operaciones e instaló un centro de adiestramiento y comunicaciones en Manzanita. La red urbana aportaría apoyo logístico y haría acciones de sabotaje y propaganda armada.

Varios incidentes redujeron la fuerza a la mitad en unos cuantos meses. A comienzos de 1967 el centro de Manzanita cayó en poder del ejército casi sin oponer resistencia; la guerrilla tuvo varios muertos y el destacamento se dispersó, lo que revelaba su escaso nivel militar.

Otro grupo de veinticinco combatientes quedó aislado accidentalmente de la columna principal y permaneció perdido durante un año, en el que operó por su cuenta; este hecho restó capacidad al núcleo principal de la guerrilla, afectada moralmente por dicha pérdida. Una serie de desplazamientos se sucedieron sin entrar en combate; el ejército eludía las emboscadas y la columna se fue fraccionando poco a poco en distintas misiones sin resultados satisfactorios. Por lo demás, no hubo incorporación de campesinos; los pocos que ingresaban a la guerrilla la abandonaban en cuanto ésta se alejaba de su zona de vida habitual.

A su tumo, la organización de Caracas fue prácticamente desarticulada por la represión.

La descomposición de la columna guerrillera de Falcón, ya reunida con el grupo perdido, llegó en 1968, cuando contaba con unos sesenta hombres. A los factores políticos ya señalados se unió la falta de un comando reconocido, los viajes y ausencias de los jefes y la continua desmoralización ante la falta de perspectivas. Así, en 1968 la columna se dividió en dos partes casi iguales que tomaron distintos rumbos; Douglas Bravo permaneció en Caracas.

En el fondo de esta situación subyacían las profundas diferencias sobre lo que había que hacer. Si se sostenía la prioridad de la guerrilla rural era imposible pensar en una comandancia instalada en Caracas. Pero la persistencia de los problemas resaltaba la importancia de la capital, y Bravo se sentía una y otra vez obligado a trasladarse al centro urbano a desarrollar la lucha política, dejando su puesto de comandante rural y sembrando así dudas entre sus hombres.

En marzo de 1968 Douglas Bravo se reunió con un destacamento al mando de Freddy Carquez en el estado de Cojedes para planear diversas acciones. El núcleo central de unos veinte hombres mandados por Douglas fue sorprendido por el ejército y diez de ellos murieron en combate. Otro grupo al mando de Carquez realizó varias operaciones entre ellas la toma de La Trinchera, población cercana a Valencia, siendo ésta una de las últimas acciones ofensivas de la guerrilla.

Precisamente ese año se celebraron unas elecciones presidenciales en las que triunfó el candidato democristiano Rafael Caldera;

los comunistas fueron tolerados bajo otra sigla y obtuvieron menos votos que en 1958. En abril del año siguiente el PC recobraría su legalidad formal y muchos de sus dirigentes detenidos fueron puestos en libertad. Los pequeños núcleos de guerrilleros, que subsistían aislados y sin respaldo, se fueron extinguiendo uno tras otro.

Ecuador

Unión Revolucionaria de la Juventud Ecuatoriana (URJE, 1962)

"En marzo de 1962, cerca de Santo Domingo de los Colorados, zona intermedia entre la Costa tropical y las altas mesetas andinas, una cuarentena de jóvenes fueron cercados y capturados por los paracaidistas. Sólo estuvieron 48 horas en la montaña".[60] Esta organización reunía a militantes provenientes del Partido Comunista y del Partido Socialista, además de otros de sectores sin partido.

Movimiento de Izquierda Revolucionario (MIR)

Esta organización fue, según un grupo de presos políticos ecuatorianos, la que realizó las acciones más avanzadas en materia de lucha armada que se dieron en el país.[61]

Brasil

En 1950 y 1954 ocupó la presidencia de Brasil el general Getúlio Vargas, quien desarrolló una política populista como la que se había venido aplicando desde 1941. Una fuerte campaña

---

[60]Debray, Regis: *Ensayos...*, op. cit.
[61]"Los pueblos del mundo avanzan hacia el socialismo", declaración de presos políticos ecuatorianos en marzo de 1978 en el periódico *Combate*, Suecia, núm. 39/40, diciembre de 1978.

de oposición llevada adelante por sectores de la derecha tradicional con apoyo de Estados Unidos, utilizando como pretexto la corrupción del régimen, acabó con la resistencia de Vargas, que se suicidó. Su carta testamento dice: "Después de años de dominación y saqueo por los grupos económicos y financieros internacionales, yo me hice jefe de una revolución incontenible. Inicié una obra de liberación e instituí un régimen de libertad social. Fui obligado a renunciar".[62] Con el presidente Kubistschek, electo en 1955, se inició una entrada masiva de capitales extranjeros que, al amparo de una legislación permisiva, penetró en las áreas más dinámicas de la economía. El vicepresidente João Goulart, heredero político de Vargas, representó en el gobierno las aspiraciones populistas que aún subsistían, y su acceso a igual cargo bajo el siguiente presidente, Jánio Quadros, indica la importancia de los sectores que lo respaldaban.

Quadros intentó retomar la política populista, y su triunfo electoral expresó el deseo de cambios y de una política antiimperialista, así como de mejoras en las condiciones de vida de los trabajadores. La presión ejercida por la derecha del equipo de Quadros y el deterioro de la situación económica lo llevaron a renunciar en 1961.

Entonces se produjo un intento de golpe militar para impedir el acceso de Goulart a la presidencia y en todo el país tuvieron lugar grandes movilizaciones populares. Algunos gobernadores adictos a João Goulart llamaron a la formación de milicias y contaron con el apoyo de las guarniciones de sus respectivos estados en defensa de la legalidad institucional. El golpe retrocedió y Goulart asumió la presidencia con poderes restringidos.

A partir de ese momento se produjo un fuerte ascenso de las luchas populares en demanda de las reivindicaciones insatisfechas, que sería cortado con el golpe de estado militar de 1964 y la fuerte

---

[62]Instituto de Investigaciones Sociales de la UNAM, *América Latina: historia de medio siglo,* tomo I, Siglo XXI Editores, México, 1977.

represión subsiguiente. En esos años, que coincidieron con el afianzamiento de la Revolución Cubana, surgieron diversas organizaciones que de una forma u otra eran expresión de dicho ascenso en las luchas populares.

En las fuerzas armadas apareció el Comando Nacional de los Sargentos y el Comando de los Militares nacionalistas. Se extendieron las Ligas Campesinas y formaron como expresión política propia, de vida muy corta, el Movimiento Radical Tiradentes. Surgieron algunas organizaciones políticas como reflejo de las ideas castristas: el ala pro-china del PCB, Acción Popular, formada por cristianos de izquierda, y Política Operaria (POLOP), que reunía disidentes del PCB y otros sectores de la izquierda marxista. El movimiento obrero y estudiantil se radicalizó. Tres grandes huelgas generales se produjeron en respaldo a Goulart para exigir la restitución de los plenos poderes presidenciales, objetivo que se logró.

Toda esta vasta movilización adolecía de falta de una dirección centralizada y consecuente; Goulart y su grupo no estaba dispuestos a librar una lucha decisiva más allá de presiones y negociaciones.

Cuando se produjo el golpe, Goulart abandonó el país dejando sin conducción a los sindicalistas, a los militares y a los políticos más decididos a luchar, como el gobernador de Río Grande do Sul, Lionel Brizola. En cuanto al PCB, su posición ante el golpe y su caracterización de la revolución brasileña fueron rechazadas por amplios sectores de su militancia, surgiendo las llamadas Disidencias en Río de Janeiro, Minas Gerais, São Paulo y Río Grande do Sul. La POLOP, que defendía el carácter socialista de la revolución, no logró nuclear a este amplio sector.

Fue en este contexto en el que los militares iniciaron la represión general y en el que aparecieron distintas organizaciones armadas que recogieron muchas de las expresiones de lucha producidas durante los años anteriores.

La represión no se abatió solamente sobre las organizaciones armadas o de izquierda. Procuró destruir toda forma de organización popular: sindicatos obreros, ligas campesinas, uniones de estudiantes e incluso organismos ligados a la Iglesia. Fueron comunes las torturas a sacerdotes y monjas, e incluso algunos de éstos fueron asesinados, entre ellos el padre Enrique, asistente del obispo Helder Cámera, y la monja Maurina Borges da Silveira, por cuya muerte bajo tortura la Iglesia excomulgó a dos funcionarios policiales.

Las redadas masivas llegaron a la cifra de 17.000 detenidos en noviembre de 1971; otra redada producida en Río reunió a 3.000 detenidos en abril de 1972. En agosto de ese año los militares proclamaron la victoria sobre el movimiento de la lucha armada, que efectivamente estaba desarticulado.

Ligas Campesinas - movimientos armados campesinos (1950-1962)

Las organizaciones de campesinos surgidas en las regiones del Nordeste protagonizaron diversas acciones armadas en la década de los cincuenta como parte de sus luchas por la tierra y del enfrentamiento con las bandas armadas de los terratenientes. Muchas de esas organizaciones fueron creadas por militantes comunistas y se extendieron por varias regiones del país.

En 1950 surgió la llamada Guerrilla de Porecatú en la frontera de los estados de São Paulo y Paraná, a raíz de graves conflictos entre campesinos y terratenientes. Un artesano rural llamado Jacinto, procedente del Nordeste, organizó un movimiento guerrillero apoyado por núcleos comunistas de la región que combatió durante dos meses, siendo luego disuelto por influencia de la dirección del PCB de la región, que no veía la existencia de condiciones favorables para ese tipo de lucha.

Por la misma época apareció el "Territorio Libre de Formoso", extensión de unos 10.000 kilómetros cuadrados en el estado de Goiás. Dirigidos por José Porfirio, los campesinos de la región derrotaron a la policía y a las fuerzas de los hacendados, eligieron autoridades propias y se negaron a pagar impuestos estatales.

Dirigidos por activistas del PCB, organizaron comités políticos y grupos armados y resistieron varios años; el gobernador del estado resolvió el litigio expropiando tierras y parcelándolas entre los campesinos.

En 1960, dirigentes de las Ligas Campesinas viajaron a Cuba y organizaron la solidaridad con la Revolución mientras otros muchos activistas visitaban la isla para conocer la aplicación de la Reforma Agraria.

En ese momento se planteó la preparación guerrillera con vistas a un futuro movimiento revolucionario y a la implantación de la Reforma Agraria radical, lo que se preveía para un plazo de varios años. No obstante, la invasión de Bahía de Cochinos en 1961 sensibilizó a los dirigentes de las Ligas, que temían que una derrota de Cuba dañara sus propias expectativas revolucionarias y decidieron acelerar los preparativos creando focos de resistencia guerrillera.

Diferencias en la dirección de las Ligas, el vuelco de recursos a la campaña electoral del líder Francisco Juliao, la oposición a la organización militar por parte del PCB y las contradicciones entre los campesinos y grupos urbanos que se integraban en el sector armado precipitaron la desaparición de este movimiento. Hubo algunos combates al ser descubiertos campos de entrenamiento, como el choque con el ejército que se produjo en noviembre de 1962.

Algunos sectores de este vasto movimiento se mantuvieron y años más tarde irían a integrarse en varias las organizaciones armadas.

Movimiento Nacional Revolucionario (MNR, 1964)

La Organización Revolucionaria Marxista-Política Obrera, (POLOP), surgida en 1961 como un grupo de reflexión teórica y basada fundamentalmente en sectores estudiantiles, logró atraer la atención de círculos intelectuales y de militares vinculados a los movimientos nacionalistas anteriores al golpe de 1964.

Algunos de esos militares crearon un grupo llamado Movimiento Nacional Revolucionario (MNR) que en 1967 dio origen a la denominada Guerrilla de Caparaó, constituida por pequeños núcleos en la sierra de ese nombre que no llegaron a consolidarse y no pasaron de la fase de entrenamiento; los miembros del MNR fueron detenidos y uno de ellos, Milton Soares de Castro, fue asesinado durante los interrogatorios.

Varios integrantes de este grupo se incorporarían posteriormente en la VPR.

Movimiento Revolucionario 26 de Marzo (MR-26, 1965-1969)

A partir de los sectores nacionalistas surgió un grupo vinculado al exilio, cuyo líder era el coronel Jefferson Cardim Osório. En marzo de 1965, este militar formó una columna guerrillera que operó en la región de Trés Passos, en Río Grande do Sul; fue anulada en pocos días y su jefe detenido. Los militantes que eludieron la represión formaron entonces el MR-26, que realizó algunas acciones armadas urbanas en Porto Alegre, hasta su desaparición en 1969 a consecuencia de sucesivas caídas de sus miembros.

Partido Comunista de Brasil (PCB, 1966-1976)

En 1962, una Conferencia Nacional Extraordinaria convocada por João Amazonas, Mauricio Grabois y Pedro Pomar inició la ruptura del sector pro-chino del PCB. Se caracterizaba por su crítica a la línea de coexistencia pacífica auspiciada por Moscú y orientaba su estrategia en el ejemplo de Mao Tse Tung, visualizando la lucha revolucionaria como un proceso protagonizado desde el comienzo por el campesinado. De igual modo que el PCB, el grupo escindido sostenía la necesidad de una primera etapa "democrático-burguesa, antiimperialista y antifeudal de la revolución como paso previo hacia el socialismo". Condenaba el PCB la práctica de la guerrilla

186

urbana, consideraba "foquismo pequeño burgués" a esa táctica y la acusaba de despreciar la participación de las masas en el proceso revolucionario.

En aplicación de esa línea, desde 1966 el PCB comenzó a preparar un área para desarrollar la guerra popular en la región del río Araguaia, al sur de Pará, y a tal efecto fueron trasladados militantes urbanos, en especial estudiantes obligados por la represión a buscar refugio en zonas rurales.

En abril de 1972 este trabajo fue detectado por el ejército, que desplazó a la zona gran cantidad de tropas, las cuales realizaron una labor de represión general.

El PCB constituyó entonces las Fuerzas Guerrilleras de Araguaia; éstas libraron algunos combates victoriosos en los primeros momentos, pero luego fueron derrotadas como consecuencia de la violenta represión desatada contra la población civil.

Se estima en más de 50 los guerrilleros muertos, sin contar a los campesinos detenidos o asesinados. En estos combates cayó Mauricio Grabois, además de otros líderes y varios dirigentes estudiantiles; João Amazonas logró burlar el cerco militar.

El PCB logró reconstituirse a partir de 1972 con la incorporación de la mayoría de los militantes de Acción Popular (AP), organización de origen cristiano que fue evolucionando hacia el maoísmo.

En 1976, una reunión de su Comité Central en São Paulo fue detectada por las fuerzas represivas; tres de sus dirigentes resultaron muertos y los demás fueron detenidos. Aproximadamente 400 personas fueron procesadas por su vinculación con el PCB.[63]

---

[63]Archidiócesis de São Paulo: *Brasil: nunca más*, Petrópolis, 1985.

Ala Roja (1966)

Disidencia del PCB, surgida como rechazo a la línea oficial del partido, contraria a la guerrilla urbana; actuaba en São Paulo y en el centro-sur del país. Sus posiciones políticas eran similares a las de los demás grupos partidarios de la lucha armada urbana.

Partido Comunista Revolucionario (PCR, 1966)

Con iguales orígenes y posiciones que Ala Roja, su zona de actividades era el Nordeste.

Movimiento Revolucionario 8 de Octubre (MR-8, 1966-1972)

En 1966 comenzó a actuar este grupo bajo el nombre de Disidencia de Guanabara del PCB (DI da Guanabara do PCB) con base en el estudiantado universitario. Disentía de ALN en que rechazaba el carácter de liberación nacional antiimperialista del proceso revolucionario y lo visualizaba como socialista.

En cuanto a la visión estratégica, compartía los principios básicos de ALN y PCBR.

Como veremos, el MR-8 en 1969 compartió con ALN el secuestro del embajador norteamericano, a consecuencia de lo cual sufrió los primeros ataques de la represión.

En 1971 se produjo el ingreso del capitán Lamarca junto con un sector de VPR; tras la muerte de éste en ese mismo año, el MR-8 prácticamente se disolvió, y sus militantes salieron al exterior.[64]

Unas 500 personas fueron incluidas en los procesos contra el MR-8.[65]

---

[64]Véase, en este mismo capítulo, el apartado sobre Vanguardia Popular Revolucionaria.

[65]Archidiócesis de São Paulo, op. cit.

Acción Libertadora Nacional (ALN, 1967-1974)

Ya hemos hecho referencia a la crisis del PC en 1964. Además de la fracción pro-china antes mencionada, rompió con el PCB el sector dirigido por Carlos Marighella, miembro de su Comité Ejecutivo, quien se desligó del partido en 1966 y viajó a Cuba, donde participó en el Congreso de la OLAS al año siguiente. A su regreso a Brasil creó la ALN como organización esencialmente guerrillera y planteó la realización de acciones armadas en las grandes ciudades a fin de obtener medios materiales y luego volcarse a trabajar en el medio rural, creando un Ejército de Liberación Nacional.

"Para nosotros la estrategia de la revolución brasileña es la guerrilla. La guerrilla a su vez forma parte de la guerra revolucionaria del pueblo".[66] El comienzo de la acción en las ciudades sirve para preparar la guerra en el campo. Dice Marighella al respecto: "La guerrilla urbana juega un papel táctico frente a la guerrilla rural". No obstante, ALN no llegó a desarrollar la lucha armada en el campo.

En febrero de 1968 la Agrupación Comunista de São Paulo, integrada por los partidarios de la lucha armada, que fueron sancionados por el Comité Central, declara que no intenta construir un nuevo PC, sino luchar por la unidad de los revolucionarios e iniciar ya la lucha armada. Sostiene la Agrupación que debe realizarse un fuerte trabajo de masas de tipo sindical y estimular las ocupaciones de tierras. Aclara que el "objetivo es dar a las guerrillas un apoyo logístico indispensable (...) No se trata, por consiguiente, de desencadenar la guerrilla como un foco, como quieren insinuar nuestros enemigos (...) Si actuáramos de este modo, estaríamos adoptando una posición típicamente espontaneísta y éste sería un error fatal".

---

[66]Marighella, Carlos: *Teoría y acción revolucionarias,* Editorial Diógenes, México, 1971.

Así entiende Marighella la necesaria relación entre lucha armada y lucha de masas.[67] En su *Minimanual de guerrilla urbana* define los objetivos diciendo que "ataca únicamente al gobierno, a los grandes capitales y al imperialismo extranjero, particularmente norteamericano (...) la principal función de la guerrilla urbana es perturbar, inutilizar y desmoralizar a los militares, a la dictadura y sus fuerzas represivas, y atacar también, destruyendo las propiedades de los norteamericanos, de los directores extranjeros y las de la clase alta brasileña".[68] En su llamamiento al pueblo brasileño de diciembre de 1968 Marighella dice: "Luchamos por conquistar el poder y por la sustitución de la maquinaria burocrática y militar del estado por el pueblo armado. El gobierno popular-revolucionario será el gran objetivo de nuestra estrategia". Las acciones de ALN son "dirigidas contra los intereses de los grandes banqueros nacionales y extranjeros, contra el imperialismo norteamericano y sus empresas en el Brasil, contra los espías de la CIA, contra la propiedad y el patrimonio del gobierno feudal y de los estados, contra el aparato de represión de la dictadura y sus fuerzas militares", dice Marighella en el primer texto citado, y agrega que la mayoría de las acciones de 1968 "constituyen ejemplos de expropiaciones", poniendo así en práctica "el Impuesto Compulsorio de la Revolución".

Uno de los primeros operativos de propaganda de ALN fue la toma de Radio Nacional de São Paulo y la difusión de un mensaje de Marighella. En setiembre de 1969 la ALN, en colaboración con el MR-8, secuestró al embajador de Estados Unidos, Charles B. Elbrick, con lo que obtuvo la libertad de 15 presos políticos y la difusión de un comunicado. En esas mismas fechas, en una entrevista, al ser preguntado sobre los objetivos de la revolución, dice

---

[67]Marighella, Carlos: "Por la revolución brasileña", en *Pensamiento Critico*, núm. 37, La Habana, febrero de 1970.
[68]Marighella, Carlos: "Minimanual de guerrilla urbana", *Guerilla 1*, Ediciones Ricou, Barcelona, 1978.

190

Marighella: "Antes de hacer socialismo es necesario liquidar primero el aparato burocrático y militar de la reacción y sacar del país al ocupante norteamericano. Por otro lado nosotros seguimos en eso a la declaración general de las OLAS. Como en el caso de Cuba, siguiendo esa orientación, se llega necesariamente al socialismo". En noviembre de ese año Marighella muere en una emboscada policial en São Paulo, sucediéndole al frente de ALN, Joaquim Cámara Ferreira, quien a su vez es secuestrado y asesinado el 24 de octubre de 1970.

En 1972 ALN intenta un cambio en dirección al trabajo de masas, pero en los primeros meses de 1974 una oleada de detenciones y asesinatos de militantes desarticula a la organización. Según fuentes judiciales, más de 1.000 personas estuvieron implicadas en actividades de la ALN.[69]

Comando de Liberación Nacional (COLINA, 1967)

En 1967 POLOP sufrió dos escisiones motivadas por el tema de la lucha armada. Una de ellas surgió en Minas Gerais con el nombre de Comando de Liberación Nacional (COLINA), que se adhirió a las posiciones de la OLAS; desde 1968 operó en las ciudades, con el fin de recaudar fondos para la instalación de un núcleo de guerrilla rural.

Vanguardia Popular Revolucionaria (VPR, 1967-1972)

Otro sector que rompió con POLOP en São Paulo se unió con militantes que provenían del MNR para fundar la Vanguardia Popular Revolucionaria (VPR). Una serie de caídas sufridas por COLINA en 1969 impulsó a este grupo a aproximarse a VPR, con

---

[69]Archidiócesis de São Paulo, op. cit.

la cual tenía acuerdos importantes, dando así nacimiento a VAR-Palmares a mediados ese mismo año.

La VPR combinaba las tesis de la OLAS con posiciones provenientes de POLOP, lo cual implicaba caracterizar como socialista y no como antiimperialista el carácter de la revolución a desarrollar en Brasil.

Luego de una nueva escisión, esta vez en VAR-Palmares, resurgió la VPR bajo el liderazgo de Carlos Lamarca. Este era un capitán del ejército destinado en Osasco, estando de São Paulo, que a comienzos de 1969 se fugó de su cuartel junto con otros militares llevándose una gran cantidad de armamentos para incorporarse a la lucha contra la dictadura.

Realizó la VPR numerosas acciones armadas, varias de las cuales alcanzaron notoriedad internacional. Todavía bajo la sigla VAR-Palmares se consumó el robo de una caja fuerte con 2.500.000 dólares cuya propiedad la organización atribuyó al ex gobernador de São Paulo, Adhemar de Barros, fruto de la corrupción imperante bajo su mandato. En marzo de 1969 los activistas de la organización asaltaron un banco en Río y obtuvieron una fuerte suma de dinero; se produjo un enfrentamiento con la policía y un agente resultó muerto. En 1970 VPR secuestró a tres diplomáticos, por cuya libertad logró la salida al exterior de varios presos políticos, lo cual sirvió como campaña de propaganda contra el régimen. El 11 de marzo fue secuestrado el cónsul japonés en São Paulo, Nobuo Okuchi, a consecuencia de lo cual se logró la liberación de cinco presos. El 11 de junio fue secuestrado el embajador de la RFA, E. Von Hollehen; en el curso de la acción se produjo un tiroteo en el cual murió un custodio y dos quedaron heridos. En canje por este diplomático se obtuvo la liberación de cuarenta presos. El 7 de diciembre fue capturado por la VPR el embajador de Suiza, Giovanni Enrico Bucher. También en este caso se logró la libertad de varios presos políticos.

En ese mismo año de 1970, la VPR inició un núcleo guerrillero rural en el Vale do Ribeira, estado de São Paulo, que fue cercado por una gran cantidad de fuerzas del ejército y de la policía militar. Los guerrilleros lograron romper el cerco y el propio Lamarca salió de la zona y llegó a São Paulo. En febrero, en un enfrentamiento en el pueblo de Atibaia, estado de São Paulo, murió Antonio Raimundo de Lucena, uno de los máximos dirigentes de VPR. Lamarca también fue muerto en un choque con la policía en Bahía en setiembre de 1971, lo que, unido a una serie de golpes represivos, marcó la decadencia de la organización, que siguió operando hasta 1973.

Ese año, un agente policial infiltrado en VPR logró la caída del último sector militante, que intentaba reiniciar la actividad en la región de Recife.

Movimiento de Acción Revolucionaria (MAR, 1967-1969)

Este grupo surgió de un núcleo de militares presos en la Penitenciaría Lemos Brito, de Río de Janeiro; se trataba de miembros de la Asociación de Marineros y Fusileros Navales de Brasil, condenados por el movimiento de sargentos de 1963.

En mayo de 1969 estos militares lograron fugarse de la prisión siendo perseguidos por la región de Angra dos Reis. Consiguieron evadir el cerco policial y retomar a Río, donde ejecutaron diversas acciones armadas, pero la mayoría de sus integrantes fueron nuevamente apresados en agosto del mismo año.

Partido Comunista Brasileño Revolucionario (PCBR, 1968-1973)

Los orígenes de esta organización son similares a los de ALN; su principal dirigente, Mario Alves, periodista e intelectual prestigioso y miembro del ejecutivo del PCB, se opuso en 1964 a las tesis oficiales de este partido. Constituyó así la Corriente Revolucionaria, con bases en Río y en el Nordeste, que en 1968 se transformó en el PCBR.

Se planteó la construcción de un nuevo partido marxista que no propusiera el frente con la burguesía, como el PCB, pero sin impulsar una revolución de tipo socialista. Al igual que ALN, el PCBR dirigía su estrategia al campo como sector más importante para la lucha por el Gobierno Popular Revolucionario.

Desde 1969 sus militantes realizaron acciones de propaganda armada y el asalto a un banco en Río que provocó una serie de detenciones; cayó la mitad de su Comité Central y Mario Alves fue torturado y asesinado en el cuartel de la policía militar en Río en enero de 1970.

Hasta 1972 el PCBR realizó numerosas operaciones destinadas a lograr fondos para mantener su estructura clandestina, lo que implicaba prácticamente toda la actividad de la organización.

A comienzos de 1973, los integrantes del Comité Central fueron asesinados en Río, y sus cadáveres aparecieron en un vehículo incendiado. Cerca de 400 personas fueron implicadas judicialmente en las actividades del PCBR.[70]

Partido Revolucionario de los Trabajadores (PRT, 1968)

Pequeño grupo formado a partir de una disidencia de AP; rechazaba la aproximación al maoísmo que practicó la mayoría de esta organización.

El PRT contaba en sus filas con varios dirigentes de prestigio, como el sacerdote Alipio Cristiano de Freitas, vinculado a las Ligas Campesinas; también figuraban el dirigente campesino José Porfirio de Souza, líder de las luchas de Formoso en 1955 (ya mencionado en el apartado sobre las Ligas Campesinas), y dos ex presidentes de la UNE (Unión Nacional de Estudiantes).

---

[70]Archidiócesis de São Paulo, op. cit.

194

Este grupo llegó a realizar varias acciones armadas en Río y São Paulo, pero fue destruido en 1971 por la represión. Ese año fue dado por desaparecido José Porfirio luego de ser "puesto en libertad" en una base militar de Brasilia.

Frente de Liberación Nacional (FLN, 1968-1970)

De igual tendencia que el anterior, el FLN fue dirigido por el mayor del ejército Joaquim Pires Cerveira. Este militar en 1968 cooperó en la fuga del coronel Cardim, que se hallaba recluido en un cuartel de Curitiba. El FLN se nutrió con militantes procedentes del MR-26 y realizó algunas acciones armadas en Río Grande do Sul y en Río de Janeiro en colaboración con VPR y ALN.

En abril de 1970 la detención de Pires desarticuló la organización, liberado en el canje por el embajador alemán, fue detenido en 1973 en Foz de Iguazú cuando intentaba entrar clandestinamente al país y desde entonces permanece como desaparecido.

Resistencia Armada Nacional (RAN, 1969-1973)

Algunos de los miembros del MNR, al ser puestos en libertad en 1969, crearon un grupo que, bajo el nombre de Resistencia Armada Nacional (RAN), intentó reiniciar las acciones armadas; fue descubierto y desarticulado en 1973 en Minas Gerais y Río. Uno de sus integrantes, el sargento José Mendes de Sá Roriz, murió como consecuencia de las torturas policiales.

Resistencia Democrática (REDE, 1969-1970)

Pequeño grupo desligado de VPR a mediados de 1969, dirigido por el soldado del ejército Eduardo Leite, llamado "Bacurí".

REDE efectuó acciones armadas en São Paulo en colaboración con ALN, VPR Y MRT; después de haberse incorporado a ALN,

"Bacuri", fue detenido en agosto de 1970 y luego de ser torturado durante meses, fue asesinado en diciembre para no permitir su canje por el embajador suizo secuestrado.

Movimiento de Liberación Popular (MOLIPO, 1971)

Pequeña organización surgida de una disidencia de ALN que fue rápidamente exterminada mediante el asesinato por torturas de la mayoría de sus miembros, entre los cuales estaban los estudiantes de São Paulo Antonio Benetazzo, José Roberto Arantes de Almeida y Jeová Assis Gomes.

Frente de Liberación del Nordeste (FLNE, 1972)

Esta organización comenzó a formarse en Ceará y Pernambuco con antiguos militantes de ALN y de VAR. A comienzos de 1972 sus integrantes fueron detenidos.

Chile

Una de las causas que impulsaron el fortalecimiento de la izquierda revolucionaria chilena fue la derrota en las elecciones de 1964 del candidato del FRAP (alianza del PS, PC y Partido Radical) Salvador Allende, lo que causó una reacción hacia la izquierda de muchos militantes que optaron por la incorporación de la lucha armada a su proyecto político, rechazando el curso parlamentarista de la izquierda tradicional.

La política que aplicó el triunfante Frei impulsó numerosas movilizaciones en diversos sectores el país.

Movimiento de Izquierda Revolucionaria (MIR, 1965)

a. Desde su fundación hasta el triunfo de Allende

El MIR se constituyó en agosto de 1965 como fruto de la unificación de dos grupos que a su vez habían surgido de la reunión de varios sectores de la izquierda. Uno de ellos, la Vanguardia Revolucionaria Marxista, "Rebelde", integraba a estudiantes de Santiago y Concepción provenientes de escisiones del Partido Socialista y de la Juventud Comunista; otro, el Partido Socialista Popular, era fruto de la confluencia del Partido Obrero Revolucionario (POR), trotskista, con otros grupos y también con algunos disidentes del PS. En el congreso constituyente participaron Miguel Enríquez, que provenía del PS, los trotskistas Luis Vitale y el antiguo dirigente sindical Humberto Valenzuela.

En cuanto a las definiciones políticas fundamentales del MIR en 1965 pueden resumirse en lo siguiente: "Las ideas motrices que habían cobrado fuerza e intensidad en los años recientes (posibilidad de la revolución proletaria en América Latina, rechazo a la unilateralidad de las formas institucionales y parlamentarias de lucha, necesidad de la lucha armada para la conquista del poder por el proletariado) comenzaron en Chile, con la constitución del MIR, a sistematizarse y desarrollarse, a abandonar el terreno de la abstracción y el formalismo para convertirse en instrumento de transformación de la historia y la sociedad".

Estas ideas se forjaron en oposición a la política de los partidos de la izquierda tradicional, cuya línea era combatida por los militantes del naciente MIR. Hubo una clara oposición a la orientación del PC, basada en la existencia de "vestigios feudales" en la formación social chilena, lo que justificaba pactos con sectores burgueses.

Por otra parte, el MIR discrepaba de la línea del PS, porque "… señalaban como enemigo a una cierta oligarquía (...) dejando en los hechos campo abierto a la colaboración de clases".

Explicando el programa del MIR, su Comisión Política decía en noviembre de 1973, ya bajo la dictadura de Pinochet: "Los reformistas creen que clase obrera en alianza con algunos sectores burgueses pueden romper la situación de dependencia y desarrollar el país, pero se equivocan (...) Sólo la revolución proletaria, es decir, la conquista del poder por la clase obrera a la cabeza de todo el pueblo (...) puede llevar adelante la tarea de sacar del atraso y la dependencia a nuestro país, terminar con la explotación, la opresión, el hambre y la miseria de los chilenos".[71] La organización era definida como político-militar, es decir, se consideraba fundamental la construcción de un partido, pero que asumiera las tareas de ambos frentes.

Entre los años 1965 y 1967 el MIR desarrolló su actividad esencialmente en el frente estudiantil, donde creció y se consolidó. En el congreso realizado en 1967 asumió la Secretaría General, Miguel Enríquez, y entraron en el Comité Central cuadros procedentes del medio universitario, como Bautista von Schowen y Luciano Cruz, desplazándose de la dirección a los sectores trotskistas.

A partir de este año se produjo un ascenso de las luchas populares contra el gobierno democristiano del presidente Frei, así como el surgimiento de un movimiento de pobladores sin vivienda. La actividad e influencias del MIR fueron creciendo lentamente, y la organización comenzó a participar en esos movimientos, aunque el medio estudiantil continuó centrando su trabajo básico.

En el congreso realizado en 1969 comienza el periodo llamado de las "acciones directas", se reestructuran las formas organizativas y se separa totalmente el sector trotskista. El MIR se organiza a partir de este congreso "en Grupos Político-Militares (GPM), agrupación de un número pequeño de bases de una ciudad, localidad o sector que tenía condiciones para desarrollar con cierto grado de autonomía las tareas políticas y militares que la lucha de clases

---

[71]*MIR, 1973-1975*, selección de documentos, Zero, Madrid, 1976.

exigía". A partir de estos cambios se impulsan dos tipos de actividades: por un lado las acciones directas de las masas, particularmente en el movimiento de pobladores (lo que significó la realización de ocupaciones de terrenos y el montaje de campamentos de personas sin vivienda), en su organización interna y en la formación de milicias; y por otra parte la realización de acciones tendientes a conseguir fondos, como los asaltos a bancos, cuyo descubrimiento por la policía colocó al MIR en la clandestinidad en 1970.

El criterio que regía a esas acciones directas era conseguir el apoyo de las masas para la lucha armada a través de acciones ligadas íntimamente a las necesidades populares, que debían marcar un camino de lucha hacia una guerra revolucionaria abierta; las acciones, por tanto, debían tener un significado político clarísimo.

Se desarrolló también cierto trabajo en el campesinado, que comenzaba a movilizarse, con la intención de lograr bases en un sector que se consideraba necesario para el montaje de una guerrilla rural; se lograron éxitos en el sur del país.

El trabajo entre los pobladores fue el más importante realizado por el MIR en este período, y los campamentos organizados en Santiago fueron ejemplo para otros similares que se crearon en muchas ciudades chilenas.

En setiembre de 1970 se celebraron las elecciones presidenciales en las cuales triunfó el candidato de la izquierda, Salvador Allende, durante la campaña electoral el MIR suspendió las acciones armadas, situación que se mantuvo hasta el golpe de estado del 11 de setiembre de 1973.

b. Desde el triunfo de Allende hasta el golpe de 1973

En este período el MIR acentuó su actividad entre los pobladores, campesinos y estudiantes y en grado mucho menor sobre los trabajadores. Logró una importante implantación en todo el país, constituyéndose en el polo a la izquierda del PS y el PC. En el plano de la política nacional dio un apoyo crítico al gobierno de la Unidad Popular, respaldando las medidas que consideraba positivas y oponiéndose a otras.

Toda esta etapa estuvo caracterizada por la ofensiva contra el gobierno popular desde tres sectores: Estados Unidos y las compañías americanas, los sectores políticos y empresariales tradicionales y la mayoría aplastante de las fuerzas armadas.

Fue el gobierno norteamericano el que condujo la batalla, como ha quedado probado y reconocido.

El general Carlos Prats, comandante en jefe del ejército chileno hasta pocos días antes del golpe y que fue asesinado en Buenos Aires en 1974 por agentes chilenos, expresó así la situación: "Creo que hemos subvalorado la gravedad y los alcances de la conspiración manejada desde los Estados Unidos contra Chile", y agregaba que desde el triunfo de la Unidad Popular "la política norteamericana con respecto a Chile siguió dos direcciones fundamentales. La primera, privaba de todos los créditos al gobierno de Allende. La segunda, entregaba a la CIA la responsabilidad de recurrir a todas las medidas necesarias para agravar la crisis económica, y de esta forma, apoyar y sostener a la oposición interna frente a la Unidad Popular". Y como buen conocedor del tema afirmaba que ni el presidente Allende ni los partidos de la UP "saben cuan profunda es la influencia norteamericana en nuestras fuerzas armadas".[72] Frente a la ofensiva de la derecha y el peligro de golpe de estado, el MIR realizó un trabajo político en las fuerzas armadas procurando crear bases entre los suboficiales y soldados al tiempo que fortalecía su aparato militar.

No obstante, las fuerzas del MIR eran débiles en el momento del golpe; las organizaciones de izquierda tradicionales controlaban

---

[72]Prats, Carlos: *Diario del general de ejército Carlos Prats,* Editorial Fundamentos, Buenos Aires, 1984.

200

a la gran mayoría de los trabajadores y su política era la de confiar en los sectores legalistas de las fuerzas armadas.

El MIR definió así la situación dos años después del golpe:

"En setiembre de 1973 la clase obrera y las masas populares echaron mano a sus últimas reservas y ofrecieron una resistencia heroica, pero sin perspectivas, al golpe militar y la ofensiva contrarrevolucionaria. La suerte ya estaba echada.

La clase obrera y el movimiento popular habían sufrido, en los últimos meses del período de Unidad Popular, un proceso de desmovilización, atomización, dispersión y desmoralización (...) las conducciones reformistas sólo predicaban el repliegue y el apaciguamiento; el gobierno permitía la represión abierta de las FFAA amparadas en la 'Ley'.

Cuando el proceso aún no había llegado a su punto de no retomo, el MIR planteó como única salida posible el Paro Nacional, la organización de los Consejos Comunales y Comités de Autodefensa, la ofensiva sobre las FFAA y su democratización; pero el reformismo sólo pensaba en retroceder y no entabló ese combate que se pudo haber ganado. En esos días pensábamos que la capitulación detendría el golpe; pero la polarización social había llegado mucho más lejos; el golpe vino a pesar de la capitulación y aún el MIR estaba desprevenido."[73]

El estallido del golpe demostró que no había un plan de lucha organizado ni en el terreno político ni en el militar. La resistencia se produjo en fábricas, colegios, oficinas y barriadas, donde los trabajadores y estudiantes más combativos se opusieron al avance de las tropas con las pocas armas de que disponían.

El hecho de que el MIR, la organización revolucionaria más importante, casi la única, reconociera estar desprevenido, explica la ausencia casi total de enfrentamientos armados con los golpistas durante las primeras horas del golpe, y que incluso la resistencia en

---

[73] *MIR, 1973-1975*, op. cit.

los lugares de trabajo y concentraciones populares tuviera escasa capacidad militar.

Los informes posteriores del MIR dan cuenta de su participación en la resistencia en barrios y fábricas el día 11, en el hostigamiento a patrullas militares en los días siguientes y en las actividades guerrilleras efectuadas en las provincias del sur (Cautín, Valdivia y Llanquigüe), que se mantuvieron varios meses hasta recibir la orden de repliegue dada por la dirección de la organización.

Las fuerzas armadas al mismo tiempo que ocupaban todos los puntos vitales del país, desataron una oleada represiva que aniquiló de hecho toda resistencia organizada. Los muertos y presos sumaron miles, muchos activistas partieron al exilio y las organizaciones políticas y sindicales fueron barridas. La derrota anunciada se concretó en un régimen que se mantuvo en el poder largos años.

Analizando las causas de tal derrota, decía Miguel Enríquez en marzo de 1974: "El gobierno de la Unidad Popular lleva durante tres años una política reformista caracterizada por su sumisión al orden burgués y sus tentativas constantes de concretizar un proyecto de colaboración de clases (...) nosotros no hemos sido capaces de quitar la dirección del movimiento de masas al reformismo. Esa fue nuestra debilidad y nuestra falta."[74]

c. La actividad del MIR después de 1973

La organización decidió mantener su estructura y sus cuadros dentro de Chile; uno de sus máximos dirigentes, Bautista Van Showen fue detenido el 13 de diciembre de 1973; en marzo de 1974 cayeron varios miembros de la dirección y en octubre se produjo el mayor golpe represivo contra el MIR: murió en un enfrentamiento con la policía su secretario general, Miguel Enríquez,

---

[74]Lowy, Michael: *Le marxisme en Amérique Latine. Anthologie,* François Maspero, París, 1980.

cayeron varios dirigentes y quedó desarticulada casi toda la organización en Santiago.

En estas circunstancias el MIR realizó algunas acciones de propaganda armada como protesta por la muerte de Enríquez y entró en un período de reorganización de su infraestructura, sumamente debilitada por la represión. Durante los largos años de la dictadura de Pinochet, el MIR, logró sobrevivir, no sin sufrir divisiones y crisis internas motivadas por diferencias políticas en torno a la línea a seguir.

Ejército de Liberación Nacional (ELN, 1968)

Surgió esta organización en torno a algunos miembros del ELN de Bolivia refugiados en Chile luego de la muerte del Che, y reunió a disidentes del PS y del MIR. Sus miembros criticaban a este último grupo su política de relativo apoyo a la Unidad Popular, y al PS y PC por su actividad reformista.

En 1969 realizaron su primera actividad pública, consistente en el asalto a un laboratorio del cual obtuvieron medicamentos que repartieron en poblaciones humildes. Como consecuencia de esta acción fueron detenidos varios integrantes del ELN.

Bajo el gobierno de Salvador Allende, en 1970, dirigieron la toma del Hospital Infantil Roberto del Río, en Santiago, por parte de pobladores que reclamaban una mayor atención médica a las zonas más pobres de la capital.

A fines de ese año una parte de la dirección fue detenida, permaneciendo en la cárcel hasta 1971. El trabajo principal de la organización a partir de ese momento fue de preparación y de organización en los cordones industriales de Santiago, donde daba entrenamiento militar a trabajadores.

Con la represión desatada por el golpe militar de 1973 cayeron algunos dirigentes, pero la organización siguió funcionando. En

1974 realizó algunos asaltos a bancos y al metro de Santiago, de donde obtuvo una fuerte suma de dinero.

En 1975 el ELN fue víctima de una fuerte represión. Varios de sus dirigentes cayeron detenidos, y algunos de ellos murieron por efectos de la tortura. A partir de ese momento, esta organización dejó de existir.

Vanguardia Organizada del Pueblo (VOP, 1968)

Algunos sectores de la izquierda revolucionaria que no coincidieron en la formación del MIR, así como sectores alejados de esta organización en 1969, constituyeron la VOP. Su objetivo central fue la creación de un aparato político militar como paso previo para la constitución de una guerrilla; ese núcleo procuraría atraer a todos los sectores dispersos de la izquierda revolucionaria.

Desde 1968 hasta 1970 la VOP centró su actividad en la realización de acciones armadas de propaganda y de financiación para fortalecer su estructura.

El triunfo electoral de Salvador Allende provocó un replanteamiento de la línea política: se consideró que se trataba de un triunfo popular que abría buenas perspectivas de lucha social y política, pero que por la presencia de las fuerzas armadas muy difícilmente podría evolucionar hacia un gobierno de los trabajadores. Por tal motivo se resolvió aprovechar el período para fortalecer la organización en lo político y militar, ampliar sus bases de apoyo y prepararse para el golpe militar, que se consideraba inevitable. "Este es el acuerdo interno y opera hasta los primeros meses de 1971. Lamentablemente la compleja realidad nacional de ese entonces, que ve iniciarse la embestida reaccionaria sin que se le ponga freno efectivo, situación que en muchos sectores provoca profunda confusión y frustraciones, determina que un sector de la VOP derive en una acción que rebasa en los hechos los anteriores acuerdos, provocando la división de la organización, contradicciones crecientes con el gobierno y el posterior aniquilamiento y encarcelamiento de todos los participantes del grupo."[75] Este es el relato que en 1978 realiza un grupo de miembros de la VOP desde la cárcel de Santiago, condenados a cadena perpetua por la acción que mencionan: la muerte de Pérez Zujovich, ex ministro del interior de Frei.

Bolivia

Como hemos visto en el capítulo II, el proceso revolucionario de 1952 entró en rápido retroceso y la política del MNR gobernante se fue inclinando cada vez más a la derecha. El 4 de noviembre de 1964 un golpe militar dirigido por los generales Ovando y Barrientos derrocó a Paz Estenssoro, que no intentó ninguna oposición.

Sólo un núcleo de civiles resistió en el cerro Leikakota a los militares.

En 1965 se organizaron grandes huelgas obreras y el ejército ocupó los distritos mineros de Catavi, Huanuni y Siglo XX. Se implantó el estado de sitio y cayeron masacrados numerosos mineros.

En el momento de iniciarse la guerrilla del ELN la clase obrera sufría una fuerte represión y se encontraba desorganizada y con sus sindicatos tomados por los militares.

Ejército de Liberación Nacional (ELN, 1966-1970)

Con estos antecedentes el Che Guevara elige Bolivia para iniciar una guerra de guerrillas en el corazón del continente, y los primeros pasos se dan a finales de 1964, poco después del golpe militar.

---

[75] *Combate*, nº 39/40, Estocolmo, noviembre-diciembre de 1978.

Probablemente haya influido en la decisión del Che la ubicación estratégica de Bolivia, lindando con varios países, lo que permitiría en el futuro la actividad coordinada de varios focos guerrilleros.

Su visión internacionalista de la revolución lo llevó a mantener estrechos contactos con militantes de otros países, y en su diario de campaña se documenta la participación de cubanos y peruanos, además de los contactos con grupos argentinos, todo ello con la perspectiva de futuras acciones conjuntas y de la extensión de la lucha armada.

Fidel Castro, en el prólogo al *Diario del Che,* lo confirma: "Un núcleo guerrillero destinado a desenvolver en su ulterior desarrollo una lucha de amplia dimensión en América del Sur".[76] En cuanto a la región concreta de instalación del foco guerrillero, optó el Che por una zona del oriente, en el departamento de Santa Cruz, escasamente poblada, con una topografía irregular y abundante vegetación.

Para el reclutamiento de combatientes y la adquisición de la finca que sería su primera base contó Guevara con el apoyo del Partido Comunista Boliviano; posteriormente esa ayuda le fue retirada, como veremos más adelante. Los bolivianos que se integraron a la guerrilla lo hicieron prescindiendo de la disciplina y política del PCB. También participó de la guerrilla un núcleo dirigido por Moisés Guevara, dirigente minero y antiguo miembro del PC, del cual se había separado.

Relata Fidel que: "Che había establecido relaciones con dirigentes y militantes del Partido Comunista Boliviano, desde antes de producirse en el mismo la escisión, recabando de ellos la ayuda para el movimiento revolucionario en América del Sur. Algunos de esos militantes, autorizados por el partido, trabajaron con él durante años en diversas tareas". Y sobre la actitud del PC agrega

---

[76]Guevara, Ernesto: *Escritos y discursos,* tomo 3, introducción de Fidel Castro, Editorial de Ciencias Sociales, La Habana, 1977.

Fidel: "Uno de esos especímenes revolucionarios que ya van siendo típicos en América Latina, Mario Monje, esgrimiendo el título de secretario general del PC de Bolivia, pretendió discutirle al Che la jefatura política y militar del movimiento".[77] También contó con algunos combatientes cubanos: "A su lado quiso tener para ayudarle en esa tarea, junto a los bolivianos, un pequeño núcleo de guerrilleros con experiencia, que habían sido casi todos compañeros suyos en la Sierra Maestra, durante la lucha revolucionaria en Cuba, cuya capacidad, valor y espíritu de sacrificio conocía".[78] En cuanto a los peruanos, conforme al ofrecimiento de Juan Pablo Chang, del ELN de Perú, debían incorporarse veinte combatientes, de los que sólo habían llegado dos cuando el cerco militar impidió el acceso a los demás.

ELN. *La guerrilla del Che (Ñancahuazu, 1966-1967)*

Che Guevara escribió un Diario que abarca los principales acontecimientos desde su llegada a la finca base, el 7 de noviembre de 1966, hasta la víspera de su caída, el 8 de octubre del año siguiente. Toda la información siguiente está extraída de dicho texto, salvo indicación en contrario.

Al terminar el mes de diciembre todos los cubanos se habían incorporado, y también un grupo de bolivianos, "aunque pocos", dice el Che, y se realizaban normalmente las tareas de conocer la zona, preparar depósitos y entrenar a los combatientes. El 31 de este mes tuvo lugar la visita de Monje en la que éste pidió la jefatura político militar pese a no tener ninguna experiencia de combate. A fines de enero el Che constata: "Como lo esperaba, la actitud de Monje fue evasiva en el primer momento y traidora después. Ya el Partido está haciendo armas contra nosotros y no sé donde

---

[77]Idem.
[78]Idem.

llegará, pero eso no nos frenará y quizás, a la larga sea beneficioso (casi estoy seguro de ello). La gente más honesta y combativa estará con nosotros, aunque pasen por crisis de conciencia más o menos graves". A mediados de enero un grupo policial recorrió la zona, alertado posiblemente por vecinos y cazadores que habían observado movimientos extraños en la región. Por tal motivo se aceleraron los preparativos y el 1 de febrero se inició la marcha de la columna guerrillera, para conocer mejor la zona y preparar a la tropa.

A comienzos de marzo llegaron unidades del ejército al primer campamento e iniciaron el seguimiento de la columna guerrillera.

Por esas fechas aparecieron el francés Regis Debray y el argentino Bustos; éstos debían salir de la zona, pero el comienzo de los combates creó problemas y fueron detenidos a poco de separarse de la guerrilla.

El 23 de marzo se produce el primer choque con el ejército, que se salda con 7 soldados muertos y 14 prisioneros, incluidos dos oficiales, además de la obtención de abundante material.

El gobierno anuncia que ha enviado a la zona 2.000 soldados con apoyo aéreo y que se han realizado bombardeos con napalm. Para el Che es la etapa de consolidación y depuración de la guerrilla.

A estas alturas la columna cuenta con unos 40 combatientes, algunos flojos, y la presencia de 4 visitantes que deberían ser evacuados. Bustos y Debray, ya hemos dicho que fueron detenidos cuando intentaban salir; en cuanto a Chang, se incorporó a la guerrilla y cayó combatiendo.

Una nueva emboscada al ejército tuvo lugar el 10 de abril, dejando un saldo de 1 muerto, 3 heridos y 6 prisioneros. El mismo día, en otra emboscada, hubo 7 muertos, 5 heridos y un total de 22 capturados, entre éstos un mayor y varios suboficiales. Todos los prisioneros fueron puestos en libertad.

El resumen del mes de abril contabiliza la pérdida de varios combatientes, algunos de gran valor; un grupo queda en retaguardia con enfermos y algunos combatientes dados de baja a cargo de

Joaquín, combatiente cubano (este grupo no volverá a reincorporarse y será aniquilado en una emboscada del ejército); el aislamiento es total y no se producen nuevas incorporaciones a la guerrilla. Además, el Che constata la posible intervención de tropas yanquis y la presencia de helicópteros de Estados Unidos.

En mayo se produjeron nuevos combates: el 8 de mayo, con 3 militares muertos y 10 prisioneros y la toma de armas, y el día 30 con 3 soldados muertos y 1 herido. La guerrilla está reducida a 25 hombres y no hay incorporación campesina.

A esta altura de la campaña las tropas, víctimas de sucesivas emboscadas, tenían una moral muy baja; incluso los guerrilleros escucharon discusiones de soldados negándose a marchar en vanguardia. El ejército relevó del mando de la Cuarta División al coronel Rocha. El gobierno boliviano solicita la ayuda de la Misión Militar norteamericana y comienzan a llegar aviones Hércules con equipo y asesores. "Al mando de estos últimos llegó el coronel norteamericano Weber y el mayor Shelton, que, junto con otros 4 oficiales y 12 instructores boinas verdes, completaron el Mobile Training Team, encargado de instruir al ejército. En la finca La Esperanza, cerca de Santa Cruz, se inició la formación de un batallón especial de 600 boinas verdes (...) Para rastrear las selvas y descubrir a las guerrillas ocultas en ellas llegaron también de la Base Howard de Panamá varios aviones especiales, entre ellos los grandes RS-57 ya utilizados con los mismos fines en el escenario de guerra vietnamita".[79] Simultáneamente se desató una severa represión contra la izquierda, en particular contra el PC, el PRIN (izquierda del MNR) y el último partido hizo un llamamiento público, en mayo, donde decía que "es necesario organizar y coordinar el apoyo del pueblo..."

Junio se inicia con la guerrilla reducida a 24 hombres; para crecer deben moverse a zona de mayor población y para eso necesitan

---

[79]Saiz Cidoncha, Carlos: *Guerrillas en Cuba y otros países de Iberoamérica*, Editora Nacional, Madrid, 1974.

más combatientes. El Che plantea la necesidad de incorporar 50 ó 100 hombres de la ciudad y de conseguir equipo militar y médico, para lo cual hay que retomar los contactos con La Paz.

El ELN emitió un comunicado dirigido a los mineros llamándoles a no enfrentarse con el ejército para evitar masacres: "No llamamos a una inactividad total, sino recomendamos no comprometer fuerzas en acciones que no garanticen el éxito, pero la presión de las masas trabajadoras debe ejercerse continuamente contra el gobierno pues ésta es una lucha de clases, sin frentes limitados (...) Compañero minero: las guerrillas del ELN te esperan con los brazos abiertos..." A fines de julio la guerrilla cuenta con 22 hombres; se sigue sin contactos ni incorporación campesina, aunque el Che nota algunos signos alentadores en antiguos contactos campesinos.

En cuanto al ejército, le parece que algunas unidades muestran señales de mayor combatividad.

Agosto fue, según el *Diario,* el mes más malo de todos. Se perdieron todas las cuevas con depósitos de medicinas, documentos y otros elementos. El Che constata una baja de la moral combativa de la guerrilla, "espero que momentánea". El aumento de la presión militar se hizo sentir en setiembre, cuando se perdieron varios guerrilleros en una emboscada del ejército. También se llegó a la convicción de que el grupo de Joaquín había sido aniquilado. Este sector de la guerrilla que había quedado encargado de cuidar a varios enfermos cayó en varias emboscadas perdiendo algunos de sus integrantes hasta que, a finales de agosto, un campesino confidente del ejército los condujo a una emboscada en Vado del Yeso, "mandada por el capitán Mario Vargas".[80] En esta emboscada murieron tres cubanos (Joaquín entre ellos), la argentina Tania, cuatro bolivianos, incluyendo a Moisés Guevara, y un peruano, capturado y asesinado poco después.

---

[80]Idem.

En los primeros días de octubre el grupo guerrillero intenta despegarse de la presión militar. Pero el 8 son rodeados por una compañía de *rangers* en la quebrada de Yuro, cerca de Higueras; el Che es herido y capturado junto al peruano Chang y el boliviano Willy, y otros dos guerrilleros mueren. En Higueras los tres prisioneros son rematados por órdenes dictadas desde La Paz por Barrientos.

El núcleo sobreviviente al mando del Inti Peredo cayó en una emboscada el 12 de octubre en la que murieron cinco combatientes. Otro enfrentamiento se produjo el 12 de diciembre, a partir del cual la guerrilla, ya sumamente reducida, se dispersó. Un grupo de cinco guerrilleros llegó a Chile, donde obtuvo asilo político.

ELN. La guerrilla del Chato Peredo (Teoponte, 1969-1970)

En febrero de 1969 el ELN, que estaba siendo reorganizado por Inti Peredo, dio a conocer un comunicado dirigido a los campesinos en el cual rechazaba la implantación de un impuesto sobre la tierra y sobre los beneficios de los productos agropecuarios, orientado contra los trabajadores del campo.

Otro comunicado dirigido a todo el pueblo en abril del mismo año analizaba la situación del país bajo la dictadura y la presencia del imperialismo y llamaba a reiniciar la guerra bajo las banderas del ELN.

En una de las primeras acciones, en julio, el ELN dio muerte en Cochabamba a Honorato Rojas, quien había delatado al grupo de Joaquín en la emboscada de Vado del Yeso. El 9 de setiembre de ese mismo año, el Inti, junto con dos de sus hombres, fue rodeado en una casa por un fuerte destacamento policial, muriendo los tres luego de un largo enfrentamiento.

La muerte del general Barrientos da paso en el gobierno al vicepresidente Salinas, quien el 26 de setiembre es derrocado por un golpe militar. El sector nacionalista del mismo, encabezado por el general Torres, jefe del Estado Mayor del Ejército, orienta los cambios políticos, si bien ocupa la presidencia el general Ovando.

Se deroga la legislación anti-obrera facilitando la reorganización de la COB y se nacionaliza la empresa petrolera americana Gulf Oil.

Iniciando un giro derechista, el general Ovando separa de su cargo a Torres y al ministro Quiroga Santa Cruz, autor de la nacionalización del petróleo. Un intento de toma del poder de la derecha militar es abortado en octubre por Torres, quien se hace cargo de la presidencia el 7 de ese mes iniciando un periodo de apertura democrática, que será suprimido por un nuevo golpe ultraderechista en agosto de 1971.

Es bajo el periodo presidencial de Ovando que surgirá nuevamente en acción la guerrilla.

A la muerte del Inti, la jefatura del ELN pasó a Osvaldo Chato Peredo, quien organizó un frente guerrillero en una zona distinta a la utilizada por el Che. Esta nueva guerrilla se ubicó en Teoponte, a unos 100 kilómetros de La Paz.

Las acciones de esta guerrilla han sido narradas por el Chato en su diario, del cual extraemos la información que comprende del 18 de julio al 13 de octubre de 1970.[81] La operación comenzó con el traslado de los combatientes desde La Paz el 18 de julio. Al día siguiente ocuparon Teoponte y las instalaciones de la empresa minera estadounidense South American Placers, donde tomaron como rehenes a dos técnicos alemanes. En canje por ellos obtuvieron la libertad de diez presos políticos. Luego de esta operación se internaron en el monte y comenzó la presencia de la aviación, que rastreó y bombardeó la zona, y se produjeron los primeros intentos de abandono de la lucha. El 29 de julio fueron licenciados 8 integrantes de la guerrilla, que, sumados a alguno perdido, dejaron en

---

[81] Peredo, Osvaldo Chato: "Diario del Chato Peredo", en *Cuadernos para el Diálogo,* Colección Los Suplementos, nº 30, España.

58 el número de combatientes en activo. Al día siguiente tuvo lugar el primer enfrentamiento con el ejército, al que se le produjeron tres bajas. Había escasez de alimentos y los pueblos estaban ocupados por las tropas. Los licenciados de la guerrilla eran asesinados por el ejército, pese a estar desarmados.

El 14 de agosto entra la guerrilla en el pueblecito Esperanza y el ELN emite un comunicado ante las noticias de que se ha constituido una misión mediadora encabezada por el arzobispo Manrique. Dice el Comunicado número 1: "Estamos dispuestos a aceptar cualquier comisión pacificadora bajo las siguientes condiciones: formación de un gobierno obrero-campesino que asegure el desarrollo de una revolución socialista en el país; disolución del ejército y formación de milicias que garanticen el poder popular; nacionalización de todas las empresas extranjeras que explotan riquezas de nuestro pueblo".

El 17 de agosto se monta una emboscada contra los *rangers* que siguen a la guerrilla, pero ésta es descubierta y no logra su objetivo.

Se nota en las tropas un mayor conocimiento de la lucha antiguerrillera, pese a lo cual se le hacen al ejército tres bajas en los tres enfrentamientos producidos.

La guerrilla hasta el momento no ha tenido bajas, excepto los licenciamientos por baja moral.

Chato registra con satisfacción las adhesiones al ELN por parte de mineros y universitarios al cumplirse un mes del inicio de las operaciones. Por lo demás, estudiantes y familiares reaccionan ante el asesinato de los licenciados. "La cosa arde a nuestro favor".

El día 28 es de derrota; la columna es detectada y en el enfrentamiento sufre 11 bajas entre muertos y heridos. "Un combate cuya total iniciativa fue del enemigo ayudado por nuestro exceso de confianza y lentitud en la retirada. Quedamos 45 hombres con el sabor amargo de la derrota".

El 1 de setiembre el cruce de un río bajo fuego del ejército divide a la guerrilla, pasando con Chato 28 combatientes y quedando

15 en la margen opuesta. Se produce la deserción de 3 hombres, con lo que el destacamento se reduce a 25, contando enfermos y resaca (gente floja, posibles desertores).

A partir de ese momento las deserciones aumentan, la presión del ejército es constante y los hombres padecen por la falta de alimentos. El día 13, luego de un nuevo choque con el ejército, dice Chato Peredo: "El balance otra vez es negativo. Resulta lamentable tanto esfuerzo y esperanza puesta en nosotros y en menos de dos meses estamos prácticamente diezmados y, lo que es más grave, aislados". El resto del mes, hasta el 13 de octubre, en que son capturados por los *rangers* en Tinuani, los sobrevivientes de la guerrilla, para eludir la represión, marchan a través del monte sin contactos y sin alimentos; varios mueren de hambre. Poco después Chato Peredo es puesto en libertad por el gobierno del general Torres, quien había asumido el poder días antes.

Capítulo IV

*Las guerrillas
en América Central y México
entre 1950 y 1979*

República Dominicana

El desembarco de la Unión Patriótica Dominicana (1959)

La UPD era un organismo de oposición al dictador Leónidas Trujillo que nucleaba a los dominicanos residentes en Nueva York.

Un grupo se trasladó a Cuba en marzo de 1959, donde obtuvo entrenamiento y equipo; eran más de 200 personas y se planeó efectuar desembarcos combinados por mar y aire internándose en las montañas.

Luego de un periodo de preparación de tres meses, un avión con un núcleo de combatientes aterrizó el 14 de junio en Constanza y otros desembarcaron en Maimón y Estero Hondo. Casi todos fueron aniquilados por las tropas luego de ser dispersados por los ataques de la aviación que se lanzaron desde el primer día de la invasión. Al mando de la expedición estuvo el comandante Enrique Jiménez Moya.

La idea del desembarco con hombres de escasa preparación militar y conocimiento del terreno estaba basada en la convicción de que se produciría un levantamiento inmediato de la población contra el dictador, cosa que no ocurrió.

Movimiento 14 de Junio

Luego de la fracasada intentona de 1959 surge un amplio movimiento clandestino de carácter democrático, al mismo tiempo que crece la presión internacional sobre Trujillo para que facilite cambios que eviten un estallido popular.

La muerte de Rafael Trujillo en atentado el 30 de mayo de 1961 acelera el proceso y se realizan elecciones en diciembre, en las que triunfa el candidato del Partido Revolucionario Dominicano (PRO) Juan Bosch. Su programa democrático y populista logra un amplio respaldo de masas. El Movimiento 14 de Junio se organiza como partido político con una ideología nacionalista de izquierda e influenciado por el Movimiento 26 de Julio cubano.

Pese a la timidez de las medidas adoptadas por el gobierno de Bosch, éste entró muy pronto en contradicción con los intereses imperialistas, especialmente tras la anulación de un convenio con la petrolera Esso y la fijación de un precio tope para el azúcar, así como la firma de un empréstito con la banca suiza. La derecha, coaligada con los intereses extranjeros y con el apoyo de los sectores trujillistas del ejército, efectuó un golpe de estado el 25 de setiembre de 1963 por el que derrocó a Bosch.

En esas circunstancias, el M14-J organizó un movimiento guerrillero que estalló dos meses después del golpe, con unos 140 hombres repartidos en seis frentes. Estos combatientes, carentes de preparación militar, fueron rápidamente aniquilados por el ejército, que volcó sobre ellos la aviación y gran cantidad de tropas.

E1 4 de diciembre se produjo un choque en El Limón, donde fueron apresados 9 insurrectos, mientras otros 26 eran detenidos en Los Quemados. El día 5 morían 5 combatientes en la Loma del Loro y otros 3 en La Horma, y algunos cayeron presos. El grupo que operaba en la Cordillera Central, comandado por el dirigente del M14-J, Manolo Tavárez Justo, fue aniquilado, muriendo 28 combatientes, incluido el mismo Tavárez.[1]

El golpe constitucionalista y la insurrección de 1965

El gobierno surgido del golpe desarrolló una política antipopular y represiva, lo que provocó el surgimiento de un amplio movimiento de masas que incluía importantes sectores de la clase media.

Varias huelgas obreras tuvieron lugar en 1964; los campesinos ocuparon tierras de las que fueron desalojados violentamente por la policía.

En las fuerzas armadas surgió un sector que propugnaba el retomo a la Constitución de 1963 y al gobierno de Juan Bosch, y el 24 de abril de 1965 llevó a cabo un golpe de estado.

Rápidamente se constituyen dos sectores militares: uno que se mantiene fiel a las autoridades, encabezado por el general Wesin, y otro constitucionalista que, ante la defección de otros oficiales comprometidos, sería dirigido por el coronel Francisco Caamaño Deñó.

Desde el primer momento el levantamiento contó con amplio apoyo popular. A medida que se incrementaban los ataques terrestres y aéreos contra el movimiento éste se veía reforzado por miles de combatientes que se fueron armando en el curso de la propia lucha. El asalto a las comisarías y la toma del cuartel de la policía, la Fortaleza Ozama, permitieron un considerable armamento del pueblo y provocaron el repliegue de las tropas de Wesin hacia su reducto de San Isidro.

En esa situación el gobierno solicitó formalmente la intervención norteamericana, ya presente con varios navíos de guerra, que

---

[1]Sáenz Padrón, Ricardo y Rius Blein, Hugo: *Caamaño*, Editorial de Ciencias Sociales, La Habana, 1984.

de inmediato se materializó con el desembarco de varios miles de infantes de marina. Esas tropas llegarían a sumar 42.000 hombres.

La intervención norteamericana cambió el carácter de la lucha entablada, que reivindicaba democráticamente la Constitución y propugnaba la vuelta de Juan Bosch, para convertirse en una guerra abierta contra el invasor extranjero, una lucha popular contra el imperialismo. Caamaño fue nombrado el 3 de mayo presidente de la República por la Asamblea Parlamentaria.

La enorme maquinaria bélica invasora, apoyándose en la zona de Wesin, inició una acción de desgaste y aniquilamiento contra las fuerzas populares. Ante la imposibilidad de avanzar por tierra, las tropas norteamericanas realizaron un bombardeo con blindados y artillería sobre los barrios humildes, donde resistían varios miles de comandos (núcleos de combatientes civiles), causando numerosas bajas.

Estos comandos se entrenaron en la Academia Militar Popular que se fundó en julio y constituían una verdadero ejército popular que había superado con creces a los efectivos militares que iniciaron el movimiento en mayo.

El 24 de ese mes la Organización de Estados Americanos, para dar una cobertura legal a la invasión, creó la Fuerza Interamericana de Paz, integrada por tropas de varios países del continente, además de Estados Unidos.

La lucha militar duró cuatro meses sin que las tropas americanas pudieran reducir la resistencia popular, aunque causaron miles de bajas, sobre todo en la población civil.

Ante el asedio incesante, Caamaño, que no veía la posibilidad de una victoria militar, decidió aceptar las propuestas de negociación y renunció a su cargo en favor de García Godoy con el compromiso de la retirada de las tropas extranjeras y retomar el camino democrático.

Esa negociación se desarrolló en condiciones muy especiales, como lo explica Juan Bosch: "Cada vez que el gobierno del coronel

Caamaño se negaba a aceptar un punto de las negociaciones con los Estados Unidos (que supuestamente eran llevadas por la OEA), la capital dominicana era sometida a un ataque (...) el punto clave de los acuerdos de Santo Domingo, que era la reintegración de los militares constitucionalistas, no se cumplió..."[2] El 31 de agosto se firmó el acuerdo. Las promesas fueron incumplidas, y tras ser desarmadas las milicias, se desató la represión sobre el movimiento popular. Caamaño, luego de sufrir varios atentados, fue nombrado para un cargo diplomático en Europa.

La guerrilla de 1973

Caamaño sufrió una profunda transformación política a consecuencia de la experiencia de la insurrección de 1965, que él mismo describía así: "Antes de la Guerra Patria de abril tenía un modo de ver las cosas y mis sentimientos humanos estaban embotados por el mismo ambiente en que me desarrollé (...) cuatro meses y medio de lucha armada hombro con hombro con el pueblo son experiencias intensísimas y que tienen forzosamente que pesar en la vida de los hombres. Ver a nuestro pueblo derramando su sangre con heroísmo sin par, conocerlo en toda su grandeza y en toda su desgracia, tiene que transformar la admiración en algo más..." Y sostenía que "el mil veces maldito Imperialismo yanqui era el único responsable de todas las desgracias que sufren no sólo los dominicanos sino todos los demás pueblos de América y del mundo que luchan por su libertad y que sufren la más despiadada explotación impuesta directamente por éste y con la ayuda de sus lacayos, las oligarquías sin patria y sin moral".[3] En 1967 abandonó su puesto diplomático y se dedicó de lleno a organizar la lucha armada a partir de criterios

---

[2] Bosch, Juan: *El pentagonismo, sustituto del imperialismo,* Guadiana de Publicaciones, Madrid, 1968.
[3] Sáenz Padrón, Ricardo y Rius Blein, Hugo: op. cit.

estratégicos que apuntaba a finales de ese año: "Nuestra estrategia general para el desarrollo de la guerra revolucionaria debe estar basada en dos líneas fundamentales. La primera es la necesidad de la formación de pequeño a grande del ejército revolucionario popular, donde operará el mando o comando central revolucionario, responsable de la política y táctica militar a seguir en todo el transcurso de la guerra patria de la independencia nacional. La segunda es la resistencia armada en las ciudades y las zonas intermedias, verdadera retaguardia del movimiento revolucionario así como del enemigo".

El grupo reclutado por Caamaño se dividía en dos partes: una dedicada a las tareas urbanas y que ya en 1968 trabajaba dentro del país, y otra parte que se prepararía militarmente en el exterior para luego entrar en combate.

Amaury Germán Aristy, fundador de la Unión de Estudiantes Revolucionarios, y Heberto Lalane, los dos miembros del M14-J y combatientes de abril, fueron los organizadores del trabajo urbano y cayeron, luego de un duro combate con la policía en enero de 1972, junto a otros dos miembros de la organización.

Ya desde 1970 la actividad represiva se había incrementado con la creación del grupo paramilitar La Banda, que ocasionó numerosos asesinatos de activistas populares.

Después de múltiples preparativos, el 26 de enero de 1973 un grupo de nueve guerrilleros partió en un yate desde Guadalupe hacia la República Dominicana. El 2 de febrero llegaron a la bahía de Ocoa, en la costa sur, muy cerca de una base naval. En el desembarco se perdió un hombre y parte del material; de inmediato el grupo se puso en marcha en dirección a la Cordillera Central.

"Los ocho hombres nunca pretendieron pasar inadvertidos ni escondidos. Lo relativamente pequeño del territorio nacional y la necesidad de actuar como agentes catalizadores de las fuerzas patrióticas del país los llevaba a adoptar como defensa la aniquilación del enemigo. No dejó de evaluarse el riesgo de que una fuerza tan pequeña se desgastara rápidamente en el combate, pero también valoraban el peligro de consumirse sin combatir". De acuerdo con ese criterio entraban en los pueblos haciéndose pasar por guardias para comprar alimentos. El 5 de febrero tuvieron el primer enfrentamiento con una patrulla a la que causaron 3 muertos y 4 heridos.

Desde el desembarco y la aparición del yate abandonado, el gobierno había desplegado un cerco naval y militar de la zona, que era también vigilada por helicópteros. En las ciudades se desataba una oleada represiva para evitar alzamientos.

La persecución directa del núcleo guerrillero fue encomendada al Batallón de Cazadores, con entrenamiento de *rangers*.

La pequeña guerrilla, entretanto, continuó desplazándose en dirección a la Cordillera por una zona que no conocían, a unos 2.000 metros de altitud, con noches muy frías y con escasez de alimentos.

A mediados de mes los revolucionarios fueron cercados por una compañía del ejército y el reducido grupo de combatientes resultó aniquilado.

El 16 de febrero se anunció oficialmente la muerte del coronel Caamaño.

Nicaragua

Durante cerca de medio siglo la familia Somoza ejerció una férrea dictadura en Nicaragua; a la dominación política unió la construcción de un imperio económico familiar. Contó además con el apoyo permanente de Estados Unidos desde que el primer Somoza se afirmara en el poder luego del asesinato de Sandino. Apoyo retribuido con la ayuda brindada para los preparativos de invasión a Cuba en 1961 y a la República Dominicana en 1965.

Lógicamente la situación de los sectores populares se agravó en esos años: creció el número de campesinos proletarizados y sin tierra, aumentaron los desocupados en la ciudad y descendieron los

224

salarios reales, Todo ello fue acompañado por un incremento de las luchas populares y de los niveles de organización.

Primeros movimientos armados contra la dictadura

En 1954 se frustró un intento de eliminar al dictador Somoza y sus autores fueron asesinados por la policía; entre estos se encontraban "Optanacio Morazán, veterano sandinista, los militares Adolfo Báez Bone, Luis F. Gabuardi, Rafael Praslín y Agustín Alfaro y los civiles Luis Morales Palacios y Jorge Rivas Montes".[4] El 21 de setiembre de 1956 el poeta Rigoberto López Pérez dio muerte a Anastasio Somoza en una fiesta en la ciudad de León; en la represión subsiguiente fueron detenidos, entre otros muchos, Carlos Fonseca y Tomás Borge, años después fundadores del FSLN. En 1957 varios oficiales de la Fuerza Aérea fueron juzgados por conspirar contra el gobierno de Luis Somoza Debayle, hijo de Anastasio.

En los tres años siguientes surgen varios movimientos armados de oposición a la dictadura de variada orientación.

En 1958 un movimiento de revolucionarios y opositores derechistas fracasa al intentar penetrar en territorio nicaragüense desde Honduras. Como parte de ese movimiento, en setiembre y octubre opera en el departamento de Nueva Segovia, al norte del país, una guerrilla denominada Primer Ejército de Liberación Nacional. Compuesto por 22 hombres, incursiona en Teotecacinte, Los Encinos, El Chipote, El Vigía y Jaulí. En este último punto cae abatido el coronel Ramón Raudales, veterano sandinista y líder de esta guerrilla.

Entre junio y julio de 1959 se desarrolla un movimiento armado contra la dictadura de inspiración conservadora en la región de Olama y Los Mollejones, departamento de Boaco; participa entre

---

[4]Ramírez, Sergio: *La marca del zorro*, Mondadori España S.A., Madrid, 1989.

otros Pedro Joaquín Chamorro, y es rápidamente sofocado por la Guardia Nacional.

En julio y agosto opera en la zona de Las Segovias un grupo guerrillero denominado Columna Augusto César Sandino. Es dirigida por el periodista Manuel Díaz Sotelo, quien es capturado y asesinado por tropas de la Guardia Nacional.

También en la segunda mitad del año 1959 opera en los departamentos de Matagalpa y Jinotega un grupo guerrillero dirigido por Chale Haslam, un agricultor de la zona.

El 24 de junio de ese año es aniquilado un grupo guerrillero por fuerzas conjuntas hondureñas y nicaragüenses. Este grupo intentaba iniciar un movimiento en la región hondureña de El Chaparral para luego entrar en Nicaragua. En el enfrentamiento es herido grave Carlos Fonseca.

En 1960 comienza a operar un movimiento guerrillero dirigido por Heriberto Reyes, veterano sandinista y sobreviviente de la guerrilla del coronel Raudales; actúa en Santa Clara, departamento de Nueva Segovia. El 29 de setiembre se enfrenta a la Guardia en Boca de Yamales.

El 27 de febrero inicia operaciones la Columna Manuel Blandón, del Frente Revolucionario Sandino, en el departamento Nueva Segovia; diez combatientes son asesinados por la GN.

El 11 de noviembre un grupo toma por asalto los cuarteles de la GN en Jintepe y Diriamba, departamento de Carazo. En este ataque participan miembros de la Juventud Patriótica Nicaragüense (JPN), creada el 12 de enero de ese año y entre cuyos fundadores estaba Daniel Ortega. La JPN se proponía luchar por el restablecimiento de la democracia, la defensa de la soberanía nacional y la justicia económica, política y social. El 31 de diciembre inician operaciones dos columnas guerrilleras al mando de Julio Alonso Leclaire en Nueva Segovia; son abatidas un mes más tarde en la zona de Quilalí por la GN.

Frente Sandinista de Liberación Nacional (FSLN, 1961)

"En 1961, de la conjugación de varios grupos armados, surge el Frente Sandinista, como una alternativa distinta de las fuerzas que en ese momento lideraban la lucha contra Somoza, las llamadas paralelas o fuerzas libero-conservadoras", según cuenta Humberto Ortega en una entrevista.[5] Es en julio de este año cuando Carlos Fonseca Amador, junto al veterano coronel sandinista Santos López, Silvio Mayorga, Faustino Ruiz y Tomás Borge, entre otros, fundan el Frente de Liberación nacional, que en 1963 pasaría a llamarse Frente Sandinista de Liberación nacional (FSLN).

En mayo de 1962 un grupo del FLN bajo el mando de Santos López instala un campamento guerrillero en la zona del río Bocay y realiza los trabajos preliminares. Entre junio y octubre de 1963 varios núcleos que operan en la zona fronteriza norte chocan con la GN, siendo derrotados y sufriendo varias bajas. Este primer intento guerrillero sandinista soportó grandes penurias como consecuencia de las dificultades del terreno y la carencia de abastecimientos. A partir de ese momento el FSLN concentra su actividad en el trabajo político en las ciudades, particularmente en Managua y León.

Se logró establecer desde 1965 el grupo de Rigoberto Cruz (Pablo Ubeda), que, como recuerda Borge, realizó un trabajo político entre los campesinos y que "dio sus frutos en la lucha armada posterior". Este fue el grupo que sentó las bases del frente de Pancasán y que se mantuvo pese a la represión.

Tomás Borge explica las características que tuvo el FSLN desde su surgimiento: "Es que el Frente Sandinista no aparece como una organización guerrillera nada más, sino como una organización política que utiliza el instrumento guerrillero como una de sus formas de lucha. Por eso la guerrilla es derrotada y el Frente Sandinista

---

[5]Harnecker, Marta: *Pueblos en armas,* Editorial Nueva Nicaragua, Managua, 1985.

sigue existiendo".[6] Y dice que junto con el destacamento guerrillero se organizan grupos de activistas para trabajar en los barrios obreros, en los centros agrícolas, con los universitarios, etc. Agrega que el Frente nació con vocación de masas, a diferencia de otras organizaciones de América Latina de las cuales, cuando fueron derrotadas como guerrillas, desapareció hasta el nombre.

El frente guerrillero de Pancasán (1966)

A partir de esta fecha, los sandinistas desarrollarán las dos actividades: el trabajo político entre las masas y la actividad armada en la montaña y la ciudad.

En octubre de 1966 el FSLN refuerza el trabajo del frente guerrillero de Pancasán, en la zona de Matagalpa; participan Carlos Fonseca, Oscar Turcios, Silvio Mayorga y José Escobar, entre otros cuadros de la organización.

En 1967 se inicia el proceso electoral, al cual se presenta Somoza y un candidato opositor de derecha. Anastasio Somoza Debayle asume la presidencia y conserva el control de la GN. El FSLN califica esas elecciones como fraudulentas y continúa con su preparación del frente guerrillero. Pero no descuida su trabajo político; por estas fechas toman contacto con personalidades cristianas, como Ernesto Cardenal, e incluso con sectores conservadores opositores.

Sobre la presencia de cristianos en el FSLN dice Tomás Borge: "La convergencia posterior de cristianos revolucionarios y militantes sandinistas fue un proceso casi natural. En Nicaragua, como en muchos países de América Latina, el cristianismo es también un hecho político y los hechos políticos están a favor o en contra de las dictaduras y del imperialismo". Y cita un texto de Luis Carrión: "A veces las comunidades de base actuaban como canteras y como

---

[6]Borge, Tomás: "Historia político-militar del FSLN", en *Revista Encuentro*, Uca, n° 15, Managua, 1979.

228

medio de propaganda. En eso fueron muy importantes, ya que sirvieron para romper el tabú de la incompatibilidad entre cristianos y sandinistas. A través de ellas se difundía una visión de cristianismo favorable a los intereses del pueblo".[7] En abril se establecen en las montañas de Matagalpa; en agosto se produce un choque con fuerzas de la GN en el que caen varios dirigentes del FSLN junto con más de diez combatientes, entre ellos Silvio Mayorga y Rigoberto Cruz. Esta zona era la del frente guerrillero de Pancasán.

En ese momento el grupo quedó reducido a siete combatientes muy mal armados y sumamente debilitados. Borge explica que ese grupo contó con menos armas y hombres que el del '63, pero con un nivel político superior y una retaguardia organizada, tanto en la zona como en las ciudades.

El 23 de octubre una escuadra del FSLN da muerte en Managua a un policía torturador y es detenido Daniel Ortega. En diciembre de 1969 fracasa una acción para liberar a Carlos Fonseca de la prisión en Costa Rica, resultando heridos y detenidos Humberto Ortega y Rufo Martín.

A comienzos de 1970 se producen choques entre la columna Pablo Ubeda y tropas de la GN en la zona de El Bijao, departamento de Matagalpa. En octubre de ese año un comando del FSLN captura un avión costarricense con ejecutivos de la compañía americana United Fruit Co., por cuyo rescate se obtiene la libertad de Carlos Fonseca, Humberto Ortega, Rufo Marín y Plutarco Hernández, presos en Costa Rica.

Ese mismo año Somoza permite una participación minoritaria de los conservadores en el parlamento, creando las bases para la formación de una junta provisional de gobierno, y convoca unas nuevas elecciones en 1974 en las que resulta reelegido. Esa maniobra no hace más que ratificar el carácter fraudulento del régimen.

---

[7]Borge, Tomás: *La paciente impaciencia,* Ediciones Casa de las Américas, La Habana, 1989.

El terremoto que asoló la ciudad de Managua en 1972 y el despojo de la ayuda internacional por parte de Somoza aumentaron el rechazo popular, causándole cierto desprestigio internacional.

Durante esos años el FSLN continúa su actividad ampliando su base de sustentación política, realizando tareas militares de apoyo en las ciudades y manteniendo la presencia de la montaña, aunque, como cuenta Francisco Rivera: "En eso consistía toda la fuerza guerrillera, que no llegaba a quince hombres en total dispersa en ese inmenso territorio (...) lo demás, era un puñado de campesinos de las comarcas, cañadas y caseríos que para entonces actuaban como colaboradores y baquianos".[8] Precisamente Rivera, un joven militante sandinista de Estelí, después de entrenarse en Cuba fue enviado en 1973 a organizar un nuevo frente en una región entre los departamento de Zelaya Norte y Matagalpa. Su tarea durante dos años consistió en recuperar los contactos existentes de anteriores experiencias, ampliar el trabajo político y construir una infraestructura básica para futuras operaciones. También daba instrucción militar a los jóvenes campesinos, al tiempo que se iban incorporando militantes de las ciudades.

Simultáneamente, en una región cercana se reorganizaba la Brigada Pablo Ubeda, al mando de Carlos Agüero.

La toma de la casa de "Chema" Castillo

El 27 de diciembre de 1974 el FSLN inició una serie de acciones que significaron su relanzamiento público. Ese día un comando tomó la casa de José María "Chema" Castillo, donde se celebraba una recepción en homenaje al embajador norteamericano Turner B. Shelton. En ella participaban numerosos funcionarios del gobierno y miembros del cuerpo diplomático que fueron tomados como rehenes. Entre éstos se encontraban el canciller Montiel

---

[8]Ramírez, Sergio: op. cit.

Argüello, el gerente de la ESSO y el cuñado de Somoza, Guillermo Sevilla Sacasa.

Luego de tres días de negociaciones la dictadura cedió y permitió salir del país a catorce presos miembros del FSLN, entre los cuales estaban Daniel Ortega, José Escobar, Julián Cuadra y Oscar Benavides, además de entregar un millón de dólares y publicar dos comunicados de la organización.

Esta acción fue un duro golpe para el gobierno y un importante impulso para el FSLN. De manera coordinada, la guerrilla rural realizó varios ataques empleando a todos los combatientes de que disponía. Se atacó el cuartel de la GN en Waslala a mediados de enero de 1975 y el de Río Blanco el 21 de marzo y se realizaron acciones contra representantes y agentes del gobierno en zonas rurales, así como asaltos a comisariatos para proveer a la guerrilla de víveres.

Según Humberto Ortega, el objetivo de la operación de la casa de "Chema" Castillo no se consiguió: fortalecer las guerrillas en la montaña. El FSLN no logró movilizar todo el caudal político generado por la acción y la dictadura retomó la ofensiva. El gobierno reprimió con gran fuerza, juzgó a muchos detenidos sandinistas e instauró de hecho el estado de guerra en las provincias donde actuaba la guerrilla y en las ciudades. Durante tres años, hasta 1977, permanecieron vigentes el estado de sitio y la ley marcial.

En esa época el FSLN ordena cesar las acciones ofensivas y continuar con el trabajo político y de preparación; esta línea motivó críticas y peticiones de más acción por parte de los guerrilleros, que no fueron atendidas, como cuenta Rivera.

El surgimiento de las tres tendencias del FSLN

A partir de esas acciones el Frente experimenta un gran crecimiento, se comienzan a discutir las modalidades que debe asumir la lucha por el poder y se produce una ruptura en tres tendencias en 1975, cada una con su organización. Esto fue consecuencia de errores cometidos por la dirección, como dice Borge: "Dimos respuestas disciplinarias a lo que en esencia eran inquietudes políticas y nos vimos involucrados en una división. Todos tuvimos algo de culpa en eso, pero pienso que los que tenían las responsabilidades fundamentales de aquel momento, entre los cuales estaba el que habla, fuimos los principales culpables..."[9] Rivera cita las palabras de Fonseca sobre la división: "La situación con Jaime Wheelock no la hemos manejado bien políticamente, hemos fallado, tenemos que rectificar y vamos a rectificar". Si bien manteniéndose cada una de estas tendencias como parte del FSLN, comenzaron a actuar desde ese momento en forma separada e independiente, lo que no dejó de ocasionar dificultades en la actividad, situación que perduró hasta la definitiva reunificación en marzo de 1979.

La tendencia "guerra popular prolongada" se apoyaba en la experiencia vietnamita y auspiciaba un sólido trabajo inicial en las zonas rurales para después golpear en las ciudades.

La tendencia "proletaria" privilegiaba el trabajo urbano, obrero, estudiantil y barrial como preparación de una insurrección que se combinaría con las acciones militares; figuraban en ella Jaime Wheelock y Luis Carrión.

En la tendencia "tercerista" se encontraban Humberto y Daniel Ortega, Tirado López y Camilo Ortega; es el sector que realizó las acciones armadas más resonantes y el que más énfasis puso en la necesidad de un frente opositor amplio contra la dictadura. Las otras tendencias discreparon con las acciones de octubre de 1977 dirigidas por los terceristas, que veremos en el apartado siguiente.

En el transcurso de 1975 y 1976, la ofensiva militar de la GN, unida a la política de no atacar adoptada por el Frente, pone a la guerrilla en una situación de extrema debilidad. Carlos Fonseca entra a la montaña en marzo de 1976 para discutir una nueva ofensiva

---

[9]Borge, Tomás: op. cit.

232

y en sus intentos de reunir a los jefes de los destacamentos guerrilleros cae a manos de la GN en Boca de Piedra, comarca de Zinica,
el 7 de noviembre; en febrero había sido detenido Tomás Borge en
la ciudad de Managua.

La ofensiva guerrillera de 1977

A comienzos de 1977 la dictadura comienza a perder el apoyo
de sectores importantes de la burguesía, preocupados por el avance de la corrupción administrativa reinante desde el terremoto de
1972. A través de la Unión Democrática de Liberación (UDEL)
presionan a Somoza para que ponga en vigencia un conjunto de
libertades democráticas.

En esas circunstancias se planeó la ofensiva de 1977, según
Humberto Ortega, "dentro de una estrategia insurreccional, pero
no fue una insurrección en ese momento, aunque nosotros sí llamamos a la insurrección. Estas acciones, en la práctica, se limitaron
a ser propaganda para la insurrección".[10] La Tendencia Tercerista,
según cuenta Rivera, planificó una concepción ofensiva de la guerra; concentraron hombres y armamento en Honduras y luego de
un período de entrenamiento entraron a Nicaragua por la frontera
hondureña unos 40 combatientes en una columna comandada por
Daniel Ortega.

También dice Rivera que en los planes figuraban el "concertar
una alianza con los sectores descontentos de la burguesía y con
los partidos tradicionales de la oposición a Somoza", así como la
formación de un gobierno provisional una vez iniciada la ofensiva.

El 12 de octubre de 1977 se formó en Costa Rica el Grupo
de los Doce, que estaba integrado por empresarios, profesionales,
intelectuales y religiosos y propugnaba una solución política al conflicto y su apoyo al FSLN.

---

[10]Harnecker, Marta: op. cit.

En las acciones militares de esta campaña destacan la toma del pueblo de San Carlos el 13 de octubre, la toma del puesto de Mozonte el 15, y el 25 el pueblo de San Fernando, cerca de Ocotal. En sucesivas acciones se ocupan haciendas y puestos policiales en toda la zona norte limítrofe con Honduras. Entre tanto, la tendencia GPP mantenía y ampliaba la estructura de la guerrilla en la montaña, aliviada de la presión militar por la ofensiva del Frente Norte Carlos Fonseca, que es como se denominó la columna organizada por la Tendencia Tercerista.

Por otra parte, en las ciudades aumentaba la actividad opositora, con huelgas y movilizaciones populares. En ese contexto, la dictadura asesinó a Pedro Joaquín Chamorro, líder de la burguesía opositora, en enero de 1978. Aparecieron nuevas movilizaciones, fueron incendiadas propiedades de la familia Somoza y se levantaron barricadas en las carreteras. El 22 de enero las centrales patronales declararon la huelga general, que duró una semana aproximadamente. El 19 de febrero se produjo una insurrección espontánea en el barrio indígena de Monimbó, en Masaya, que se prolongó por diez días y durante la cual cayó en combate Camilo Ortega. En esta insurrección el pueblo se organizó militarmente, inventó un nuevo tipo de bombas y luchó masivamente contra la GN. De esta experiencia el FSLN sacó la conclusión de que las masas podían levantarse rápidamente y que la organización debía acelerar su preparación para estar a la altura de la situación revolucionaria.

En febrero el Frente Norte toma las ciudades de Rivas y Granada; en la primera cae el sacerdote español Gaspar García, combatiente del FSLN. El día 3, con todas las fuerzas guerrilleras disponibles, se toma el campamento de lucha antiguerrillera de El Rosario, en la cordillera de Dipilto, causando 40 bajas a la GN. El Frente Norte contaba con 60 combatientes, aunque el gobierno le atribuía muchos más.

Después de estas luchas, ante la creciente intervención de la GN, el FSLN redistribuye sus fuerzas, organizando y consolidando

234

varios frentes: el Norte, el occidental, el Sur y el Interno, que comprendía Managua, Masaya, Granada y Carazo.

La toma del Palacio Nacional y la insurrección de 1978

En mayo se forma el Frente Amplio Opositor (FAO) con partidos políticos y centrales sindicales y en julio se incorpora el Grupo de los Doce, que llega a Nicaragua el 5 de ese mes, lo que provoca grandes movilizaciones populares.

El 17 de mayo surge el Movimiento Pueblo Unido (MPU), coordinado por el FSLN e integrado por organizaciones de masas, obreras, estudiantiles y políticas. El programa del MPU "declara que su misión fundamental reside en ser el gran unificador y propulsor de la movilización popular contra el sistema capitalista para el triunfo democrático y revolucionario del pueblo nicaragüense", si bien, al considerar a la dictadura como el principal obstáculo en esa lucha, el Movimiento se aboca a la tarea de su derrocamiento.[11] El 22 de agosto un comando del FSLN dirigido por Edén Pastora toma el Palacio Nacional y captura a numerosos funcionarios del régimen, entre ellos varios ministros, diputados y familiares de Somoza.

Luego de dos días de negociaciones, el gobierno cede y libera a decenas de presos políticos, entre ellos Tomás Borge y Javier Carrión, que salen del país; además se ve obligado a publicar un comunicado del Frente y paga una suma de dinero como rescate. Esta operación fue concebida como una forma de dinamizar y acrecentar el estado anímico de las masas, según Humberto Ortega, con vistas a la ofensiva insurreccional del mes siguiente.

---

[11]López, Julio; Núñez, Orlando; Charnorro, Carlos y Serres, Pascual: *La caída del somocismo y la lucha sandinista en Nicaragua*, EDUCA, Costa Rica, 1980.

El 28 del mismo mes se produce una insurrección en Matagalpa, donde la población, y especialmente los estudiantes de enseñanza media, se enfrentan con armas de caza durante cinco días a la GN, con apoyo de los militantes sandinistas de la ciudad. Luego se produce un repliegue hacia las montañas.

"Los muchachos levantaron barricadas en todos los barrios, utilizando piedras de cantera, adoquines y sacos rellenos de arena. Y armados con pistolitas 22, fusiles de cacería, palos, cuchillos y piedras, libraron durante varios días combates desiguales y encarnizados contra los batallones de la GN, enfrentando las tanquetas y los carros blindados con cócteles Molotov. Era un levantamiento, que para decir verdad, no tuvo una dirección planificada por parte de ninguna de las tendencias del FSLN. Lo dirigía, en todo caso, el espíritu de Sandino, el ejemplo de tantos años de lucha del FSLN."[12]

El 9 de setiembre el Frente lanza la orden de insurrección que es seguida en León, Chinandega y Estelí, así como en numerosas comarcas rurales. En Managua se efectúan ataques a puestos policiales y se organizan emboscadas en diversas regiones contra efectivos de la GN para impedirles acudir a reprimir en las ciudades. En el caso de Estelí, eran 27 los combatientes sandinistas. Divididos en varias escuadras, lanzaron ataques en la periferia de la ciudad para distraer a los refuerzos y atacaron el cuartel de la GN, que contaba con más de 600 efectivos. Además, extendieron la insurrección a las poblaciones rurales cercanas, que, junto con Estelí, se sumaron a la lucha. Esta duró trece días, en los cuales se contuvo el avance de las tropas de refuerzo y del propio cuartel atacado. Ante la respuesta de aviones y blindados, la guerrilla optó por retirarse hacia las montañas, con unos efectivos de 150 combatientes: en los combates su número se había multiplicado.

---

[12]Ramírez, Sergio: op. cit.

La táctica del gobierno fue ir liquidando cada uno de los centros rebeldes, concentrando sobre ellos la aviación y las mejores tropas de la GN.

La valoración de Humberto Ortega sobre esta insurrección es la siguiente: "Nosotros llamamos a la insurrección. Se nos precipitaron una serie de acontecimientos, de condiciones objetivas que no permitieron que estuviéramos más preparados. De hecho, no podíamos decir no a la insurrección. El movimiento de las masas fue por delante de la capacidad de la vanguardia de ponerse al frente (...) Nosotros no podíamos ponemos en contra de ese movimiento de las masas, en contra de ese río (...) Pero las condiciones de la vanguardia, en cuanto a un poco más de nivel organizativo para conducir a las masas y sobre todo, el armamento, no estaban". Y en cuanto a la valoración final dice: "Que fue un logro, porque crecimos como vanguardia. Si participamos en esa insurrección 150 hombres, de allí salimos multiplicados en cantidades muy superiores (...) y en cuanto a posibilidades de captación, en miles (...) crecimos en hombres y crecimos en armas porque le arrebatamos armas al enemigo".[13] En cuanto a la concepción militar de la insurrección, el comandante Joaquín Cuadra sostiene que fue un error sitiar e intentar tomar los grandes cuarteles, acción para la que no se tenía fuerza suficiente; era preferible haber comenzado concentrando el ataque sobre objetivos menores y luego atacar a tropas en movimiento, donde eran más vulnerables. Incluso en Managua, donde se planeó atacar siete comisarías, la extrema dispersión de los sandinistas sólo permitió tomar dos de esos locales. "Una vez consciente del fracaso de la insurrección, nuestro objetivo era resistir al máximo para crear un hecho moral y sacarle el máximo aprovechamiento internacional."[14] Los efectivos del FSLN eran de 105 hombres en Managua, 70 en León, 7 en Chinandega, unos 35

---

[13]Harnecker, Marta: op. cit.
[14]Idem.

en Estelí y entre 80 y 100 en el Frente Sur, todos ellos regularmente armados.

Ante esta ofensiva revolucionaria, el gobierno implantó el 13 de setiembre la ley marcial, el estado de sitio, la censura de prensa y el toque de queda.

El desgaste de la dictadura y la toma del poder

La insurrección de setiembre, pese a no haber triunfado, dejó terriblemente debilitada a la dictadura, cuya capacidad para controlar la situación quedó muy cuestionada. Estados Unidos promovió a través de la OEA una iniciativa mediadora tendiente al relevo de Somoza pero salvaguardando el régimen.

El FAO comienza a negociar, ante lo cual el Grupo de los Doce se retira, restando representatividad a esas tentativas.

El 1 de febrero de 1979 se constituye el Frente Patriótico Nacional (FPN), que reúne al MPU y al Grupo de los Doce, así como a numerosas organizaciones populares, obreras y estudiantiles. En el FPN están representados todos los sectores que apuestan por la caída de la dictadura y que rechazan la negociación con el régimen.

En el período que va desde setiembre hasta abril de 1979 el FSLN se dedica a reconstruir sus estructuras dañadas en los combates, a crear centenares de unidades de milicias y a hostigar de todas las maneras a la GN para mantenerla lo más dispersa y desmoralizada que fuera posible.

En marzo las tres tendencias del FSLN suscriben un documento de unidad, después de años de división, en lo que constituyó un elemento decisivo para consolidar la unidad de mando militar. Ese mismo mes se inicia la maniobra de concentración de todas las fuerzas guerrilleras del norte en dirección a Estelí y Matagalpa. Una columna guerrillera procedente de Honduras al mando de Germán Pomares comienza los ataques, destruyendo un campamento de tropas en El Jícaro, departamento de Nueva Segovia, y un cuartel en el pueblo. Se causaron 40 bajas a la GN y se capturó numeroso armamento.

A comienzos de abril unidades sandinistas penetran en Estelí y desencadenan un levantamiento espontáneo de la población. Al cabo de seis días de combate contra blindados y aviación, los combatientes dirigidos por Francisco Rivera logran salir de la ciudad acompañados por numerosos habitantes.

Intentando aliviar la presión ejercida sobre Estelí el FSLN moviliza todos los efectivos en diversas operaciones y aplica un plan conducente a la insurrección nacional.

Se lanza una columna en Nueva Guinea con la intención de inmovilizar efectivos militares, pero errores tácticos conducen a la derrota de ese destacamento, que pierde numerosos combatientes; se toma la ciudad de Jinotega, donde muere Germán Pomares.

El Frente Sur toma El Naranjo, un cuartel de la GN ubicado en la frontera con Costa Rica, al tiempo que se ataca la ciudad de Rivas,

Luego se inicia una lucha de posiciones en este frente que se mantiene hasta el final de la guerra. El Frente Norte, entretanto, realiza varias emboscadas causando numerosas bajas a la GN y tomando armamento.

Amplias zonas de la región pasan a ser controladas por el FSLN.

El 2 de junio la dirección sandinista llama al pueblo a empuñar las armas y convoca la huelga general, en un momento en el que Somoza ha perdido mucho de su poder y en que las masas desean lanzarse a la lucha contra la dictadura. Ya funciona en esos momentos Radio Sandino y se han recibido algunos cargamentos de armas.

Las columnas sandinistas entran en Matagalpa y Estelí en los primeros días de junio; en esta ciudad los combates duran cinco semanas, y cae finalmente en manos sandinistas el 16 de julio, víspera de la huida de Somoza. El 18 cae Jinotega.

Entretanto, en Managua el plan sandinista consistía en retardar el inicio de las operaciones hasta que la GN hubiera enviado tropas a otras regiones. La Guardia contaba con unos 30.000 hombres, mientras que el FSLN tenía apenas unos 500 combatientes. No obstante, esos planes se vieron desbordados por la insurgencia popular, que obligó al Frente a entrar en combate, haciéndose fuerte en un barrio de Managua donde los guerrilleros resistieron varios días el ataque masivo de las tropas somocistas.

El 27 de junio por la noche se realizó una retirada hacia Masaya en la que participaron unas 6.000 personas sin que la GN se diera cuenta; con esos efectivos fueron ocupadas Jinotepe y Granada y se retomó la ofensiva.

Previamente, el día 16 se había constituido en Costa Rica la Junta de Gobierno de Reconstrucción Nacional, que reclamó el reconocimiento internacional y llamó a la unidad para reconstruir el país una vez derrocada la dictadura.

La confluencia de todos los factores señalados provocan el 17 de julio la renuncia de Somoza, quien sale hacia Estados Unidos dejando en su lugar a Francisco Urcuyo, diputado somocista. Este llama a los combatientes a deponer las armas e intenta obtener un lugar para la GN en la reorganización que se avecina. El 18 de julio la Junta de Gobierno se instala en territorio nicaragüense, en la universidad de la ciudad de León, liberada desde el día 9.

Simultáneamente la dirección del FSLN ordena a todas sus unidades que se dirijan a Managua. El día 20 entran a la capital los miembros de la Junta de Gobierno y la dirección sandinista. Ya los milicianos se habían apoderado del "búnker" de Somoza, tomando las miles de armas existentes.

La GN de Managua se deshizo, sus efectivos huyeron y Urcuyo abandonó el país. De esta forma el ejército de la dictadura, la temible Guardia Nacional, que contaba con decenas de miles de hombres fuertemente armados, fue aniquilado por la acción popular dirigida por unos pocos miles de combatientes con muy escaso armamento, la mayoría de ellos incorporados a la lucha en los últimos meses del enfrentamiento.

La participación popular en todas estas luchas fue masiva; ya fuera a través de los comités de defensa civil o de las milicias en torno a los combatientes sandinistas, la población participó en las tareas de apoyo, unos con armas improvisadas, otros en funciones de transporte y abastecimiento. Dora María Tellez cuenta cómo en León había que preparar una pista de aterrizaje para un avión con armas y no se podía terminar la tarea a tiempo. Los sandinistas apelaron a la población y en dos horas centenares de personas limpiaron la pista. Ejemplos similares se repitieron en cada ciudad y barrio en lucha. Fue a través de esos organismos como el FSLN preparó la infraestructura de la insurrección, creando depósitos de armas y víveres, atención sanitaria, refugios, redes de comunicación. Fueron esos mismos comités los que reemplazaron a la administración somocista a medida que ésta se iba desmoronando y los que asumieron el poder organizando la vida de la población.

Humberto Ortega explica así las claves de la victoria:

"Se logró conjugar esos tres factores: huelga, sublevación y ofensiva militar, y antes que eso se logró la unidad del sandinismo, sin lo cual habría sido difícil sostener esos tres factores conjugados y coordinados (...) Sin esos elementos, sin la unidad monolítica del sandinismo, sin una estrategia insurreccional apoyada en las masas, sin la debida coordinación entre los frentes guerrilleros y los frentes militares de las ciudades, sin una comunicación inalámbrica eficaz para coordinar todos los frentes, sin una radio para orientar al movimiento de masas, sin recursos técnico-militares de contundencia, sin una retaguardia sólida para introducir estos recursos, para preparar a los hombres, para entrenarlos, sin actividad de preparación previa, de triunfos y reveses como se dio en Nicaragua a partir de octubre, en donde las masas fueron sometidas a la más bárbara represión, pero a la vez a la más grande escuela de aprendizaje, sin una política de alianzas hábil, inteligente y madura, tanto a nivel nacional como internacional, no habría habido triunfo revolucionario."[15]

Guatemala

En 1954 el gobierno nacionalista de Jacobo Arbenz cayó víctima del golpe de estado propiciado por la CIA. La invasión de mercenarios bajo el mando de Castillo Armas desde Honduras, unida a la deserción de jefes militares y al ataque concertado de la derecha, provocaron la renuncia sin lucha de Arbenz. El nuevo régimen ilegalizó a todas las organizaciones sindicales y políticas, eliminó la reforma agraria e instauró una legislación anticomunista. En el plano económico asumió las recomendaciones del FMI, referidas a la adopción de planes de estabilidad y a la contención de los salarios. Los distintos gobiernos que se suceden desde entonces en Guatemala son expresión de fracciones de la derecha, con intervención directa de las fuerzas armadas. La matanza de campesinos es común en todos los gobiernos, así como la persecución a las organizaciones sindicales, a la Iglesia comprometida con causas populares y a toda forma de organización política opositora. El surgimiento de organismos paramilitares, como la Mano Blanca en los años '60, contribuye a la violencia selectiva contra activistas populares.

En este marco surgen las guerrillas en Guatemala a comienzos de los años '60, un país con unos 6.000.000 habitantes en esa época.

De ellos, más de la mitad son campesinos indígenas pertenecientes a cinco grupos con lenguas nativas propias. La mayoría de la población vive en una región serrana situada entre los 1.000 y 2.000 metros de altitud, en numerosos poblados y caseríos. La tierra está en manos de grandes terratenientes, al extremo que el 80% de los terrenos cultivables es propiedad del 1% de los propietarios.

---

[15]Idem.

242

Movimiento Revolucionario 13 de Noviembre (MR-13, 1960-1970)

El 13 de noviembre de 1960 un grupo de oficiales del ejército inició un levantamiento contra el gobierno de Ydígoras. La razón que motivó a estos militares a sublevarse fue la complicidad del gobierno con la proyectada invasión a Cuba por parte de la CIA, para lo cual facilitó la finca "La Helvetia", como lugar de entrenamiento y base aérea.

Cerca de 100 oficiales con mando sobre 3.000 soldados estaban implicados en el movimiento; éste se produjo en el cuartel de la Policía Militar, desde donde se dirigieron a Zacapa para unirse con otros sublevados. Sólo recibieron la adhesión del cuartel de Puerto Barrios, ya que las demás unidades comprometidas se retiraron del movimiento. La intervención personal del embajador de Estados Unidos, junto con el ataque a Zacapa por parte de los pilotos mercenarios de "La Helvetia", motivaron el aislamiento y la rendición de los sublevados.[16] Los oficiales que se mantuvieron hasta el fin, entre ellos el mayor Augusto Loarca, el capitán Marco Antonio Yon Sosa y los tenientes Luis Turcios Lima, Luis Trejo Esquivel, Rodolfo Chacón, Zenón Reina y Alejandro de León, se retiraron hacia El Salvador y Honduras.

En marzo de 1961 una veintena de estos oficiales se concentraron en la ciudad de Guatemala, donde se vincularon con otros sectores opositores. A finales de ese año Alejandro de León fue muerto por una patrulla policial; Yon Sosa, Turcios y Trejo respondieron abatiendo al jefe de la policía, Ranulfo González. Inmediatamente los miembros del MR-13 se trasladaron al departamento de Izábal, donde capturaron dos destacamentos militares y destruyeron las instalaciones de la compañía norteamericana United Fruit Co.

---

[16]Debray, Regis: *Las pruebas de fuego. La crítica de las armas/2.* Siglo XXI Editores, México, 1975.

Se replegaron hacia la montaña, divididos en varias columnas integradas por algunos soldados y campesinos que se les habían unido, pero la inexperiencia de éstos provocó de hecho la reducción de la incipiente guerrilla al núcleo original, que nuevamente se concentró en la capital.

En 1962 realizaron un audaz ataque a un convoy del ejército en el kilómetro 80 de la carretera al Atlántico.

A fines de 1962 el MR-13, junto con el Partido Guatemalteco del Trabajo (PGT) y el Movimiento Revolucionario 12 de Abril (MR-12), creó las Fuerzas Armadas Revolucionarias (FAR).

Partido Guatemalteco del Trabajo (PGT, 1961)

En 1961 una resolución del PGT (Partido Comunista) definió la lucha armada como la vía principal de la revolución en Guatemala.

Luego de las protestas populares por la implantación del estado de sitio y ante la noticia de las acciones del MR-13, el PGT impulsó una columna guerrillera al mando del coronel Carlos Paz Tejada integrada por unos 30 combatientes. Apenas instalada en las montañas de Concuá, departamento de Baja Verapaz, fue detectada y aniquilada por el ejército; su falta de conocimiento del terreno y del idioma local, así como la carencia de preparación militar, facilitaron dicho desenlace. En los enfrentamientos murieron 19 guerrilleros, entre ellos el miembro del Buró Político del PGT Octavio Reyes.

Este golpe, unido a la derrota sufrida por el MR-13 en su primer intento, reavivó la lucha política dentro del PGT con respecto a la vía armada. Como dice "El Maestro", uno de los dirigentes del partido, en una entrevista, "surgió de nuevo la lucha ideológica y la lucha política en el seno de algunos sectores del partido, cuestionando varios aspectos de la vía armada (...) En América Latina, de hecho, se había difundido una amplia línea de cierta moderación

244

en la lucha revolucionaria. Prácticamente se silenciaba que los partidos comunistas deben luchar por el poder para la clase obrera y las demás masas trabajadoras del campo y la ciudad".[17] Poco después participará el PGT en la fundación de las FAR, pero esa lucha interna proseguirá hasta la desvinculación de ambas organizaciones años más tarde.

En el Cuarto Congreso del PGT nuevamente se aprobó la línea de la guerra revolucionaria pero, continuaban las disidencias internas, por lo cual esa política no se llegaba a aplicar decididamente.

Muy golpeado por la represión desde 1972, casi todo su Buró Político y su secretario general cayeron en 1974. El PGT no logró superar su crisis y se dividió en 1978 en dos organizaciones: el PGT, dirigido por Carlos González, y el PGT-Núcleo de Dirección Nacional. Este último confluirá en 1979 Con EGP, FAR y ORPA para desarrollar conjuntamente la guerra revolucionaria.

Fuerzas Armadas Revolucionarias (FAR, 1962-1970)

Las FAR surgen a raíz de un acuerdo entre el MR-13 y el PGT en razón del cual éste aportaría medios económicos y sus propios cuadros militares pero no aparecería como PGT, sino como Destacamento 20 de octubre, y no asumiría totalmente el compromiso político. El MR-13 proporcionará su experiencia militar y sus cuadros.

La tarea principal del PGT era formar un frente político de apoyo, que no llegó a crearse, de manera que las FAR resultaron ser una especie de brazo armado del Partido. "Las FAR quedaron solas, el brazo se convirtió en el cuerpo entero".[18] A partir de su creación, en diciembre de 1962, las FAR organizaron tres frentes de lucha:

---

[17]González, José; Campos, Antonio y Galeano, Eduardo: *Guatemala, un pueblo en lucha,* Editorial Revolución, Madrid, 1983.
[18]Debray, Regis: op. cit.

1. Bajo el mando de Yon Sosa, un frente operaría en la parte Nororiental de la Sierra de las Minas, en el departamento de Izábal.

Allí iniciaron el trabajo con los campesinos y montaron varias escuelas de guerrillas, dirigidas personalmente por Yon Sosa. Se envió un destacamento de unos 30 hombres a la zona de Puerto Barrios, donde se tomaron dos guarniciones militares. Posteriormente, los guerrilleros fueron sorprendidos y casi todos resultaron muertos.

Este frente, por necesidades logísticas, entró en contacto con trotskistas posadistas guatemaltecos y mexicanos. Estos proporcionaron ayuda y se introdujeron en la guerrilla, participando en la sierra y en la ciudad del trabajo del MR-13.

A partir de esa influencia, el movimiento adoptó un programa de revolución socialista que fue discutido y aprobado en "la conferencia de Sierra de las Minas, realizada en el campamento Las Orquídeas, en diciembre de 1964. Allí se aprobó la Declaración de la Sierra de las Minas, que se convirtió en el programa central del MR-13".[19] Las diferencias de fondo existentes entre las posiciones del PGT y las adoptadas por el MR-13 condujeron en 1965 a una separación de las FAR dirigidas por Turcios. Estas diferencias se agravaron por las posiciones sostenidas en torno al proceso electoral de 1966, sobre el que trataremos más adelante.

En 1965 se crean las llamadas segundas FAR, ya sin el MR-13, entre el PGT, las Juventudes Comunistas y el Frente Edgard Ibarra.

Poco antes de las elecciones, el ejército asesinó a 28 dirigentes del MR-13, del PGT y de las FAR, entre los que figuraban los líderes posadistas de la Ciudad de Guatemala. Otros fueron detenidos en México, con lo cual la presencia de este sector desapareció del MR-13. Pero su fracaso no sólo se debió a la represión, sino a los errores del posadismo en la apreciación de la relación de fuerzas y al

---

[19]Gilly, Adolfo: "Guerrilla, programa y partido en Guatemala", en *Coyoacán*, nº 3, México, abril de 1978.

sectarismo con que se pretendió acelerar el proceso dentro del MR-13, según dice Gilly basándose en su propia experiencia.

Por su parte, Turcios, en una carta dirigida al MR-13 en marzo de 1965, señala que existe por parte de esa organización un "total desconocimiento de la realidad guatemalteca" al llamar a la ocupación de fábricas y tierras en ese momento, evidenciando la existencia de un debate en torno a las posiciones insurreccionales y la guerra prolongada.

Al comenzar la ofensiva militar en 1966 este frente contaba con unos 30 combatientes muy pobremente armados, aunque con posibilidades de incorporar campesinos a sus filas en caso de contar con armamento. El MR-13, aislado y hostigado por el ejército, languideció hasta desaparecer con la muerte de Yon Sosa por la policía mexicana en la región fronteriza entre los dos países, en junio de 1970.

2. Luis Trejo ubicó su frente en las cercanías de Zacapa, en las montañas de la Granadilla. Disidencias políticas entre partidarios de la revolución y quiénes buscaban impulsar un golpe militar minaron la cohesión del núcleo, que, ante el hostigamiento del ejército, terminó disolviéndose. Trejo se reincorporó a las FAR urbanas.

3. Un tercer frente comandado por Turcios se instaló en la parte central y occidental de Sierra de las Minas. Contó inicialmente con 21 hombres, entre los cuales figuraban varios indígenas cakchiqueles reclutados por el dirigente campesino Emilio Román López "Pascual", muerto en combate en 1966.

Este frente, denominado Edgard Ibarra, fue tomando contacto con los campesinos de la zona y actuó contra algún terrateniente obligándole a respetar los precios de las cosechas.

Pablo Monsanto, comandante de las FAR, en una entrevista realizada en 1982, cuenta los inicios de esta guerrilla: "El primer golpe que da la guerrilla es el de Río Hondo. Su objetivo era abrir las hostilidades y anunciarse públicamente. Esta acción se realizó el 30 de junio de 1964. El segundo golpe fue en Panzós en octubre de ese mismo año". Se tomaron algunas armas, que se perdieron en el curso de la retirada provocada por la ofensiva militar, y la guerrilla quedó reducida a cinco combatientes. No se produjeron incorporaciones de campesinos, pero se contaba con el apoyo surgido del trabajo del PGT en la zona. Según Monsanto, a los tres años de trabajo habían llegado a ser 30 combatientes, con sólo 5 de la zona a pesar de haber entrenado a 700 campesinos. También refiere la baja calidad militar de la guerrilla citando como ejemplo la emboscada de La Ceibita, donde el intento de aniquilamiento de una columna se frustró por errores tácticos. Y continúa: "La única emboscada que tuvo éxito en la sierra durante los cuatro años fue la del Sulzapote, que dirigió Turcios. En ella, con 60 guerrilleros, aniquilamos 11 elementos enemigos; esa fue la operación más grande que hizo el frente guerrillero en cuatro años (...) Sobre Guatemala se habló mucho y se dijo que existía un movimiento guerrillero inmenso, con un desarrollo tremendo. Eso era falso".

Las elecciones presidenciales de 1966 y la guerrilla

La dictadura de Peralta Azurdía, presionada por Washington, convocó a elecciones presidenciales para marzo de 1966; la candidatura de un civil, Julio César Méndez Montenegro, con apariencia liberal, hizo que el PGT y las FAR le dieran su apoyo, contra la opinión del MR-13, que promovía el boicot a las elecciones, puesto que el candidato ni por su programa ni por su organización merecía ninguna confianza.

Orlando Fernández da detalles de esa resolución: "...A fines de febrero de 1966, mientras Turcios estaba en La Habana participando de la Conferencia Tricontinental, el CDR (Centro de Dirección Revolucionaria de la FAR) llevó a cabo una conferencia en la que se aprobó con la oposición de César Montes y de Néstor Valle (más tarde comandantes de las FAR) que las FAR apoyaran la candidatura presidencial de Méndez Montenegro, el sanguinario títere yanqui".[20]

Monsanto relata así la experiencia: "Caímos en la trampa política que el imperialismo y la oligarquía nos tendieron al hacemos participar en la campaña electoral del '66, apoyando a Julio César Méndez Montenegro. Nosotros hacíamos propaganda armada y en la propaganda incluíamos la consigna: 'Vote por Montenegro'. Julio César ganó las elecciones. El gobierno actuó con mucha inteligencia: primero llamó al movimiento armado a que depusiera las armas (...) anunció que se iba a realizar un programa de gobierno progresista (...) y se dio una amnistía general para todos los presos políticos (...) ¿Cuál fue la posición que asumió la dirección revolucionaria en ese momento? Negarse a entregar las armas (...) Pero nos comprometimos a que mientras el ejército no nos atacara nosotros no atacaríamos al ejército". Entonces la guerrilla descuidó la seguridad dándose a conocer; surgió la organización paramilitar Mano Blanca, que comenzó a asesinar a los militantes conocidos. Y el 2 de octubre, el mismo día en que Turcios Lima muere en un accidente automovilístico, el ejército desata una ofensiva en la sierra, tomando las poblaciones y volcando a los campesinos contra la guerrilla.

"Así fue como empezó la población a organizarse en milicias para combatir a los guerrilleros. Capturaron a los compañeros y hubo compañeros guerrilleros nuestros que fueron linchados en la plaza de Río Hondo, por la misma población que había sido organizada por nosotros (...) después de haber llegado a tener una fuerza de más de 60 hombres nos volvimos a quedar a finales de '66 o principios del '67 nuevamente un grupo muy reducido de guerrilleros en la sierra: sólo 6". Hay que agregar que para esa ofensiva el ejército se había preparado cuidadosamente con asesores, armas y

---

[20]Tricontinental, *Turcos Lima,* La Habana, 1969.

equipos proporcionados por Estados Unidos, a partir del arribo al poder de César Montenegro.

Al terror paramilitar y la ofensiva bélica se agregaron medidas demagógicas, como una reforma agraria en la zona de influencia guerrillera y un plan de acción cívica del ejército consistente en la construcción de caminos, puentes, provisión de agua potable, etc.

A partir de esa ofensiva las FAR realizaron diversos intentos de reorganizar sus fuerzas. Contaban con diversos grupos aislados en la sierra y de núcleos de resistencia urbana.

La muerte de Turcios había dejado a las FAR sin su mayor líder, y los problemas políticos sumados a la lucha por la dirección agravaron los problemas. Dividida la organización en varias fracciones, un intento de reagrupar las fuerzas y marchar hacia zonas del norte fracasó. El nuevo comandante César Montes no logró ya centralizar y coordinar a las FAR.

"Cuando César Montes, ante la contraofensiva que el ejército desató después de la muerte de Turcios, quiso poner en práctica la reacción defensiva contemplada en el plan (que había elaborado Turcios), sólo una parte menor de la organización respondió, y sin la fuerza necesaria. Regionales completos se desmoronaron, como el D, cuyo máximo responsable político, miembro del Comité Central del PGT, descubrió repentinamente su vocación de investigador científico y abandonó la lucha para ir a estudiar a México".[21] Los frentes urbano y rural entraron en abierta competencia por imponer sus criterios operativos; sucesivas caídas fueron debilitando a las FAR hasta que prácticamente dejó de operar.

En ese período se realizaron algunas acciones urbanas de resonancia; el secuestro y muerte del embajador de Estados Unidos, Gordon Mein, al que se intentó canjear por el dirigente de las FAR Camilo Sánchez, asesinado por la policía. Igual operación se efectuó con el embajador de Alemania Federal, Karl von Spretti, al que

---

[21]Idem.

se dio muerte ante la negativa del gobierno en el pedido de canje por presos políticos.

Estos fracasos del frente urbano incidieron para ahondar la crisis de la organización guerrillera, que en 1970 de hecho dejó de operar.

Por esa época, comienzos de 1970, un hecho político vendría a provocar un nuevo revés a la FAR: se presentaban a las elecciones presidenciales César Montenegro y Arana Osorio, candidato del ultraderechista MLN. Las FAR dieron la consigna de votar a este último, argumentando que al aplicar una más dura represión aceleraría el proceso revolucionario.

Las FAR de 1971 a 1980

"En la Tercera Conferencia de las FAR en 1971, hicimos un análisis de la situación en que se encontraba el movimiento revolucionario. En primer lugar, un movimiento desorganizado, desarticulado, sin fuerza militar real, aislado de las masas y aislado internacionalmente. Con un enemigo que había logrado el objetivo de la derrota política y de la derrota militar parcial contra el movimiento revolucionario (...) Por eso planteábamos la necesidad, no de integrar una columna madre, sino de generalizar en todo el país el trabajo político clandestino, con el propósito de generalizar la guerra de guerrillas con la tesis (…) de que la guerra como método de combate (...) podía ser aplicada en cualquier terreno, que no era necesaria una montaña ni una selva para tener guerrillas, que lo básico y lo fundamental era tener a la población organizada". Y continúa Monsanto diciendo que por todo ello "tuvimos que desmovilizar a gran parte de las guerrillas para dedicarnos al trabajo de masas".

Los desprendimientos de las FAR darían lugar al surgimiento de otras organizaciones desligadas del PGT y de las cuales trataremos a continuación: el EGP y la ORPA.

Ejército Guerrillero de los Pobres (EGP, 1972)

"El 19 de enero de 1972 penetró a territorio guatemalteco la guerrilla Edgar Ibarra, núcleo principal del cual habría de surgir años después el Ejército Guerrillero de los Pobres (...) La experiencia de la década anterior había sido aleccionadora y una de sus principales enseñanzas advertía sobre los riesgos de la acción improvisada".[22] En 1971 se había creado una base en territorio mexicano sobre el fronterizo río Ixcán, desde la cual fueron pasando a Guatemala pertrechos y los quince hombres que constituyeron el grupo guerrillero inicial, entre los cuales había algún veterano de la Sierra de las Minas y de la anterior Resistencia Urbana. La mayoría de estos combatientes se encontraban fuera del país cuando se produjeron los graves hechos que afectaron a las FAR, y se reunieron en México, donde se plantearon reincorporarse a la lucha armada en Guatemala, montando un grupo guerrillero.

Otros miembros de la organización permanecerían en las ciudades para dar apoyo en el momento que fuera necesario.

El plan inicial contemplaba permanecer el mayor tiempo posible sin ser descubiertos, reconociendo el terreno, contactando con los campesinos y aclimatando la guerrilla. Pero la presencia de cazadores que sospechaban del grupo obligó a tomar una iniciativa: realizar una acción e internarse en la selva para eludir a la segura represión y contactar con la población. Así es como el 19 de enero tomaron un pequeño campo de aterrizaje, destruyeron dos avionetas, compraron alimentos y se retiraron en lanchas requisadas.

Desde el día siguiente comenzó una búsqueda aérea mientras la guerrilla se internaba en la selva. Al mes de marcha, con los víveres agotados, los revolucionarios lograron contactar al fin con los campesinos, que les facilitaron alguna comida.

---

[22]Payeras, Mario: *Los días de la selva,* Editorial Revolución, Madrid, 1984.

Luego de un encuentro con una columna militar, en el que cayó un soldado, la guerrilla nuevamente se alejó, relacionándose con otros núcleos campesinos en plena selva, con los cuales vivió, cooperó e hizo trabajo político.

En diciembre de 1973, después de haber tomado contacto y preparado la actividad, la guerrilla se desplazó a las zonas del altiplano, habitadas por una población mucho más numerosa.

"Para entonces nuestros cuadros clandestinos tenían ya varios meses de trabajar con la población de la zona, gracias a lo cual en los campamentos recibíamos con regularidad cargamentos y víveres (...) Todavía no entendíamos a cabalidad los nexos que engarzan la economía y la guerra (...) Tampoco habíamos logrado desentrañar la doble condición del indígena como explotado y como oprimido (...) pasábamos por alto que para que la gran máquina de guerra funcionara era indispensable montar en su interior el motor decisivo: la organización clandestina. Muchas de estas ideas vinieron a clarificarse durante la Primera Conferencia Guerrillera que realizamos por esos días en las montañas" (en 1974). En esa reunión se integraron nuevos guerrilleros y recibieron un cargamento de armas; la relación con la población comenzó a ser intensa y muchos campesinos visitaban los campamentos y se relacionaban con sus integrantes. Algunos de éstos visitaban pueblos cercanos, donde organizaban y extendían la influencia de la organización.

En 1975 se contaba con unos 50 hombres armados, muchos con escopetas, distribuidos en varios grupos. Se planteaba la necesidad de actuar, de comenzar a combatir, aunque en una medida limitada para no atraer una represión superior a las posibilidades de resistencia de la todavía débil guerrilla.

El 7 de junio de 1975 tomaron la hacienda de Luis Arenas, importante terrateniente de la zona y conocido explotador de los indígenas, quien, al resistirse, fue muerto. Los combatientes, varios de ellos indígenas, explicaron en el idioma local las razones de su acción y denunciaron los atropellos del terrateniente.

Este hecho desató una ola de simpatía entre los campesinos de la región y también provocó el cerco a la zona guerrillera, así como la instalación de puestos militares en muchas aldeas. Comenzaron las detenciones y torturas a campesinos en busca de información; en respuesta, la guerrilla tomó varios pueblos y "ajustició a dos agentes enemigos", pero tuvo que retirarse a zonas casi despobladas para eludir la represión. Durante meses sufrió un continuo hostigamiento y estuvo aislada de la población amiga.

En los primeros meses de 1976 la organización en la ciudad asaltó una armería céntrica, de la que se llevó abundante cantidad de armamento. En diversos lugares se incendiaron camiones con café de los "terratenientes que instigaban la represión en las montañas del norte del Quiché". Poco después, "un alto oficial de inteligencia era abatido en una calle de la capital". Madres de las zonas afectadas por la represión denunciaron en las ciudades los hechos ocurridos en la montaña. En la región costera, grupos de obreros armados destruyeron 22 avionetas fumigadoras por ser un peligro para los habitantes de las plantaciones. Como culminación de estos hechos, la guerrilla atacó el pequeño cuartel de Xaxboc, que no llegó a tomar, aunque lo dejó semiderruido.

En 1981 el EGP formula sus primeras declaraciones públicas a través de su máximo dirigente, Rolando Morán. Dice que el EGP no es un partido ni una columna guerrillera, sino un organismo político-militar, y que cada unidad del EGP debe ser al mismo tiempo organismo político, equipo de trabajo y unidad militar. La organización se reconoce como guevarista, "como la síntesis de una cantidad de experiencias condensadas que constituyen las premisas de una teoría de la revolución en América Latina y de la teoría del marxismo leninismo aplicada a nuestro continente."[23]

---

[23]González, Campos y Galeano, op. cit.

Organización del Pueblo en Armas (ORPA, 1971)

Surgió la ORPA, a partir de un desprendimiento de cuadros y militantes de la regional de occidente de las FAR.

"En los meses de abril a junio de 1971, varios de los compañeros a quiénes hoy consideramos fundadores de nuestra organización comenzaron su trabajo en el occidente del país. Después de unos meses de trabajo en una zona de la costa y bocacosta, aquel núcleo guerrillero decidió abandonar esa zona y ganar las fincas y aldeas de la Sierra Madre, lo que se realizó en el mes de setiembre del mismo año".[24] La zona elegida era básicamente cafetalera, densamente habitada y con población muy explotada; existía buena acogida sobre la necesidad de la lucha armada. Muy pronto comenzaron a realizar reuniones con 50 ó 100 campesinos, verdaderos mitines políticos.

El núcleo inicial de la guerrilla era de muy pocos combatientes y con escasos recursos. Las tareas iniciales que se fijaron fueron dos: formar cuadros campesinos y hacer un trabajo de politización y organización entre la población.

Este trabajo demandó varios años a ORPA, como se señala en el citado documento: "se ha dicho con demasiada frecuencia y seguridad que 'la guerrilla que no combate no puede subsistir y mucho menos ampliarse'. Esta posición, que había adquirido cierto carácter de dogma, ha sido desmentida por los ocho años de preparación en los que nuestra organización no disparó un solo tiro".

ORPA nació en el campo, siendo en principio campesina e indígena en un 95%. El trabajo urbano se inició a comienzos de 1973 en el medio estudiantil y universitario para extenderse luego a sectores obreros, profesionales y capas medias en general.

Las primeras operaciones armadas urbanas se realizaron en 1976, y el trabajo en el exterior comenzó en 1977. En setiembre

---

[24]González, José y otros: "Historia de ORPA".

de 1979 la ORPA cerraba la etapa de preparación y el surgimiento público marcaba el inicio del período de las operaciones.

Gaspar Illom, dirigente y fundador de ORPA, explicaba en 1982 que la guerrilla sola no puede sobrevivir sin el apoyo de una organización clandestina del pueblo, razón por la cual tuvieron que realizar un largo trabajo preparatorio antes de comenzar a combatir.

Pero además, viendo que la táctica contrainsurgente trataba de aplastar la guerrilla en sus comienzos, cuando era más débil, "empezamos a desarrollar la concepción estratégica de no enfrentar al enemigo con una sola guerrilla, sino prepararnos para enfrentarlo con varios frentes guerrilleros para verdaderamente dispersar las fuerzas del enemigo y no permitir que concentrara sistemáticamente todos los elementos en contra de una sola guerrilla. Llamábamos frente guerrillero al complejo de organización campesina y de fuerza militar permanente".[25]

El Salvador

En 1970, como consecuencia de una rotura del Partido Comunista, nacerán las FPL, la primera organización guerrillera, seguida poco después por el ERP, surgido básicamente de sectores cristianos radicalizados.

Es El Salvador un país básicamente agrario donde un reducido sector de 200 propietarios posee el 15% del territorio nacional. Dentro de éstos se encuentran las catorce familias terratenientes más poderosas, que son las que han controlado el poder por medio del ejército.

En 1971 el 60% de la población era considerada rural, y de ella el 66% estaba por debajo de la línea de pobreza con menos de 400

---

[25]Harnecker, Marta, op. cit.

256

dólares de ingresos anuales por familia.[26] Pese al predominio del sector rural, El Salvador es uno de los países más industrializados de Centroamérica y cuenta por tanto con un importante sector obrero. Con unos breves intervalos de intentos democráticos y reformistas, el gobierno ha sido ejercido por los militares a través de golpes de estado o de fraudes electorales.

Las organizaciones de masas y la lucha armada

Entre 1970 y 1974 el movimiento de masas atravesó un periodo de recuperación de fuerzas. Las organizaciones guerrilleras, por su parte, fueron orientando su trabajo desde lo meramente militar hacia un contacto e intervención creciente en la actividad política y sindical. Así es como impulsaron la formación de organizaciones de masas, las cuales caracterizan todo el periodo.

En 1974 surge, impulsado por las FPL, el Frente de Acción Popular Unificada (FAPU), en respuesta al fraude y la represión e íntimamente ligado a las luchas sindicales y reivindicaciones populares. El FAPU impulsa las acciones de masas, la toma de tierras y la organización de brigadas de autodefensa.

En 1975 se crea el Bloque Popular Revolucionario (BPR) como respuesta al ametrallamiento de una manifestación obrera y estudiantil, intentando coordinar a todas las organizaciones populares en la lucha contra la represión y por las reclamaciones populares.

En 1980 los componentes del BPR, según su secretario general Juan Chacón, eran los siguientes: el Comité Coordinador de Sindicatos y la Federación Sindical Revolucionaria, con sesenta sindicatos; la Federación Cristiana de Campesinos Salvadoreños y la Unión de Trabajadores del Campo; la Asociación Nacional

---

[26]Álvarez-Solís, Antonio; López Vigil, María y Morales, José Luis: *El Salvador, la larga marcha de un pueblo (1932-1982)*, Editorial Revolución, Madrid, 1982.

de Educadores; el Movimiento Estudiantil Revolucionario de Secundaria; Universitarios Revolucionarios; Unión de Pobladores de Tugurios; Comités Populares de Barrios y Colonias; y Movimiento de Cultura Popular.

El objetivo declarado del BPR era "la conquista del poder y la implantación de un gobierno democrático y revolucionario". Las Ligas Populares 28 de Febrero (LP-28) se formaron en 1977 y, aunque coincidían en muchos aspectos con el FAPU, pusieron gran énfasis en la autodefensa armada y en acciones de gran resonancia; aparecían muy vinculadas al ERP.

La existencia de estas organizaciones desempeñó un papel de primera magnitud en la masificación de las luchas, así como en las formas combativas que éstas tomaron.

El FAPU, BRP y LP-28 "son frentes políticos de masas (...) Las organizaciones populares en El Salvador han representado en sus pocos años de existencia la fuerza políticamente más activa en la defensa de los intereses populares y en la lucha contra las políticas antipopulares, provengan estas del gobierno o de la oligarquía ..."

Es a través de estas organizaciones que se difunde masivamente la necesidad de la autodefensa en estrecho contacto con las organizaciones armadas.

La Confederación General de Sindicatos Salvadoreños, ligada al estado, perdió fuerza: de agrupar al 41% de los trabajadores sindicalizados en 1971 pasó al 19% en 1976.

Fuerza Popular de Liberación Farabundo Martí (FPL, 1970)

Surge de una ruptura del Partido Comunista Salvadoreño (PCS) encabezada por su secretario general, Salvador Cayetano Carpio, "Marcial", que renunció al cargo y a la militancia. En una entrevista describía así las características de las FPL: "El inicio del trabajo de su organización se sitúa el 1 de abril de 1970 (...) nació como una necesidad del proceso revolucionario de nuestro pueblo

258

(...) después de un prolongado proceso de lucha ideológica en el seno de las organizaciones tradicionales, cuando se hizo evidente que esas organizaciones se negaban, de manera obstinada, a ponerse al frente de la clase obrera y del pueblo en general (...) negaban la posibilidad y la necesidad de que el pueblo salvadoreño emprendiese el proceso de la lucha armada revolucionaria, así como el creciente elemento de la violencia revolucionaria en las luchas de las amplias masas populares."[27] Entre los puntos centrales del programa se pueden citar: "Destruir el poder de la oligarquía y el imperialismo; estimular a la pequeña y mediana burguesía; garantizar un régimen de democracia y libertades; nacionalizar todas las grandes empresas con capital imperialista; expropiar todos los medios de producción en poder de las catorce familias; nacionalizar los servicios públicos principales, llevar a cabo una reforma agraria profunda y sentar las bases para la reforma urbana; aumento real de salarios, se disolverá inmediatamente el ejército reaccionario y los odiados cuerpos represivos".

Varios de los fundadores de las FPL eran dirigentes sindicales, como José Dimas y Ernesto Morales: "Éramos en gran parte obreros que habíamos nacido junto a la clase obrera, habíamos dirigido sus luchas en forma muy combativa..." El propio Carpio era obrero panadero.

Entre las primeras operaciones realizadas por las FPL se cuentan la voladura de la embajada argentina, en protesta por el asesinato de combatientes presos en ese país, y diversas acciones contra el imperialismo.

En cuanto a la estrategia adoptada por las FPL, era de guerra prolongada, y "podemos afirmar que, desde un principio, hicimos a un lado lo que se ha dado en llamar y que se conoce como el 'foquismo guerrillero'".

---

[27]Menéndez Rodríguez, Mario: *El Salvador: una auténtica guerra civil,* EDUCA, San José, Costa Rica, 1981.

Dice Marcial que "en un plazo breve, de meses, nuestra organización logró una conformación militar y política (...) la idea de que el pueblo es el que debe construir su revolución y que si de manera incidental o necesaria teníamos que comenzar por formar la guerrilla, esto correspondería a un asunto de índole transitorio, enmarcado en un esquema integral que concebía a un pueblo actuando y dominando todos los medios y formas de lucha. Eso nos alejó totalmente del esquema de que la guerrilla, por sí sola, puede hacer la revolución, que la guerrilla aislada es la que sustituye al pueblo en su tarea básica de realizar sus propias transformaciones". La organización militar es concebida como la suma de tres componentes: el Ejército Popular de Liberación, formada por unidades de carácter estratégico, de utilización nacional y centralizada; las unidades guerrilleras que operan dentro de una zona específica y cooperan con el EPL en el hostigamiento a la represión dentro de su territorio; y la milicia local, de carácter masivo, en funciones de apoyo y vigilancia al servicio del EPL y la guerrilla.

En cuanto a su objetivo de trabajo principal, "intentaban construir un amplio movimiento popular de masas"; hasta 1974 lograron alguna influencia en el movimiento obrero y estudiantil, pero su fuerza principal estaba en el magisterio. A partir de ese año trabajaron en el campesinado y comenzaron a tener mucha influencia. La FPL orienta la formación del Frente de Acción Popular Unificado (FAPU), ligado al trabajo sindical urbano y del campo.

En 1977 secuestraron al ministro de Relaciones Exteriores, Mauricio Borgonovo Pohl, y solicitaron un canje por 37 presos políticos. El gobierno no cedió y las FPL dieron muerte al ministro, que era un destacado miembro de la oligarquía. "El gobierno no pudo cumplir nuestras demandas porque varios de los compañeros secuestrados perecieron en la tortura".

Otro secuestro resonante de esta organización fue el del embajador de Sudáfrica, Archibald Gardner Dunn, realizado el 28 de noviembre de 1979 para manifestar la solidaridad de la FPL con el pueblo negro y palestino, así como para "llamar la atención sobre la maniobra que en ese entonces el imperialismo estructuraba en torno al gobierno de la primera junta salvadoreña, a la que se pretendía presentar como demócrata y progresista en el exterior, cuando en el interior era profundamente represiva, criminal".

Ejército Revolucionario del Pueblo (ERP, 1971)
Partido de la Revolución Salvadoreña (PRS, 1975)

El ERP surge en 1971 de sectores cristianos radicalizados disconformes con la línea seguida por la Democracia Cristiana. Se inicia como un núcleo armado, pero el crecimiento de su influencia hace ver la necesidad de crear una formación política, con lo que aparece el PRS en 1975.

Sobre la evolución del ERP dice Joaquín Villalobos, uno de sus fundadores y secretario general de ambas organizaciones, en 1980: "El complejo proceso iniciado por el ERP en 1971 alcanzó su fase superior en el I Congreso del PRS, celebrado en 1977, durante el cual se cerraron las puertas al pragmatismo, a la visión de corto plazo, a la ambición por el poder y el control unipersonales y al militarismo, con su estela de consecuencias trágicas, que durante varios años determinaron la actuación del ERP y obstaculizaron la etapa inicial del PRS. El criterio de una victoria a corto plazo generó las soluciones de carácter militar y reflejó una profunda subestimación por el movimiento. El militarismo no sólo aisló al ERP del pueblo, sino del propio desarrollo del proceso político en El Salvador". Explica luego, como parte de ese proceso, donde imperaron el sectarismo y las actividades fraccionales, la ejecución de militantes por discrepancias. Tal fue el caso del poeta Roque Dalton, destacado miembro del ERP. En esa misma época se produce, como parte de la situación descrita, la ruptura de un sector que irá a conformar las FARN, a las que hacemos referencia más adelante.

Un documento del PRS de 1977 hace un análisis de la sociedad salvadoreña, del carácter de la revolución y de las tareas a realizar.

Dice que "hemos visto así los aspectos internos que dan el carácter a la revolución socialista en El Salvador...", y luego sostiene que dicha revolución "enfrentará inevitablemente de una u otra forma la agresión imperialista", para concluir afirmando que "son éstas las características que se conjugan en el proceso de la revolución salvadoreña: anti-oligárquica, anti-capitalista y anti-imperialista".[28]

Fuerzas Armadas de la Resistencia Nacional (FARN, 1975)
Partido Resistencia Nacional (RN)

Surgen como fruto de la crisis del ERP que hemos referido. Su secretario general, el obrero textil Ernesto Jovel, definía así a la organización en 1979:

"La resistencia nacional es el resultado del abnegado trabajo iniciado por un pequeño y aguerrido grupo de jóvenes obreros y estudiantes, que en 1975 se conformó como organización independiente del ERP y se empeñó en el esfuerzo de vincularse con los desposeídos y en la difícil tarea de construir un partido con su estructura militar (milicia, guerrilla, ejército) y su frente de masas, a fin de afrontar con éxito la lucha contra la dictadura militar de las catorce familias, apoyada en el gobierno de Estados Unidos (...) El objetivo de la actual etapa de lucha es la conquista del poder y la instauración de un gobierno de obreros y campesinos, en alianza con las capas medias..."

En cuanto a las características militares de su actividad, desarrollan la autodefensa de las masas, la creación de milicias zonales y la construcción de las FARN, las cuales llevaron a cabo operaciones con 200 combatientes; en setiembre de 1970 ocuparon las ciudades de Soyapango, con 40.000 habitantes, Armenia, con 15.000, y El

---

[28]PRS: *El Salvador: una perspectiva revolucionaria*, 1977.

Tránsito, con 10.000. El objetivo de estos operativos es "preparar a las masas para su incorporación al proceso insurreccional..."

Partido Comunista de El Salvador (PCS, 1979)

En 1962 en el PCS se impone una línea de lucha armada como resultado de un debate entre foquistas, que obtuvieron la mayoría, y una minoría llamada "integralizadora", que propiciaba una línea de lucha armada y de masas. Se creó entonces el Frente Unido de Acción Revolucionaria (FUAR), que nucleó sectores urbanos pero que se desintegró al cabo de tres años sin haber realizado ninguna acción armada. Así surgió la escisión que dio nacimiento a las FPL en 1970. A partir de entonces el partido se volcó a la acción sindical y a la participación electoral.

La Comisión Política del PCS decidió en 1977 incorporarse a la lucha armada: "El esfuerzo autocrítico de la dirección del PCS culminó con la realización del VII Congreso, celebrado en la clandestinidad en abril de 1979 (...) Con dos años de rezago dimos el paso hacia las formas armadas de lucha, que históricamente se habían puesto a la orden del día", decía el secretario general, Schafik Handal, en 1981.

En esa decisión tuvo importancia la participación electoral de los comunistas en los procesos de 1972 y 1977, encuadrados en la Unión Nacional Opositora (UNO). La victoria de este partido en ambas elecciones no fue respetada, manteniéndose la continuidad de los candidatos oficialistas. Sostiene Handal que hasta 1977 las masas de las ciudades confiaban en las posibilidades electorales para producir un cambio en la situación, y que es a partir de esa fecha cuando la lucha armada es asumida por las grandes mayorías populares. Hasta ese momento la fuerza de las organizaciones guerrilleras residía fundamentalmente en el campo.

En cuanto a los objetivos fundamentales de la revolución; dice el PCS que son: la libertad y el respeto a los derechos humanos, una profunda reforma agraria y una auténtica independencia nacional. Ante la pregunta de si esos objetivos pueden cumplirse sin enfilar la proa hacia el socialismo, responde Handal: "No, es imposible. El problema central de la revolución es el problema del poder. Al lograr el triunfo, las mayorías populares (proletariado en general, campesinado, capas medias) destruyen la vieja maquinaria de la represión e instalan el poder revolucionario. Entonces las tareas y los objetivos democráticos y antiimperialistas pasan a constituir la primera fase de una revolución única, que en definitiva y en esencia es socialista".

Partido Revolucionario de los Trabajadores Centroamericanos (PRTC, 1976)

Este partido surgió en 1976 y fue uno de los que pusieron en marcha las milicias ligadas a las organizaciones de masas. El PRTC ingresó al FMLN en noviembre de 1980. Desarrolló trabajos en Honduras, como puede verse en el apartado correspondiente a ese país.

Evolución del proceso a partir de 1977

Las elecciones presidenciales de 1977 volvieron a reproducir las prácticas fraudulentas de la oligarquía y el ejército, que impusieron en el poder al general Romero. Ante la movilización popular de protesta, la respuesta militar causó cerca de 100 muertos.

A partir de estos hechos creció la actividad de todos los sectores populares.

En el campo reivindicativo las ocupaciones de fábricas y de tierras acompañaron a las huelgas de obreros y campesinos. "Un momento culminante lo constituyen las huelgas de los obreros cerveceros y de los electricistas en 1979. Ambos movimientos se desarrollan con la ocupación de las empresas respectivas y culminan victoriosamente, estimulando la generalización posterior de la ocupación de los lugares de trabajo como método de lucha".[29] En el plano militar, el comandante del FMLN, Leonel González, describe así el período, comprendiendo la actividad del conjunto de las organizaciones guerrilleras: "La lucha armada se reinicia en 1970 sobre la base principal de comandos urbanos que realizan, en una primera etapa, acciones de propaganda armada y recuperaciones económicas, y que luego se van apoyando en el insurreccionamiento progresivo de las masas. Desde 1978 se incrementó el accionar guerrillero (...) se realizaron emboscadas con minas (...) acciones militares con contenido insurreccional, toma de poblados, ataque con unidades guerrilleras y milicias en El Congo, Ciudad Arce en Santa Ana, Acajutla en Sonsonate, Arcatao en Chalatenango, San Martín en Cuscatlán, Quezaltepeque en La Libertad, ataques a pequeñas guarniciones, en Chalatenango golpeamos, en Patamera y San Antonio de Los Ranchos".[30]

En 1979 se produce el triunfo revolucionario en la vecina Nicaragua. La respuesta del gobierno consistió en incrementar la represión. Así, en 1978 cayeron asesinados 147 civiles (no en enfrentamientos armados) y en 1979 las víctimas del terror oficial eran más de 1.000 personas. De enero a octubre de 1980 los muertos fueron 6.450, en buena parte campesinos masacrados por los bombardeos indiscriminados de la fuerza aérea sobre Morazán, San Vicente, Guazapa y El Trifinio.

El fracaso del régimen de Romero, que no logró frenar el ascenso de las masas, provocó el golpe de estado del 15 de octubre de 1979, que contó con el beneplácito del Departamento de Estado norteamericano. La junta militar quedó integrada por dos coroneles

---

[29]Gilly, Adolfo: *Guerra y política en El Salvador,* Editorial Nueva Imagen, México, 1981.
[30]Harnecker, Marta: *Guerra en El Salvador. Entrevistas con comandantes del FMLN,* Tercera Prensa, San Sebastián, 1989.

y tres civiles: Guillermo Ungo, del MNR; Román Mayorga, rector de la Universidad Católica; y Mario Andino, representante de los empresarios medios.

La proclama de las fuerzas armadas criticaba al gobierno de Romero por "la corrupción, la violación de los derechos humanos y haber creado un desastre económico y social".[31] Prometía la junta el cese de la violencia, para lo cual combatiría a las "organizaciones extremistas", y ofrecía amnistía, respeto a los derechos humanos y reforma agraria.

El golpe fue respaldado por la Democracia Cristiana, en forma condicional por el MNR (Ungo era su representante en la junta), y el PCS mantuvo una actitud ambigua.

La responsabilidad decisiva de la oposición recayó en las organizaciones armadas y de masas, que denunciaron al nuevo régimen.

Así, el BPR señaló todas las medidas represivas adoptadas, tales como la imposición del estado de sitio, el patrullaje militar y las masacres de obreros y campesinos, considerando: "Que este autogolpe de las fuerzas armadas no constituye un triunfo popular, ya que el pueblo ha estado ausente (...) Que sus primeras disposiciones dejan ver bien claro su carácter antipopular y contrarrevolucionario..." Los primeros meses de 1980 están marcados por un creciente aislamiento de la junta y el fortalecimiento de los sectores revolucionarios.

La Iglesia salvadoreña y las luchas populares

Como ya hemos visto, la participación de cristianos en el movimiento sindical y en las organizaciones armadas ha constituido un hecho normal en El Salvador. La Iglesia, a través de muchos sacerdotes, ha participado en el proceso de organización y lucha

---

[31]Instituto de Investigaciones Sociales de la UNAM: *América Latina: historia de medio siglo,* México, 1981.

popular, con el apoyo de Oscar Arnulfo Romero, arzobispo de San Salvador. La represión se ha ensañado con la Iglesia comprometida, y en 1977 dos sacerdotes caían asesinados: el padre Rutilio Grande y el padre Alfonso Navarro. El 20 de junio la orden de los jesuitas recibía un ultimátum de la banda paramilitar Unión Guerrera Blanca.

Ya en 1966 "los grupos de la ultraderecha le colocan seis bombas a la Universidad Centroamericana (UCA), dirigida por los jesuitas, y a su revista. Ese ataque físico y directo a la Universidad y a su revista es ya un ataque a los jesuitas y por lo tanto a la Iglesia".[32]

Las movilizaciones campesinas por la tierra provocaron la airada respuesta de las organizaciones patronales, que exigieron al gobierno el castigo a los "instigadores" de las luchas, es decir, "los curas tercermundistas".

El arzobispado, en un comunicado, pidió que "se tomen medidas para mejorar la angustiosa situación de la mayoría de los salvadoreños (...) La violencia engendra violencia, pero (...) la raíz de la violencia es la injusticia".

En 1977 fueron expulsados del país varios sacerdotes. También fue detenido y torturado el ex jesuita español Juan José Ramírez y finalmente expulsado a Guatemala; también fue detenido el padre Rafael Barahona. En marzo, el asesinato del padre Rutilio provocó una gran manifestación de repudio. El recién nombrado arzobispo Romero excomulgó a los criminales y exigió una investigación al gobierno. A la misa celebrada en la Catedral el 20 de marzo asistieron 100.000 personas.

No obstante, la persecución continuó: el asesinato del padre Alfonso en mayo fue seguido de más amenazas contra los jesuitas y de enfrentamientos de la Iglesia con el gobierno en defensa de los derechos humanos.

---

[32]Instituto de Estudios Políticos para América Latina y África: *El Salvador, un pueblo martirizado,* IEPALA, Madrid, 1977.

Posteriormente caerían asesinados el párroco de San Vicente, Alirio Macías, por la banda paramilitar ORDEN; el sacerdote Octavio Ortíz, aplastado por una tanqueta del ejército en San Salvador cuando intentaba detener la represión contra un grupo de manifestantes; y el sacerdote Rafael Palacios.

También fueron asesinados dirigentes laicos vinculados a la Iglesia, como Apolinario Serrano, secretario general de la Federación Cristiana de Campesinos (FECCAS), y Felipe de Jesús Chacón, dirigente del movimiento de cursillos de cristiandad.

Esta escalada represiva continuó en marzo de 1980 con el asesinato de monseñor Romero y culminó en 1989 con el del padre Ellacuría y otros jesuitas de la Universidad, acción ejecutada por orden del alto mando del ejército.

Ricardo Gutiérrez, comandante del FMLN, explicó el papel de los cristianos en el proceso revolucionario:

"El 90 por ciento de los salvadoreños son de una u otra forma cristianos y la guerrilla no es más que un reflejo del pueblo (...) las condiciones objetivas de miseria han facilitado el encuentro y convergencia de unos y de otros en la misma lucha (…) la fe en Dios no entra en conflicto con la asunción de la causa de los pobres hasta las últimas consecuencias. El derecho a la violencia no se plantea ni para los cristianos ni para los marxistas como una elección radicalista, sino como una necesidad debido a que las otras vías se han agotado.
En todo caso para el cristianismo la vida sin más no es el bien supremo (...) En los años 1979-1980 la identificación de los cristianos de base con el movimiento popular revolucionario era completa."[33]

Monseñor Romero, en una entrevista concedida poco antes de ser asesinado, explicaba así la situación del país: "El enemigo común de nuestro pueblo es la oligarquía (las catorce familias) que es cada vez más insaciable y a la que advierto a gritos: abran las manos,

---

[33]Harnecker, Marta: *Guerra en El Salvador…*, op. cit.

den los anillos, porque llegará el momento en que les cortarán las manos". Las fuerzas armadas "son las encargadas de velar por los intereses de la oligarquía, de cuidar la estructura con el pretexto de que ése es el interés y seguridad nacionales". Definía así el papel de la Iglesia: "Denunciar la explotación del hombre por el hombre, la discriminación (...) Urgir cambios estructurales, acompañar al pueblo que lucha por su liberación".

Desde el púlpito de su iglesia, monseñor Romero exponía cotidianamente los atropellos y masacres, intentando ser "la voz de los que no tienen voz". En su última homilía "hizo un llamamiento al ejército y en concreto a las bases de la Guardia Nacional, de la policía, de los cuarteles: 'Hermanos, son de nuestro mismo pueblo, matan a sus mismos hermanos campesinos, y ante una orden de matar que dé un hombre debe prevalecer la de Dios que dice: NO MATAR (...) En nombre de Dios, pues, y en nombre de este sufrido pueblo (...) les suplico, les ruego, les ordeno en nombre de Dios: ¡cese la represión!'"[34] Al día siguiente el Alto Mando Militar lo declaró fuera de la ley; a la tarde fue asesinado mientras celebraba misa.

Los primeros diez años de lucha armada

Las acciones realizadas entre 1970 y 1980 son innumerables. El mando de las FARN evalúa una parte de este período diciendo: "De 1972 a 1977, la guerrilla pasa por la FASE DE LA PROPAGANDA ARMADA Y LA SOBREVIVENCIA...", aclarando que "la propaganda armada y sus operaciones no cambiaron la correlación de fuerzas militares con el enemigo, sino que cumplieron con dos objetivos básicos: ha despertado la conciencia de que por medio de la lucha armada se va a derrocar al régimen

---

[34] Álvarez-Solís, Antonio y otros: op. cit.

burgués y ha dado las bases orgánicas para proseguir la construcción del Ejército Revolucionario".

En cuanto al tipo de acciones menciona las siguientes: "Recuperación de armas, toma de edificios y calles, reparto armado de propaganda, sabotaje a los cuerpos represivos, encuentros armados en la calle, fusilamiento de esbirros, captura de elementos burgueses para impuestos de guerra, y operaciones para canje de prisioneros de guerra".[35] Salvador Carpio, de las FPL, refiriéndose al período 1970-1980 dice: "En diez años hemos librado miles de acciones militares y reunido decenas de millones de dólares con los secuestros de los oligarcas y las requisas a los bancos. La marea ha crecido..." En cuanto a la situación en 1980 explica que "hemos organizado los primeros cuerpos del ejército regular en una nueva sociedad salvadoreña. Los comandos operan bajo la más estricta jerarquía militar y una severa disciplina. Batallones de 600 hombres actúan en regiones seleccionadas. Sus hombres manejan armas profesionales y viven la guerra en plenitud (...) En un segundo nivel, dueños del arte de la emboscada, los guerrilleros actúan las 24 horas del día (...) No hay jornada sin la captura de armas al ejército, a los guardias de las haciendas, a los policías, a los 'orejas' (...) En la lucha contra la dictadura el pueblo ha organizado milicias. Contamos con 100.000 milicianos armados. Manejan armas profesionales o de fabricación casera, pero todos son temibles. Combaten en el área de sus lugares de trabajo, la fábrica, el comercio o los centros de estudio".

Y a la pregunta de cómo es posible que toda esa organización militar revolucionaria subsista en un país tan pequeño contesta: "Se explica por la naturaleza de nuestra guerra, la combinación de la lucha militar y la lucha política. Sin la lucha política el enfrentamiento con el ejército hubiera sido una locura. Nos adaptamos a las condiciones específicas que nos rodeaban. No podíamos empezar

---

[35]Idem.

en las montañas, porque son bajas y no ofrecen seguridad. Nos iniciamos con la formación de los comandos urbanos, guerrillas de nivel elemental. Las extendimos al campo. Poco a poco abarcamos el país entero..."

México

El movimiento guerrillero en México tuvo dos vertientes; una urbana y otra rural.

La guerrilla rural se desenvolvió fundamentalmente por medio de dos organizaciones, la Asociación Cívica Nacional Revolucionaria y el Partido de los Pobres, ambas actuantes en el estado de Guerrero; tuvo un carácter marcadamente regional y no se expresó en otras regiones agrarias del país. Antes que éstas había existido otra guerrilla rural en el estado de Chihuahua.

La experiencia del campesinado mexicano en luchas armadas de masas a lo largo de la Revolución debe de haber influido en contra de la formación de pequeñas partidas guerrilleras, así como el hecho de "la integración específica del campesinado en el estado como uno de los sostenes de la legitimidad burguesa, tanto a través del sistema ejidal como a través de las instituciones estatales dirigidas al campesinado y de las organizaciones campesinas semiestatales o directamente integradas en el sistema del estado mediante el partido de gobierno".[36] Con 63.794 kilómetros cuadrados y dos millones de habitantes, el estado de Guerrero, recostado sobre la costa del Pacífico, es tierra de grandes contrastes; cuenta con el centro turístico de Acapulco, y al mismo tiempo, su actividad fundamental es la agricultura. "El 61% de la población está compuesta de campesinos, ocupados principalmente en el cultivo de la

---

[36]Gilly, Adolfo: "Otras reflexiones sobre la guerrilla de México", en *Coyoacán,* nº 3, abril de 1978, México.

copra, café y ajonjolí, junto al maíz y el arroz".[37] Por otra parte, un sector importante de esa población es indígena, con altos grados de analfabetismo, problemas sanitarios, etc. Los sectores de trabajadores industriales o proletarios agrarios concentrados tenían una baja incidencia en el estado en las décadas de 1960 y 1970. Guerrero es uno de los estados de México a la vanguardia en analfabetismo y población campesina y de los últimos en industrialización.

En cuanto a la guerrilla urbana, su surgimiento estuvo directamente relacionado con el gran movimiento estudiantil de 1968 y su gravísima represión, ocurrida en la Ciudad de México, con centenares de víctimas, bajo el gobierno de Díaz Ordaz. A partir de esa represión aparecen grupos clandestinos que se orientan hacia la actividad guerrillera siguiendo el ejemplo de los movimientos de Guerrero, pero en este caso dirigidos a la guerrilla urbana.

La segunda masacre ocurrida en Ciudad de México, en junio de 1971, ya bajo el gobierno de Echeverría y en la que se intervinieron grupos paramilitares, constituyó un nuevo impulso para el desarrollo de la lucha armada.

La guerrilla de Chihuahua (1964-1965)

Este movimiento surge como reacción a la apropiación por la familia Ibarra de propiedades que debían ser adjudicadas a campesinos sin tierra. Los Ibarra, amparados por las autoridades del estado, cometieron numerosos actos de violencia contra los campesinos.

"Arturo Gámiz y otros líderes campesinos de la región de Madera, que militaban en la Unión General de Obreros y Campesinos (UGOCM, ligada directamente al Partido Popular Socialista), entraron en negociaciones con el gobernador esperando que se resolvieran pacíficamente los conflictos por la posesión de la

---

[37]Mayo, Baloy: *La guerrilla de Genaro y Lucio*, Editorial Diógenes, México, 1980.

tierra".[38] Esas gestiones no dieron ningún resultado y Gámiz constituyó un núcleo pequeño y mal armado que inició sus acciones en febrero de 1964 volando con dinamita un puente en las propiedades de los Ibarra; informes oficiales cifran en once el número de los guerrilleros.

En marzo dieron muerte a Florentino Ibarra y comenzó la búsqueda del grupo en los estados de Sonora y Chihuahua por parte de policía y ejército. En julio se produjo un combate en el cual un grupo de cinco policías resultó derrotado.

En mayo de 1965 atacaron con éxito a un pelotón policial y militar, cerca de Ciudad Madera, adueñándose de equipos. El 23 de setiembre atacaron el cuartel de esa ciudad, que contaba con una guarnición de 120 hombres, con no más de 15 combatientes; de éstos, 8 resultaron muertos y el ataque fracasó. Los restantes guerrilleros, pese a una intensa persecución militar con apoyo de aviones no fueron encontrados. Las propuestas de este grupo eran referidas al problema agrario: entregar tierra a los campesinos y favorecer la industrialización del campo para elevar el nivel de vida de los trabajadores de la tierra.

Asociación Cívica Nacional Revolucionaria (ACNR, 1967-1972)

En 1960 se organizó un fuerte movimiento para luchar contra la corrupción y los atropellos del gobernador del estado de Guerrero, general Caballero. Tuvo un lugar destacado en esa lucha la Asociación Cívica Guerrense, que desempeñó un papel importante en la organización de las protestas. Estas tomaron un carácter masivo, obligando al gobernador a abandonar su sede de la capital estatal, Chilpancingo, y sucesivamente de otras localidades donde instaló su despacho. Al final el ejército reprimió brutalmente la

---

[38]López, Jaime: *Diez años de guerrillas en México, 1964-1974*, Editorial Posada, México, 1974.

lucha en la capital, el 30 de diciembre de 1960, causando decenas de muertes.

Ante la huida del gobernador, el ejecutivo central envió refuerzos militares y nombró un gobernador interino que, poco a poco, a través de la represión y el uso contundente del aparato central, fue desarmando la resistencia popular.

Entretanto, la ACG mantuvo el enfrentamiento, llegando a constituir junto con diversas personalidades locales una suerte de gobierno paralelo, denominado "gobierno de Coalición", que funcionó durante una semana. En esos días, mientras el nuevo gobierno pugnaba por establecerse, "la nueva agrupación rebelde era la que prácticamente gobernaba en Chilpancingo". Con esta actividad, el prestigio de Vázquez y su organización se incrementó, y continuó la lucha por diversas reivindicaciones populares.

La ACG se transformó en Asociación Cívica Nacional Guerrense (ACNG) y funcionó legalmente hasta 1962; sus tareas básicas eran la lucha por la libertad y la independencia sindicales, la reivindicación de las libertades políticas y otras demandas de carácter democrático. En 1962 presentó un candidato a la gobernación del estado, pero el fraude tradicional de la política mexicana le impidió el triunfo, en favor del oficialista candidato del PRI. El 31 de diciembre de ese año las protestas contra el fraude fueron aplastadas, con un saldo de 28 muertos y el pase a la clandestinidad de los miembros del AGC, acusados de haber disparado durante las manifestaciones.

Genaro Vázquez fue el dirigente y fundador de esta organización: de origen campesino, procedente del estado de Guerrero, se graduó como profesor y realizó estudios de Derecho que no concluyó. Militó en el Partido Popular Socialista, dirigido por Lombardo Toledano, y en el movimiento sindical de los maestros; "Genaro fue más consecuente en la línea del reformismo radical, pero a diferencia de los 'reformistas radicales' pugnaba por el método de lucha armada como la única línea estratégica de combate tras experimentar la 'lucha cívico-democrática' frente al estado mexicano".[39]

En este lapso, la presencia represiva del ejército, la policía y los agentes a sueldo de los caciques locales ocasionó numerosas masacres, mereciendo mencionarse entre otras las siguientes: el 15 de setiembre de 1961, en Copala, el ejército llevó a cabo una matanza; en 1965, en Tierra Caliente, 18 campesinos fueron asesinados por matones a sueldo en una lucha por la tierra; en 1967, copreros de Acapulco fueron asesinados por pistoleros de los patronos; en mayo de ese año se produjo además la matanza de Atoyac, de donde huyó Lucio Cabañas, el dirigente del PDLP.

Para eludir la represión, Genaro se ausentó varios años de Guerrero y fue detenido en México en 1966, siendo trasladado a la cárcel de Iguala. En ese período el movimiento se reorganizó y el 28 de abril de 1968 el primer comando armado de la ACNG con la Liga Agraria Revolucionaria del Sur "Emiliano Zapata", la Unión Libre de Asociaciones Copreras y la Asociación de Cafeticultores Independientes acordó constituir el Consejo de Autodefensa del Pueblo. Los componentes de estas organizaciones eran en su inmensa mayoría campesinos de la misma región.

El programa de lucha constaba de los siguientes siete puntos:

"1. Por la libertad política, que implica la salida del gobierno de todos los caciques y el advenimiento de un régimen popular de obreros, campesinos, intelectuales patriotas y estudiantes, así como el implantamiento de las libertades democráticas conculcadas por el régimen.
2. Por la planificación científica de la economía (…)
3. Por el respeto de la vida política sindical interna, la efectividad y ampliación de los derechos obreros.
4. Por el rescate de la riqueza minera en manos de empresas imperialistas de Norteamérica.

---

[39]Mayo, Baloy: op. cit.

5. Por el reparto de los latifundios y el rescate de las riquezas madereras (...) y la entrega de las mismas a sus dueños los campesinos.
6. Por la aplicación de la Reforma Agraria Integral (...)
7. Por la alfabetización y el desarrollo cultural del pueblo."[40]

En los años 1968 y 1969, según Genaro, se "habían de sentar las bases, cimentarlas y asegurar la subsistencia del movimiento guerrillero en Guerrero, para luego proyectar las acciones armadas a nivel nacional y lograr la coordinación con otros grupos". En cuanto a la razón del método de guerrillas, dice que "lo consideramos como la expresión más clara de la determinación y el desarrollo de la decisión revolucionaria y el método eficiente para obtener la liberación y el bienestar de los mexicanos. Escogimos Guerrero porque conocemos la región, la hemos estudiado y porque aquí se han agudizado con mayor rapidez los problemas que son comunes a México y a los países del llamado mundo subdesarrollado". Transformada la ACGN en Acción Cívica Nacional Revolucionaria, organiza tres Comandos Armados de Liberación, llamados General Juan Álvarez, General Emiliano Zapata y General Vicente Guerrero.

Además de la constitución de grupos guerrilleros rurales, desde 1970 realizan acciones urbanas destinadas a recaudar fondos y a la liberación de presos políticos.

Los revolucionarios secuestraron al banquero Donaciano Luna Radilla y al ganadero y cafetalero Agustín Bautista, quien fue ejecutado al no pagarse su rescate.

En noviembre de 1971 secuestraron a Jaime Castrejón Diez, rector de la Universidad de Guerrero y propietario de varias empresas de Coca-Cola en la región. Además de los fondos logrados obtuvieron la liberación de 24 presos políticos, entre ellos el periodista Mario Menéndez Rodríguez.

---

[40]Idem.

Los grupos guerrilleros de la ACNG operaban en el sector noroeste de la Sierra de Guerrero, y contra él se centraron las primeras ofensivas de las fuerzas armadas, lo que permitió al guerrillero Partido de los Pobres (PDLP) un desarrollo de sus fuerzas. Puesto que afectaron a las dos organizaciones, veremos las características de la acción del ejército en el siguiente apartado.

La ofensiva militar obligó a los grupos de la ACNG a alejarse de sus bases y campamentos; la muerte de Genaro Vázquez en un accidente automovilístico el 2 de febrero de 1972 descabezó a la ACNG, que virtualmente dejó de existir.

Partido de los Pobres (PDLP, 1968-1974)

En 1962 Lucio Cabañas era militante del Partido Comunista Mexicano y fue elegido secretario general de la Federación de Estudiantes Campesinos Socialistas. Participó junto a Genaro en el movimiento civilista de Guerrero.

De hecho surge el Partido de los Pobres a partir de la huida a la sierra de su creador, Lucio Cabañas, tras la matanza de Atoyac de mayo de 1967. Lucio había participado, aunque en un papel más de base que Genaro Vázquez, en todo el proceso de lucha de los cívicos en Guerrero.

Apareció públicamente el PDLP a principios de 1970, y su radio de acción eran "unos cuantos pueblos de la Sierra y la Costa Grande, si bien los 50.000 agricultores de la región cafeticultora de Atoyac le dispensaron una halagadora y activa simpatía, lo mismo que los campesinos del resto del estado".[41] Las acciones realizadas desde 1967 hasta 1970, según un comunicado del PDLP, fueron: "Hemos ajusticiado a dos sargentos, dos caciques cuyos pistoleros mataban campesinos; hicimos un ataque a la Policía Judicial (...) obligamos a que un rico cubriera el salario de sus 15 peones

---

[41]Idem.

a quiénes no les quería pagar; estorbamos la gira política de Luis Echeverría. Candidato de los millonarios..."[42] La base sobre la que se asentó la guerrilla fueron las Comisiones de Lucha del Pueblo, pequeños grupos clandestinos que colaboraban con el PDLP en tareas de abastecimiento, información, ayuda a los campesinos, etc. Como relata Lucio, las primeras armas de su grupo fueron donadas por campesinos, así como otros elementos y equipos.

A raíz de la caída de Genaro Vázquez el PDLP dio a conocer un comunicado donde aclaraba que la Brigada Campesina de Ajusticiamiento (nombre de su grupo armado) había venido actuando en forma separada de la ACNR; dicha Brigada, en esa fecha (febrero de 1972) había realizado ya numerosas acciones e incluso había mantenido choques con el ejército.

El ideario del Partido de los Pobres, redactado en marzo de 1971, fijaba los objetivos principales: la conquista del poder político; la destrucción del estado burgués; la construcción de un estado proletario formado por todos los trabajadores; la construcción de una sociedad nueva sin explotados ni explotadores, sin oprimidos ni opresores; la abolición de la propiedad privada, la expropiación y socialización de las empresas capitalistas, los medios e instrumentos de producción; la expropiación y colectivización de los latifundios, haciendas y demás propiedades de los capitalistas del campo.

También se proclamaba la necesidad de la destrucción del ejército y la policía represoras y se reivindicaba un sistema de democracia socialista y la igualdad de derechos para todos los trabajadores, así como para la mujer en el trabajo y en la sociedad. Se consideraba la lucha del pueblo mexicano como parte de un movimiento revolucionario internacional.

Para el logro de esos objetivos "se hace necesario desarrollar, profundizar y generalizar la guerra de movimientos y decisiones rápidas y extender la guerra de guerrillas a todo el país. La guerra de

---

[42]López, Jaime: op. cit.

guerrillas llevará a todo el pueblo a formas cada vez más superiores de lucha, hasta la insurrección general y la toma del poder…"

Entre las acciones más notorias del PDLP cabe mencionar el secuestro de Juan Gallardo, por el que obtuvo un importante rescate; varios intentos de lograr fondos en Acapulco, Tecpan (donde se produjo un enfrentamiento con la policía) y Ciudad de México, donde se capturó un botín de 2.000.000 pesos.

También en Acapulco se efectuaron dos secuestros. En 1971 los revolucionarios realizaron tres emboscadas al ejército. En la primera de ellas causaron 10 muertos, en la segunda 18 muertos y tomaron 20 prisioneros y en la tercera, cerca de Zacualpan, mataron a 2 soldados e hirieron a otro. Ocuparon algunos vehículos militares, así como armamento y equipo, todo ello sin sufrir bajas.

El 25 de junio de 1972 otra emboscada a un convoy del ejército deja un saldo de 10 soldados muertos y 2 heridos, además del botín de armas y municiones. El ejército sufrió otros dos fuertes ataques guerrilleros en la Sierra. Uno tuvo lugar en Santo Domingo, donde murieron 14 militares, fueron heridos 39 y más de 10 prisioneros quedaron en poder de la Brigada Campesina durante 5 días, siendo liberados sin sufrir daños. Otro ataque en Puerto Gallo se saldó con 11 militares muertos y varios heridos y presos; además la guerrilla tomó armamentos, municiones y equipos.

Las campañas del ejército

La lucha del ejército contra las guerrillas de la ACNR y del PDLP en Guerrero se desarrollo a través de varias campañas cuyas características fueron evolucionando en la medida en que iban fracasando en su intento de derrotar al movimiento armado. Así, la primera campaña, en 1967, consistió en establecer pelotones de soldados en los pueblos de la Sierra y en patrullar en camiones por los caminos sin ejercer una represión considerable.

La segunda campaña implicó la participación de efectivos policiales al lado del ejército, practicando una fuerte represión sobre la población y buscando el enfrentamiento con la guerrilla; esta campaña se produjo entre 1968 y 1969.

En 1970, la tercera campaña se caracterizó por la entrada de regimientos con miles de soldados que reemplazaron a los pequeños pelotones y que penetraron en los lugares más intrincados de la Sierra en busca de un núcleo que no contaba con más de 50 combatientes. Esta campaña contó con apoyo aéreo de avionetas policiales y helicópteros militares y continuó la actividad represiva con torturas, desapariciones y asesinatos de campesinos.

A fines de 1970, la cuarta campaña militar estuvo acompañada por una actividad político-social, consistente en medidas sanitarias, distribución gratuita de alimentos a precios muy bajos, obras locales para dar trabajo con salarios más altos que los corrientes, promoción técnica de los cultivos de café, etc. Con esta cuarta campaña el ejército logró separar al Partido de los Pobres de los campesinos de los pueblos donde mayor base tenía: San Gerónimo, Tecpan, Coyuca de Benítez y Atoyac; en el plano militar, por el contrario, no obtuvo el ejército los éxitos esperados.

En 1972 tuvo lugar una ruptura en el Partido de los Pobres, que daría surgimiento a otra organización armada: las FAR, de la que hablaremos más adelante. Su carácter de organización urbana, no obstante, restó fuerzas al núcleo guerrillero en la Sierra en un momento en que arreciaba la ofensiva militar.

Entre la quinta y octava campaña militar se produce la caída de Genaro Vázquez y la desarticulación de la ACNR, a la vez que tienen lugar las mayores victorias de la guerrilla del Partido de los Pobres, que ya hemos relatado. Pero el cerco militar poco a poco se va estrechando; la desmoralización de los soldados es superada mediante el cambio de unidades, el refuerzo de armamento y medios aéreos y, sobre todo, por el aliciente que significa la caída de

Genaro, con una leyenda de invulnerabilidad entre campesinos y soldados.

La táctica aplicada por el ejército en las últimas campañas fue la instalación de varios cercos sucesivos en tomo al lugar donde fuera detectada la guerrilla, dificultando seriamente la ruptura del cerco.

El secuestro de Figueroa y la caída de Lucio Cabañas (1974)

Desde 1972 en los documentos del PDLP se menciona al senador Rubén Figueroa como posible carta política del gobierno para postularlo como gobernador del estado de Guerrero. Figueroa se presenta ante Lucio en mayo de 1974, asumiendo una supuesta mediación con la guerrilla en medio de una intensa actividad militar. El PDLP decide retenerlo como rehén y negociar su liberación con el gobierno. En un comunicado solicitan el retiro de las tropas, la entrega de armas y dinero y la libertad de los presos políticos.

Pero el gobierno no está dispuesto a ceder, aunque le pueda costar la vida al senador, y se acrecienta la ofensiva militar; se decide "no pactar con criminales".

En los meses finales en 1974 tuvieron lugar los combates más duros en que estuvo involucrada la guerrilla: cerca de diez enfrentamientos, que terminaron con victoria del PDLP. Pero la persistencia del cerco obligó a la guerrilla a dividirse en tres fracciones para tratar de evadirse. En esas circunstancias huyó Figueroa el 8 de setiembre.

En un enfrentamiento producido el 29 y 30 de noviembre caen 7 guerrilleros; otro choque iniciado el mismo día produce la pérdida de 17 combatientes, en una batalla que dura tres días y en la que participan cerca de 5.000 efectivos policiales y militares. Finalmente, el 2 de diciembre de 1974, luego de varios días de retirada, cae el último grupo del PDLP, integrado por unos 20 combatientes, entre ellos Lucio Cabañas. Con esta acción desaparece de hecho el Partido de los Pobres.

Fuerzas Armadas Revolucionarias (FAR, 1973-1975)

Las FAR surgen a raíz de discrepancias en el seno del PDLP entre Lucio y Carmelo Cortés, otro de los fundadores del partido, líder de una huelga en 1966 de la Universidad Autónoma de Guerrero.

Carmelo tenía una formación marxista bastante más completa que Lucio, quien no daba demasiada importancia a las cuestiones teóricas. Discrepaban en la necesidad de la preparación ideológica de los militantes, y además Carmelo exigía una férrea disciplina en la guerrilla, con lo que Lucio discrepaba, siendo más partidario de formas flexibles en su seno, según relata Balay Mayo.

En 1973 un sector dirigido por Carmelo se aleja del PDLP y de la actividad en la Sierra para crear las FAR, que realizan operaciones urbanas, particularmente secuestros y otras acciones en busca de fondos. Actúan en Acapulco y otras ciudades de Guerrero, pero también en Cuernavaca y México.

Carmelo Cortés y otros miembros de las FAR mueren en un enfrentamiento con la policía judicial y miembros del ejército en la Ciudad de México el 1 de setiembre de 1975, con lo que desaparece esta organización.

Frente Estudiantil Revolucionario (FER)
Fuerzas Revolucionarias Armadas del Pueblo (FRAP, 1970)

En 1970 se formó en Guadalajara el Frente Estudiantil Revolucionario (FER) para oponerse a la gubernamental y corrupta Federación de Estudiantes de Guadalajara (FEG).

Un intento de realizar asambleas fue frustrado por la intervención de grupos armados de FEG, produciéndose un tiroteo. El FER pasó a la clandestinidad y varios de sus miembros fueron detenidos.

En noviembre y diciembre de 1971 ese grupo asaltó dos bancos. En 1973, bajo el nombre de FRAP, secuestró al cónsul de

Estados Unidos en Guadalajara, Terrance George Leonhardy. Por su liberación, los activistas obtuvieron la libertad de 30 guerrilleros presos y la difusión de un comunicado.

En una entrevista de agosto de 1972, miembros del FER definen así a su organización: "El FER, como su nombre lo indica, es una organización semiclandestina que se transformó de un organismo estudiantil a un organismo político-popular, con y en apoyo al pueblo trabajador, profesores y profesionistas que se encuentran organizados a distintos niveles; desde el democrático hasta el armado (...) Sólo el socialismo permitirá que el pueblo trabajador tenga el poder político y éste sólo se obtendrá a través de las armas".[43] El comunicado del FRAP con motivo del secuestro del cónsul de Estados Unidos, del 5 de mayo de 1972, luego de denunciar las condiciones de vida de los trabajadores y la violencia ejercida por los explotadores, reivindica la necesidad de "la violencia de los explotados para liberarse y conquistar el derecho a disfrutar del producto real de su trabajo". Destaca el comunicado que la lucha armada es la forma de lucha fundamental que genera, por las acciones conscientes, las condiciones subjetivas para que se dé la revolución social.

En 1974 se atribuyó al FRAP el secuestro del licenciado José Guadalupe Zuno, ex gobernador de Guadalajara y suegro del presidente de la república; se pedía la libertad de 10 presos políticos. El embajador cubano condenó el hecho y solicitó públicamente su libertad. Posteriormente Zuno fue liberado sin que las condiciones del FRAP fueran logradas.

Frente Urbano Zapatista (FUZ, 1969)

La acción más conocida de este grupo fue el secuestro de Julio Hirschfeld Almada, millonario y director de Aeropuertos, efectuado en Ciudad de México el 27 de setiembre de 1971; el FUZ

---

[43]Idem.

obtuvo por su rescate 3.000.000 pesos. Antes, en 1969 y 1970, había efectuado varias operaciones para conseguir fondos.

En una entrevista publicada en junio de 1972, Francisca Calvo Zapata, miembro del FUZ detenida en la cárcel de mujeres, expuso así los objetivos del grupo: "En México las condiciones subjetivas para la revolución socialista han madurado aceleradamente. La actitud represiva del régimen, acentuada a partir del Movimiento Estudiantil Popular del '68, ha contribuido grandemente a ello". Señala luego que los fracasos sufridos por la dirección del movimiento de masas son atribuibles a su espontaneísmo y que se ha tomado conciencia de la necesidad de organizar la vanguardia revolucionaria.

Considera que el movimiento campesino se expresa a través de formas organizativas alrededor de sus líderes naturales y de la lucha armada, citando al Partido de los Pobres y a la ACNR. Dice luego: "Este proceso que lleva a la conformación de un poder revolucionario organizado, que reúna la combinación de luchas, armada y democrática, se está dando ya en toda Latinoamérica", y dice también que el movimiento armado en México es fruto "del cierre total o parcial de las vías democráticas de lucha. La mayoría de los miembros de la lucha armada guerrillera hemos sido, en mayor o menor medida, participantes en las luchas democráticas populares (...) Un alto porcentaje de nosotros participó en el movimiento estudiantil del '68."[44]

Movimiento de Acción Revolucionaria (MAR, 1970)

Entre 1970 y 1971 este grupo realizó varios asaltos a entidades bancarias; en ese lapso fueron detenidos más de 30 militantes. Las características políticas del MAR son similares a las del FUZ. Sus

---

[44]Idem.

integrantes fueron acusados por la policía de haber recibido entrenamiento en Rusia y Corea.

Comandos Armados del Pueblo (CAP, 1971)

Pequeño grupo que realizó diversos asaltos a comercios de México, siendo detenidos en setiembre de 1971 sus nueve integrantes, todos ellos estudiantes.

"Nuestra lucha guerrillera tiene como objetivo, a corto plazo, la afectación económica y política de toda la estructura capitalista que nos oprime (...) es así como a largo plazo se irá conformando inexorablemente el Ejército Popular que hará posible la toma del poder y la instauración de la sociedad socialista", dicen en una declaración en 1972.[45]

Comandos Armados de Chihuahua (1972)

En enero de 1972 este grupo realizó tres asaltos simultáneos a entidades bancarias de Chihuahua. En uno de ellos se produjo un tiroteo donde murieron dos de los guerrilleros y otros murieron al ser detenidos o en dependencias policiales.

Tres de los presos salieron exiliados en el canje por el cónsul norteamericano, a cuyo secuestro nos hemos referido antes. Uno de ellos, Pablo Martínez Pérez, en una entrevista posterior declaró que el grupo no estaba preparado para ese tipo de operaciones, ni tampoco para el caso de una caída.

Liga Armada Comunista (1972)

Este grupo se dio a conocer cuando secuestró un avión de Mexicana de Aviación entre Monterrey y Ciudad de México el 9

---

[45]Idem.

de noviembre de 1972. Los secuestradores exigían la libertad de miembros de su organización detenidos el día anterior, acusados de diversos asaltos en bancos y comercios. Consiguieron su objetivo, así como 4.000.000 pesos, armas y municiones, y se dirigieron a La Habana con el *jet* secuestrado. La LAC estaba compuesta por estudiantes.

Liga Comunista 23 de setiembre (LC-23, 1973-1975)

Esta organización surgió como unión de diversos grupos y se caracterizó por sus posiciones políticas, mucho más definidas y sectarias en su aplicación armada que las de otras fuerzas guerrilleras. Tomó su nombre en recuerdo a la acción de 1965 del grupo de Chihuahua.

En un documento escrito en la cárcel de Monterrey, Héctor Escamilla y otros antiguos miembros de LC-23 caracterizan a los grupos existentes a partir de 1970 como muy reducidos y volcados fundamentalmente a la obtención de fondos, sin realizar trabajo de masas. Dicen que "los esfuerzos por liquidar la dispersión en todos los niveles se materializaron en 1973 con la unión de la mayoría de los grupos armados existentes, surgiendo así la Liga Comunista 23 de Setiembre, como una síntesis de todos ellos y constituyendo la expresión más desarrollada de este movimiento. Esta organización contaba con gran cantidad de miembros que se distribuían por casi la totalidad de la república, principalmente las áreas de concentración urbana, aunque también contaba con algunas brigadas rurales."[46] Si bien la LC-23 inicialmente cuestionó la proliferación de acciones de contenido económico y procuró incrementar el contenido político de la organización, luego cayó en esas mismas prácticas, lo que junto con "la dificultad de realizar tareas intermedias

---

[46]"Un balance de la guerrilla en México", *Folletos Bandera Roja,* nº 11, México, 1976.

de ligazón a las masas, el fracaso de algunos operativos militares y la persecución, extensa y profunda, de los cuerpos policíacos especializados", se unió "al germen militarista existente (...) la llevó a su desintegración en sus diferentes tendencias..." Otra visión crítica del programa de la LC-23 lo define de la siguiente forma:

"Cuatro posiciones cardinales configuraban su política: 1) la escisión, objetiva de la clase obrera entre aristocracia obrera y capas bajas del proletariado, lo que colocaba al centro de la táctica la 'lucha a muerte' contra el revisionismo y el oportunismo; 2) la concepción del sindicato como órgano del estado burgués que se opone a la organización independiente del proletariado; 3) el concepto de estudiante-proletario, producto de la transformación de la antigua universidad en una 'universidad-fábrica'; y 4) el rechazo de las luchas democráticas en una perspectiva socialista (...) Todo esto encuadrado en una idea del proceso revolucionario por el cual las capas bajas del proletariado son siempre y en todo momento revolucionarias, que requieren sólo una dirección 'pura' que luche a muerte con el oportunismo".[47]

Los intentos de la LC-23 por superar el fraccionamiento de la guerrilla mexicana fracasaron; sucesivas caídas ante la represión y nuevas divisiones en tendencias fuertemente enfrentadas llevaron a su desaparición de hecho en 1975.

---

[47]Rhi Sausi, José: "La parábola de la guerrilla mexicana", en *Coyoacán* nº 3, abril de 1978, México.

Capítulo V

*La lucha armada
entre 1980 y 1994*

Este período se inició con el triunfo de la revolución en Nicaragua, que luego fue hostigada hasta la derrota electoral, con la consiguiente entrega del gobierno. Continuó la lucha armada en El Salvador, Guatemala y Colombia y resurgió la guerrilla en Perú y en 1994 en México con la aparición del EZLN. Hubo un marcado descenso de la cantidad de organizaciones guerrilleras, pero las existentes fueron más sólidas. Hacia el final del período firmaron la paz el M-19 y otras organizaciones en Colombia y el FMLN en El Salvador, encontrándose en pleno desarrollo las negociaciones en Guatemala entre la URNG y el gobierno.

Algunas características de esta etapa son las siguientes:

-La revolución nicaragüense que marcó el inicio de la década perdió las elecciones a consecuencia de la tremenda presión ejercida por Estados Unidos y la acción militar de la Contra y entregó el gobierno.

-La situación de Cuba se ha seguido agravando merced esencialmente al bloqueo de Estados Unidos.

-Existe una ofensiva militar y diplomática orientada por Estados Unidos tendiente a que las guerrillas depongan las armas incondicionalmente, a través de negociaciones de paz.

Este hecho refleja el reconocimiento de la dificultad de lograr la derrota militar de las organizaciones armadas y la imposibilidad de éstas de vencer militarmente ante la intervención directa de Estados Unidos.

-Las guerrillas se han transformado en organizaciones político-militares con fuerte implantación popular. Su capacidad militar es muy superior a la que tenían en el pasado, como lo demuestra la evolución de las operaciones.

En la mayoría de los casos los distintos núcleos guerrilleros se han unificado o coordinan sus fuerzas.

En estas circunstancias, la historia de esta etapa es mucho más compleja que la anterior e incluye elementos nuevos en cada país y cada organización guerrillera.

Nicaragua: la Contra. Una guerra de baja intensidad

A partir del triunfo de la revolución en 1979 se inició el hostigamiento por parte de Estados Unidos, que se desarrolló en los planos económico, político y militar. En este último aspecto se llevó a cabo una guerra de baja intensidad, con la instalación de un verdadero ejército en territorio de Honduras y con la ocupación de parte del norte de Nicaragua. Con el aporte de antiguos guardias somocistas, individuos descontentos reclutados en Nicaragua, personal de la CIA y oficiales de inteligencia argentinos, todos ellos a sueldo, se conformó un ejército de varios miles de hombres, bien armados y equipados, que libraron una guerra de guerrillas durante varios años. Además se operó por aire y por mar, llegándose a bloquear puertos, y se realizaron innumerables sabotajes económicos.

Esta actividad contó con el respaldo político de sectores opositores al sandinismo que contaban con una considerable financiación.

Pese a que en el plano militar la Contra no logró ocupar permanentemente ninguna zona que le permitiera instalar un gobierno provisional, sí logró mantener en jaque al ejército sandinista, obligándolo a volcarse en la región y causando una sangría irreparable a la débil economía nacional.

A las consecuencias económicas de la guerra se sumaron errores del propio FSLN, que llegó a imponer el reclutamiento militar obligatorio, provocando un fuerte descontento popular. Por otra parte, las promesas de una gran ayuda económica exterior y el deseo de paz otorgaron el triunfo a la oposición en las elecciones de 1990, con lo que el sandinismo se vio obligado a entregar el poder.

Los recontras y los recompas

El gobierno de Violeta Chamorro prometió resolver la angustiosa situación de los antiguos combatientes de ambos bandos. El incumplimiento de este compromiso llevó a muchos de ellos a alzarse en armas, denominándose recontras los ex contras y recompas los ex sandinistas. En los últimos tres años se han producido numerosos levantamientos y acciones diversas, incluso toma de ciudades, que han sido sofocados por el ejército, en el cual aún se mantienen los altos mandos del período revolucionario. En abril de 1994 se produjo la entrega de las armas del último grupo de recontras que permanecía alzado, a cambio de la reiterada promesa de que serían atendidos sus problemas.

Colombia

Movimiento de Izquierda Revolucionario-Patria Libre (MIR-PL)

Alfredo, dirigente del MIR-PL, unificado desde 1987 con el ELN, cuenta el proceso de surgimiento de su organización:

"El PCC-ML (Partido Comunista de Colombia-marxista leninista) surge como una escisión del PC y coincide con el ELN en muchas ideas del guevarismo y de la revolución cubana (...) Después fueron

292

surgiendo otros grupos ML (...) Lo que más los diferenciaba del ELN era que tenían la guerrilla pero se planteaban también como partido (...) ninguna de estas dos corrientes supieron responder al movimiento campesino que se gestó en la época del '69 al '73. Y eso puso en crisis a ambas.

(...) Algunos grupos de este archipiélago ML, entre ellos el MUR, con raíz en grupos cristianos, dieron origen al MIR-PL y empieza a unirse ya para 1978 (...) Fuimos identificando nuestros errores. Primero el izquierdismo, o mejor, el ultraizquierdismo: sobrevaloración de la lucha armada y falta de atención a la lucha social, política, gremial (...) El otro error lo llamamos populismo o campesinismo. Llegamos a plantear que el campesino era la cabeza de la revolución y construimos trabajo casi únicamente en el campo (...) Otro grave error fue la poca atención a lo nacional y a lo latinoamericano. Pasábamos mirando a los soviéticos, a los chinos, a los albaneses y haciendo copias (...) En los años '79, '80, '81, se dan ya las primeras muestras de unidad en la izquierda al unirse varios grupos ML (...) En el año '83 nació el MIR-Patria Libre y ya en el '84, en pleno momento de la tregua, lo lanzamos públicamente como una organización guerrillera, con la toma de El Salado, en Bolívar (...) Al nacer teníamos 60 hombres en armas y unos 600 militantes (...) Era una guerrilla particular: gente muy ligada a la comunidad, en milicia, que venía un tiempo al grupo armado y volvía otra vez a la milicia (...) Teníamos mucha arma corta y mucha escopeta. En los primeros ocho meses hicimos ya 57 acciones (...) Del movimiento de masas que había allí logramos ir articulando un movimiento guerrillero."[1]

En 1984 el MIR-PL operaba un frente guerrillero en el departamento de Córdoba.

---

[1]López Vigil, Marta: *Camilo camina en Colombia,* Txalaparta Editorial, Navarra, 1990.

Movimiento Indígena Quintín Lame

Surge el Movimiento Indígena Quintín Lame a comienzos de los años ochenta, cuando, a partir de un movimiento de masas indígenas, se constituye un grupo guerrillero. En 1984 contaba con dos frentes en el departamento del Cauca.

A comienzos de 1991 esta organización entregó las armas y comenzó a participar en la vida política legal.

Partido Revolucionario de los Trabajadores (PRT)

Constituido en 1984, este grupo actuaba en la zona de Bogotá y contaba con unos 30 hombres. En enero de 1991 entregó las armas como parte del proceso de paz.

La amnistía de Belisario Betancur (1982)

El 27 de febrero de 1980 el M-19 ocupa la embajada de la República Dominicana en Bogotá, tomando como rehenes a más de 20 diplomáticos extranjeros, entre ellos los embajadores de Estados Unidos, Israel y el Vaticano.[2] Pese a que la ocupación se prolongó durante 45 días, el gobierno no cedió en la principal condición, la libertad de 380 presos, pero permitió salir al comando y pagó más de un millón de dólares al M-19.

La organización consideró que había logrado un éxito, puesto que "el gobierno nos reconoció como una fuerza beligerante político-militar y que el mundo entero supo quiénes éramos y cuáles son nuestros objetivos de lucha".[3] A partir de esa fecha las organizaciones guerrilleras incrementaron su actividad y sus efectivos. En 1982

---

[2] Fajardo, José y Roldán, Miguel Ángel: *Soy el comandante 1*, Editorial La Oveja Negra, Bogotá, 1980.
[3] Behar, Olga: *Las guerras de la paz*, Planeta Editorial, Bogotá, 1985.

294

las FARC deciden organizarse a nivel nacional extendiendo sus acciones a las ciudades y pasan a llamarse FARC- Ejército del Pueblo.

El ELN, luego de su prolongada crisis, retoma una operatividad regular, y el EPL, en 1980, tras abandonar en parte las tesis maoístas, concede un creciente papel a la ciudad y aumenta sus efectivos.

Una idea del potencial guerrillero lo da en enero de 1984 el ministro de Defensa, General Landazábal, quien lo estima en 16.670 combatientes distribuidos de la siguiente manera: "Las FARC tenían 25 frentes y un total de 12.620 hombres; el ELN, 9 frentes con 2.510 hombres; el M-19, 14 frentes y 895 militantes; el EPL-PLA, 4 frentes y 350 guerrilleros; el ADO, con 30 hombres y la ORP, tenía 15 hombres".[4] El presidente Belisario Betancur, en la toma de posesión de su cargo, el 7 de agosto de 1982, ofreció la paz "a los hermanos alzados en armas", y el mismo día el M-19 contestó desde Caquetá que "vamos a donde él quiera, para hablar de la paz, no de la guerrilla, de la paz del país".[5] En el texto citado, aclara el movimiento guerrillero: "Creemos ante todo en la paz como justicia social, como democracia política. Para nosotros la paz es un modelo de desarrollo económico y político. Como modelo de desarrollo político está centrada en la concertación..." Las FARC y el EPL manifiestan su acuerdo para iniciar negociaciones de paz; el ADO se divide en dos fracciones, a favor y en contra; el ELN rechaza lo que considera una trampa del gobierno.

El parlamento dictó una ley de amnistía, pero en los seis primeros meses del nuevo gobierno se produjeron numerosos asesinatos perpetrados por comandos paramilitares.

Los grupos de extrema derecha habían surgido bajo el gobierno de Turbay Ayala (1978-1982), primero como autodefensa de los

---

[4]Giraldo García, Fernando: *Colombia* 1982-1985: *de la violencia* a *la guerra,* Medellín, 1990.
[5]Fayad, Álvaro; Jacquin, Alfredo; Pizarro, Carlos: *El M-19* y *la paz,* Ediciones Macando, 1986.

terratenientes y luego como brazo armado del narcotráfico, fuertemente imbricados con las fuerzas armadas y cuerpos policiales; realizaron miles de asesinatos de campesinos y simpatizantes de la guerrilla.

"Coincidiendo con el gobierno de Turbay en 1978 y el auge de la mafia, para fines de la década del '70 se inicia lentamente ese proceso de guerra sucia, irregular, que alcanzaría niveles superiores durante el proceso de tregua en 1984-1985, hasta desbordarse (…) La versión colombiana del cono sur, al amparo de 35 años de estado de sitio, ha dejado en la última década ('76-'86) 3.400 desaparecidos y asesinados, cerca de 2.000 torturados y 11.000 detenidos políticos", afirma el Congreso de la Central Única de Trabajadores de noviembre de 1986.[6] A comienzos de la década el tráfico de drogas pasa de ser una actividad delictiva común a transformarse en un factor de la guerra política; el enorme potencial económico acumulado por este sector, su peso en la economía nacional y su presencia política reconocida se suman a la lucha contra la izquierda y la guerrilla.

Los grupos paramilitares financiados por los grandes narcotraficantes, armados con los medios más modernos, han contratado para su formación y entrenamiento a militares extranjeros, como el coronel israelí Klein y oficiales británicos y de otras nacionalidades.

La firma de la tregua en 1984 y su fracaso

En Madrid, en octubre de 1983, se reunieron en casa de Julio Feo, secretario de Felipe González, el presidente Betancur y los dirigentes del M-19 Fayad y Marino Ospina. De esta reunión no salieron resultados concretos, ya que Betancur buscaba una negociación con las FARC, organización con la cual se firmó un acuerdo en La Uribe, departamento de Meta, el 28 de marzo de 1984. Se convino

---

[6]Giraldo, Fernando: op. cit.

el alto el fuego a cambio de promesas del gobierno de presentar proyectos de ley al parlamento que mejoraran la condición económica, social y política del pueblo colombiano.

Alfonso Cano, del Estado Mayor de FARC-EP, explica la firma del acuerdo: "Había que parar el fuego para empezar a discutir (...) Pedíamos en la fórmula el nombramiento de unas comisiones para verificar ese cese del fuego y si éste se cumpliera nos sentaríamos a discutir un período de tregua o prueba de un año, durante el cual sería obligatorio hacer reformas sustanciales en la vida nacional (...) No proponíamos ni el socialismo ni el comunismo, sencillamente pedíamos abrir las vías de la democracia con medidas en lo social, en lo económico".[7] Y agrega que "vimos cómo se reportaba un ascenso de la lucha popular y democrática, cómo la lucha por la paz se había convertido en la preocupación central del país".

En ese momento se tomó la decisión de formar un movimiento político amplio, la Unión Patriótica (UP). Al ver que el gobierno no continuaba las negociaciones, el M-19 anunció una ofensiva militar: "No aceptamos el arreglo con las FARC, porque le falta pueblo, es un convenio entre gobierno y guerrilla, y pensamos que ése no es el problema de la paz en este país".[8] En marzo de 1984 el M-19 entra en la ciudad de Florencia, con cerca de 200.000 habitantes, capital del departamento de Caquetá y sede de la mayor concentración de tropas contrainsurgentes del ejército colombiano; los guerrilleros toman la cárcel y algunas dependencias policiales y luego se retiran.

En agosto del mismo año ocupan Yumbo, suburbio industrial de Cali, durante varias horas, aunque no logran tomar el puesto policial. En cuanto al EPL, según relataba su comandante Ernesto Rojas, "cuando el gobierno del presidente Betancur se inició (1982), el EPL pasaba por una etapa de crecimiento y gran

---

[7] Bahar, Olga: op. cit.
[8] Idem.

desarrollo. Habíamos dejado de ser una organización regional y rural para convertimos en nacional y de acción combinada en el campo y la ciudad".[9] Antes de las negociaciones, el EPL realizó varias tomas de puestos policiales en Peque, Sabana y Giraldo, movilizando entre 50 y 80 combatientes.

El ELN no participó en las negociaciones y no firmó el acuerdo de alto el fuego. Su comandante Manuel Pérez explica la posición de la organización: "¿Será posible un diálogo entre los terratenientes e indígenas que están siendo desalojados a bala y garrote de sus tierras en estos momentos? ¿Será posible un diálogo entre el amo capitalista que explota su fuerza de trabajo y condena a los obreros a salarios de miseria, disuelve sus huelgas y reprime los mitines con armas de fuego?" Otro dirigente del ELN, Federico García, agrega: "El futuro de la revolución colombiana tiene que ver con la consolidación de un poderoso ejército revolucionario, con la consolidación de un fuerte movimiento de masas y con la construcción de un frente de las organizaciones revolucionarias con perspectivas antiimperialistas y socialistas".[10] En noviembre de 1984, un comando del ELN secuestra en Arauca a varios técnicos extranjeros, iniciando así el hostigamiento a las compañías petroleras.

Meses después el gobierno reanuda las negociaciones con el M-19 y las inicia con EPL y ADO, lo que culmina con un acuerdo firmado en Medellín el 24 de agosto de 1984 y luego en las localidades de Corinto y El Hobo para establecer un alto el fuego e iniciar un diálogo nacional.

En el caso de ADO, la organización se dividió en torno a este tema; por el sector que estaba de acuerdo firmaron Esteban Zamora, Héctor Fabio Abadía Rey y Carlos Efrén Agudelo.

Varios hechos limitaron ese acuerdo: el mismo día 24 se produjo un atentado contra el dirigente del M-19 Carlos Pizarro y su

---

[9] Giraldo, Fernando: op. cit.
[10] Bahar, Olga: op. cit.

esposa, que resultaron heridos, y fue asesinado en Bucaramanga Carlos Toledo, líder de la organización.

Mientras el M-19 realizaba cientos de actos públicos en toda Colombia, continuaba la represión y no se cumplía la tregua por parte del ejército. Como culminación, en el mes de diciembre se lanzó una operación militar destinada a aniquilar una columna del M-19 en Yarumales. Fue un combate que duró 27 días y concluyó con una victoria guerrillera contra el Batallón Colombia, pese a que éste utilizó todos sus medios, incluida artillería.

Carlos Pizarro cuenta en el libro citado que el M-19 encaró ese combate con un cambio estratégico. En lugar de golpear y huir, los guerrilleros decidieron luchar defendiendo una zona, para lo cual se prepararon fortificando y minando el lugar elegido; en un momento de la lucha atacaron, sorprendiendo al ejército y causándole muchas bajas. En cuanto a la tregua firmada, el M-19 la consideró rota a raíz del atentado que sufrió en mayo de 1985 Navarro Wolf, jefe del comando legal enviado a las ciudades a impulsar las negociaciones de paz.

La ruptura de la tregua y el surgimiento
de la Coordinadora Guerrillera Simón Bolívar (CGSB)

A mediados de 1985 la tregua había concluido; el 20 de junio se realizó el III Paro Cívico, que fue apoyado por todas las organizaciones de izquierda y guerrilleras. Declarado ilegal por el gobierno, el paro fue reprimido con arrestos, asesinatos de dirigentes sindicales y atentados contra los representantes públicos de las organizaciones armadas.

En esas mismas fechas se realiza un importante encuentro guerrillero para discutir las posibilidades de unidad; participan ELN, EPL, PRT, Patria Libre, M-19 y el Frente Ricardo Franco de las FARC-EP. Declaran que "el cinismo burdo de un régimen que habla de paz mientras es pasivo ante la angustia popular, activo en cambio para la militarización del país, activo para la violación de los acuerdos con las organizaciones firmantes y activo para estimular los grupos paramilitares hasta llegar al crimen que nos llena de indignación y de coraje, cometido contra el compañero Antonio Navarro Wolf".[11] La coordinación se irá concretando en operaciones conjuntas firmadas por la Coordinadora Nacional Guerrillera Simón Bolívar. En esa época la guerrilla estaba activa en 74 frentes de 28 regiones.

En noviembre de 1985 el M-19 inicia su ofensiva militar cuando un comando dirigido por Alfonso Jacquin toma el palacio de Justicia de Bogotá, exigiendo la publicación de la documentación referente al acuerdo de alto el fuego. La respuesta del ejército es el arrasamiento del edificio, causando más de 100 muertos, incluida la totalidad del comando y casi todos los miembros de la Corte Suprema.

El Batallón América del M-19 inicia en enero de 1986 su marcha hacia Cali, rompe varios cercos militares y en Villacarmelo derrota a tropas de la Escuela de Suboficiales, causando bajas y capturando equipo. Luego de permanecer un tiempo en las proximidades de Cali se repliega hacia las montañas cercanas.

Según Álvaro Fayad, en la ofensiva militar para tratar de aniquilar al M-19 el ejército moviliza a todos los batallones antisubversivos con que cuenta. "El armamento de la guerrilla es, en efecto, tan moderno y casi tan pesado como el de las tropas regulares: morteros, cohetes *rockets*, granadas RPC, granadas de fusil G-3. Los guerrilleros cuentan además, según la inteligencia militar, con equipos ultramodernos de radiotransmisiones e incluso con estaciones repetidoras".[12] El M-19 sufrió en esta etapa la pérdida de muchos de sus dirigentes históricos, como Jaime Bateman, Iván Marino Ospina, Alfonso Jacquin y Álvaro Fayad, con lo cual quedó

---

[11]Giraldo, Fernando: op. cit.
[12]Fayad, Álvaro: op. cit.

300

muy debilitado, si bien mantuvo su actividad militar hasta las negociaciones de 1989.

Las FARC respondieron a la ofensiva militar: "El 16 de junio de 1987, en una operación militar combinada por los Frentes 14 y 15, haciendo uso de su legítima defensa, emboscaron y aniquilaron una patrulla del veterano Batallón de contra-guerrilla *Cazadores*".[13] Paralelamente, la Unión patriótica que había sido impulsada por las FARC y el PC, participó en las elecciones de 1986, en las que obtuvo 350.000 votos, así como unos 350 concejales, 9 representantes a la cámara y 6 senadores. Al mismo tiempo la UP sufrió un permanente hostigamiento que en mayo de 1989 había costado la vida a unos 800 de sus integrantes, entre ellos a su presidente Jaime Pardo Leal.

El ELN continúa sus acciones contra las empresas petroleras con secuestros de ejecutivos, voladuras de oleoductos, etc., obligándolas a negociar con la guerrilla y a pagar fuertes contribuciones. Manuel Pérez explica una de las operaciones: "Con la SICIM, ella nos ha pagado 4 millones de dólares por la liberación de sus ingenieros y desarrollado programas de ayuda a las poblaciones. Pues nuestra organización no busca únicamente aumentar sus ingresos. Queremos que el dinero que obtenemos de las sociedades extranjeras beneficie a nuestro pueblo". En el segundo semestre de 1988 el ELN atentó contra el gerente de la Texas Petroleum Company y contra las oficinas de la petrolera Occidental. Por otra parte, se colocó un coche bomba en la segunda División del ejército en Bucaramanga, causando el derrumbe de dos pisos del edificio.

En junio de 1987 el ELN y la organización MIR Patria Libre se unificaron formando la Unión Camilista-ELN, que en noviembre de 1990 realizó su II Congreso, con la presencia de cien delegados.

---

[13]Comisión Internacional FARC-EP: *Colombia. 25 años de lucha por paz, democracia y soberanía,* mayo de 1989.

Haciendo el balance de los tres años transcurridos entre congresos, la UCELN afirma que "la organización triplicó su fuerza rural y extendió su influencia en las zonas de conflicto social (...) En los cinco frentes de guerra se desarrollaron las fuerzas guerrilleras, regulares y milicianas".[14] La acción militar regular se realiza por medio de compañías de 100 a 150 combatientes, que tienen una infraestructura permanente en forma de cuarteles y cuentan con armamento moderno, como fusiles M-14 norteamericanos, Galil israelíes y G-3 alemanes tomados a las fuerzas armadas. En unión con las FARC realizaron en 1988 el aniquilamiento de una compañía de tropas contraguerrilleras y otras cuatro operaciones similares.

Manuel Pérez, en referencia a la situación de la organización popular, dice: "En el '86 surge la CUT. Por primera vez en Colombia se conforma una gran central obrera. En ella está hoy el 80% de todos los obreros sindicalizados del país. Y ya hoy la Unión Patriótica, el Frente Popular y A Luchar, las organizaciones políticas de masas, se han unido en el Frente de Izquierdas. Desde el '85 para adelante ha habido procesos unitarios por todos lados".[15]

El proceso de paz de 1990

Durante el gobierno de Virgilio Barco (1986-1990) la actividad de las bandas paramilitares se incrementó notablemente, dirigiéndose en particular contra las organizaciones legales de la izquierda, como la Unión Patriótica, a la cual se le causaron unos 1.400 muertos. Incluso fue asesinado el candidato liberal a la presidencia, Luis Carlos Galán. La virtual ruptura entre el estado y los narcotraficantes, unida al aumento de las acciones guerrilleras y de la movilización popular, explican la nueva ofensiva de paz lanzada por el

---

[14] *Tribuna Internacional,* nº 1.
[15] López Vigil, María: op. cit.

gobierno de Barco y complementada por el de Gaviria desde 1990, que contó con el apoyo de Estados Unidos.

En esta etapa surgió desde el movimiento estudiantil la consigna de convocar una Asamblea Constituyente que analizara y resolviera sobre todos los problemas críticos que sufría Colombia. Esa consigna fue tomada y reformada por los principales partidos, lo que motivó la convocatoria, después de las elecciones presidenciales, de nuevos comicios para la Asamblea Constituyente.

El gobierno, ante la imposibilidad de derrotar militarmente a la guerrilla, optó por buscar una salida en la mesa de negociaciones que implicara el desarme de los combatientes. Esta política gubernamental logró un éxito parcial, ya que las organizaciones armadas más numerosas, la UC-ELN y las FARC-EP, además de un sector del EPL, no aceptaron el alto el fuego. Incluso en el M-19 y EPL, que sí firmaron los acuerdos, se produjeron disensiones.

Las negociaciones con el M-19 culminaron con la firma de la paz en marzo de 1990. Esto significó la división de la CGSB: FARC y ELN consideraban imposible cualquier trato que implicara dejar las armas.

El acuerdo por el cual el M-19 se comprometía a entregar las armas implicaba la obtención de la amnistía y la posibilidad de actuación política de los ex guerrilleros. También se acordó convocar a elecciones para elegir una Asamblea Constituyente destinada a reformar la Constitución. El EPL firmó la paz y entregó las armas en marzo de 1991, interviniendo en los actos el comandante Darío Mejía, luego elegido diputado en la Constituyente.

Un sector del EPL dirigido por Francisco Caraballo se opuso a este acuerdo, calificando de acción divisionista la posición del M-19 al aceptar el plan de paz del presidente Barco y la rendición incondicional.[16] Otras organizaciones que firmaron la paz fueron

---

[16]*Polémica,* n° 10, diciembre de 1990, Bogotá.

el PRT y el Movimiento Armado Quintín Lame; las negociaciones culminaron con la entrega de las armas a comienzos de 1991.

Un dirigente de FARC caracteriza así el acuerdo: "Pasados escasos meses de firmados los acuerdos con el M-19, se vio claramente que no basta la buena voluntad de la guerrilla si la contraparte no está dispuesta a cumplir. No hubo reformas democráticas y la guerra sucia se incrementó hasta el punto de cobrar la vida de Carlos Pizarro". Afirma luego que insistirían en la búsqueda de la reconciliación, pero planteando condiciones: "Los primeros pasos serían la depuración de los elementos comprometidos con la guerra sucia dentro de las fuerzas armadas, el desmonte de los grupos paramilitares y el castigo a los asesinos; además el inicio de la democratización de la vida nacional mediante el establecimiento de una Asamblea Nacional Constituyente de amplia representación, donde participen también los movimientos armados..."[17] UCELN y FARC calificaron de rendición incondicional la entrega de las armas por los guerrilleros.

En la V Cumbre, celebrada en junio de 1990, la CGSB fijó su posición acerca de lo que debería contener la reforma constitucional: liquidar la aplicación de la doctrina de la seguridad nacional, garantizar la soberanía nacional, desmontar el régimen de estado de sitio permanente, asegurar la vida y el más amplio bienestar económico y social de las mayorías nacionales, consolidar un ejército patriótico garante del proceso de cambio y de soberanía de la nación colombiana y refrendar una política internacional que desate los lazos de dependencia actuales reemplazándolos por la autodeterminación nacional, la solidaridad internacionalista y el no alineamiento.

La CGSB afirmó que "la Constituyente propuesta por el gobierno y las clases dominantes son un mero remiendo". Esta posición de la CGSB fue acompañada por una intensa actividad militar.

---

[17] *Tribuna Internacional*, nº 1.

Un informe de UC-ELN da cuenta de las acciones realizadas entre abril y agosto de 1990.[18] Los guerrilleros sostuvieron enfrentamientos con fuerzas policiales y militares, tomaron caseríos, realizaron sabotajes contra multinacionales petroleras y otras operaciones de propaganda. Además, el 27 de mayo provocaron la suspensión de las elecciones en numerosas localidades.

En setiembre de 1990 la I Cumbre de Comandantes de la CGSB proponía la "participación de los alzados en armas, sin condicionamientos previos (...) La solución política negociada ha de estar acompañada de cambios profundos y la conquista de un nuevo gobierno que garantice la seguridad y la paz".[19] Firmaban la declaración por la UC-ELN Manuel Pérez, Nicolás Rodríguez y Pablo Tejada; por el PCC-ML y el EPL Francisco Caraballo, Eduardo Ramírez y Danilo Trujillo; y por las FARC-EP Manuel Marulanda Vélez, Alfonso Cano, Raúl Reyes y Timoleón Jiménez.

Entretanto, las elecciones para la Asamblea se realizaron y el M-19 obtuvo el 27%, emergiendo como el partido más votado aunque sus 19 diputados fueron minoría en el conjunto de 72 electos. Este resultado constituyó un cambio en el panorama político colombiano al legitimar a una antigua fuerza guerrillera para la acción política pública y romper con el tradicional monopolio bipartidista. Pero, al mismo tiempo, la abstención de cerca de un 75% del electorado restó credibilidad al proceso constituyente. Además, el hecho de que el mismo día de las elecciones el ejército desatara una fuerte ofensiva contra la comandancia de las FARC-EP hizo albergar grandes dudas sobre la disposición de las fuerzas armadas a transitar el camino de la paz. En respuesta a dichos ataques militares, la UC-ELN y las FARC-EP incrementaron sus acciones.

"En 1991 las guerrillas colombianas han atacado los tubos petrolíferos en once ocasiones durante los últimos siete días, en

---

[18]*Insurrección*, nº 73 y 74, Colombia, julio y setiembre de 1990.
[19]*Polémica*, nº 10, op. cit.

desarrollo de una amplia campaña terrorista que incluye destrucción de puentes, vehículos de transporte y torres de conducción eléctrica y de comunicaciones", según informes de prensa del 14 de enero de 1991. El 9 del mismo mes, en un ataque a la estación de comunicaciones del Ejército de la Sierra de Macarena, tomaron dieciséis prisioneros.

En febrero la CGSB volvió a reiterar su disposición a negociar, en respuesta a un comunicado del ministro de Gobierno. Aceptó reunirse en la zona de La Uribe y dijo que "trabajamos para encontrar el lugar adecuado y en tal sentido le solicitamos plazo prudencial para informar de nuestra gestión".[20] En mayo se logró un acuerdo entre la CGSB y el gobierno para comenzar a negociar, lo que se concretó en Caracas, donde en junio se acordó una agenda y se iniciaron las conversaciones. En agosto, FARC y ELN anunciaron un cese el fuego general. En setiembre, el gobierno suspendió el diálogo por el atentado sufrido por el ex presidente del Congreso, Aurelio Iragorri, en el que murieron varias personas.

En las elecciones legislativas de octubre el M-19 obtuvo el tercer puesto, llevando en sus listas a empresarios y a gente proveniente de la derecha, "como muestra de reconciliación nacional". En esta ocasión las fuerzas guerrilleras lanzaron una ofensiva mediante sabotajes, asaltos a locales del gobierno y secuestros. La abstención alcanzó al 65%.

En marzo de 1992 se realizaron elecciones municipales y la CGSB desató una serie de acciones, entre las cuales se destacó el corte de líneas telefónicas en el suroeste del país. Con una abstención del 68%, el M-19 perdió buena parte de los votos obtenidos el año anterior.

Una nueva ronda de negociaciones iniciada en México en ese mismo mes se suspendió en mayo. La actividad guerrillera continuó, y en setiembre fueron atacados diversos grupos policiales

---

[20] *Voz,* Bogotá, 21 de febrero de 1991.

y el oleoducto Colombia, que volvió a ser objeto de sabotaje en noviembre, al tiempo que era destruida una empresa minera de cobre, en diciembre se produjeron choques con el ejército en diversas regiones, resultando muertos varios soldados y guerrilleros.

A fines de 1993 se produjeron dos enfrentamientos armados, en la frontera con Ecuador y en Boyacá, de resultas de los cuales murieron unos 20 soldados.

En enero de 1994 se produjo un ataque en Apartadó, Antioquía, en el cual murieron 35 personas; se trataba de una reunión de partidarios del EPL, reconvertido en partido político, y se atribuyó el ataque a las FARC. El gobierno estableció el toque de queda en la región y envió 8.000 soldados como refuerzo.

Las elecciones legislativas realizadas en marzo dieron el triunfo a los liberales, seguidos de los conservadores; en cuanto al M-19, sólo obtuvo 2 escaños de los 102 puestos senatoriales en disputa.

La CGSB declaró que no interferiría los comicios, con lo cual éstos se celebraron en calma. En abril entregó las armas la Corriente de Renovación Socialista, que había roto con el ELN en 1989 y que operaba en el departamento de Sucre. Como parte del acuerdo, el gobierno prometió créditos y subvenciones para los programas de reinserción de los guerrilleros y constituir comisiones de vigilancia de los derechos humanos.

Hasta abril de 1994 no se reanudaron las negociaciones entre el gobierno y la CGSB.

El Salvador

La característica más importante de la etapa que se inicia con el golpe del 15 de octubre de 1979 es el proceso de unificación de las organizaciones políticas y militares del pueblo salvadoreño.

El 11 de enero de 1980 se formó la Coordinadora Revolucionaria de Masas, que agrupaba a las organizaciones BPR, FAPU, UDN y LP28.

El 22 de enero se efectuó una manifestación a la que asistieron unas 250.000 personas y que fue atacada por francotiradores; se calcula que se produjeron 70 muertos y unos 200 heridos: Se establecieron organismos de defensa para afrontar la represión.

La CRM dio a conocer la plataforma para el establecimiento de un Gobierno Democrático Revolucionario, que incluía: disolución de los cuerpos represivos y las bandas y cese de toda represión; nacionalización del sistema bancario, del comercio exterior, de la producción de energía y refinanciación del petróleo; reforma agraria profunda, reforma urbana y política salarial justa acorde con el costo de la vida.

El 18 de abril se creó el Frente Democrático Revolucionario (FDR), que, además de la Coordinadora Revolucionaria de Masas, agrupaba al MNR (socialdemócrata), al Movimiento Popular Social Cristiano (disidencia de la Democracia Cristiana) y a diversas organizaciones obreras y estudiantiles; el FDR adoptó como programa el de la Coordinadora.

En mayo, las FPL Farabundo Martí, el Partido Comunista, la Resistencia Nacional y el ERP formaron la Dirección Revolucionaria Unificada (DRU), "que dirigirá la guerra revolucionaria de nuestro heroico pueblo hasta su victoria; lo conducirá a la instauración del Gobierno Democrático Revolucionario y a la realización de los profundos cambios políticos, económicos y sociales..."[21] Los días 24 y 25 de junio se realizó un paro general, seguido por otro en agosto que asumió características semi-insurreccionales, con activa participación de las organizaciones armadas. Se levantaron barricadas, se quemaron autobuses, se destruyeron líneas eléctricas y se realizaron 59 acciones militares sólo en el departamento de San Salvador.

---

[21]Álvarez-Solís, Antonio y otros: *Salvador, la larga marcha de un pueblo, 1932-1982,* Editorial Revolución, Madrid, 1982.

En setiembre la DR informaba que se habían constituido cuatro frentes militares que abarcaban la totalidad del país, con una estrategia y tácticas conjuntas. Durante este año tuvieron lugar numerosos combates con las fuerzas armadas.

Frente Farabundo Martí para la Liberación Nacional (FMLN, 1980)

El 10 de octubre de 1980 la DRU informa que se ha constituido como FMLN y que los planes se realizarán bajo una sola dirección.

El 27 de noviembre fueron detenidos seis dirigentes del FDR; aparecieron muertos al día siguiente con muestras de torturas.

Durante los años 1980 y 1981 creció la cantidad de víctimas de la represión masiva; la Universidad Centroamericana lo califica de auténtico genocidio: "El actual régimen salvadoreño está implementando prácticas genocidas. La persecución sistemática de la oposición, a través del asesinato de líderes y bases del movimiento sindical (…) del movimiento campesino (...) de los sectores democráticos (...) de toda aquella población civil de la que se sospecha la más mínima simpatía por el movimiento popular, califican a este exterminio de sistemático y apuntan hacia su intencionalidad". Se calcula en 60.000 el número de muertos en estos dos años, incluyendo a los masacrados en la frontera con Honduras con la colaboración del ejército de ese país, y en unos 300.000 los refugiados, ya sea en el exterior o desplazados en el mismo país.

La situación de El Salvador en diciembre de 1980 es descrita por la dirección del FMLN en su comunicado del día 12:

"En los últimos días se ha sucedido acontecimientos que muestran ante el mundo la bancarrota de la Junta Militar Demo-Cristiana y su siniestra fórmula de 'matanzas y reformas'. Los asesinatos colectivos de los dirigentes de FDR y de las monjas norteamericanas provocaron el repudio mundial (...) El paro del transporte, la huelga de los obreros, los enfrentamientos en los barrios (...) las acciones armadas revolucionarias en diferentes lugares del país, manifestaciones de descontento en las propias filas de la tropa, clases y oficialidad del ejército (...) El pueblo y el FMLN preparan la insurrección popular y el impulso de las ofensivas militares contra los sectores fascistas del ejército. El FMLN llama a la clase obrera y a todos los trabajadores a intensificar los preparativos de la huelga general."[22]

Posteriores análisis del FMLN califican a 1980 como el año en el cual el ascenso insurreccional de las masas hubiera facilitado una lucha militar por el poder con amplias posibilidades de éxito, pero la división todavía existente entre las organizaciones revolucionarias y la escasa capacidad militar de la guerrilla no lo permitieron.

Cuando la guerrilla lanzó la ofensiva en 1981 las masas ya estaban en franco repliegue. E incluso en dicha ofensiva no todas las organizaciones componentes del Frente estuvieron de acuerdo.

La ofensiva revolucionaria del 10 de enero de 1981

En 1979 y 1980 el ejército había realizado unos cuarenta grandes operativos de limpieza contra las zonas donde existían fuerzas revolucionarias. El 10 de enero de 1981 el FMLN llevó a cabo las primeras acciones ofensivas en gran escala en el campo y la ciudad y la lucha duró casi todo el año.

El informe acerca de la situación militar en El Salvador de Joaquín Villalobos, miembro de la comandancia del FMLN, hace un balance del desarrollo de la guerra hasta junio de 1981.[23] Otros análisis son realizados en 1988.[24] Señala que la ofensiva no estuvo acompañada por insurrecciones populares ni huelga general. Las

---

[22]Idem.

[23]*Combate,* n° 72-73, setiembre de 1981, Estocolmo.

[24]Villalobos, Joaquín: *Perspectiva de victoria y modelo revolucionario,* Ediciones Radio Venceremos, El Salvador, 1988.

masas venían realizando activas movilizaciones desde hacía dos años y sufrían un lógico desgaste unido a los efectos del genocidio que se había desatado sobre el pueblo.

La acción del FMLN, esencialmente militar, fue presentada como una ofensiva final, lo que luego fue utilizado por el gobierno para afirmar que dicha ofensiva había fracasado, "aprovechando los enfoques inmediatistas que sobre las acciones del 10 de enero obviamente primaban en ese momento".

Según Villalobos, la acción tuvo éxito porque ante todo paralizó la actividad del ejército en todo el país obligándolo a concentrarse en la defensa de ciudades y puntos estratégicos. Sólo al cabo de sesenta días el ejército se reorganizó y reinició sus ataques.

Por otra parte, el nivel militar del FMLN creció, tanto por el material capturado al enemigo como por el nivel técnico alcanzado: utilización de nuevo armamento y capacidad de empleo de unidades mayores.

El ejército tuvo cerca de 1.000 bajas entre muertos y heridos, además varios blindados y helicópteros destruidos y algunas decenas de vehículos inutilizados; en cuanto al FMLN, sufrió unas 550 bajas y la pérdida de cerca de 400 armas en depósitos y traslados.

El mayor éxito del ejército en estos meses fue el aniquilamiento parcial de una columna guerrillera en Santa Ana, con un saldo de 50 combatientes muertos.

Entre las bajas del ejército figuraban tres asesores norteamericanos: formaban parte de la misión destinada a mejorar las fuerzas armadas salvadoreñas y a crear la unidad móvil de tropas especiales denominada Brigada Atlacatl.

En esta campaña el ejército salvadoreño empleó la totalidad de sus 20.000 hombres, incluidos cadetes de primer año de la Escuela Militar, así como la totalidad de su fuerza aérea.

Destaca Villalobos el surgimiento de Radio Venceremos y los efectos del sabotaje, que en el caso de la energía eléctrica bajó su producción en un 50% en el período de enero a junio.

El ejército desarrolló varios operativos importantes en 1981 tendentes a recuperar zonas bajo control del FMLN y a destruir unidades guerrilleras. En Morazán, Guazapa y Chalatenango fracasaron en sus ataques. Tampoco lograron en diciembre destruir las bases del FMLN en Morazán, incluida Radio Venceremos. Culminando este período, en enero de 1982 unidades del FMLN atacaron la base aérea de Ilopango, destruyendo 20 aviones y 8 helicópteros UH-1H, el 70% de la capacidad operativa de la aviación militar salvadoreña.

Sostiene Villalobos a comienzos de 1982: "El Ejército sufrió una derrota en su primer plan estratégico, esbozado de enero a agosto (...) la línea de la creación de las fuerzas de desplazamiento rápido y toda la política que ellos lanzaron contra la ofensiva nuestra. Ellos esperaban (...) o la derrota o el debilitamiento de movimiento revolucionario, para poder contar con seis meses de espacio político que posibilitarán el desarrollo de las elecciones. El problema es que el ejército no pudo lograrlo (...) El centro del desfase consiste en que el FMLN tiene la ventaja del apoyo de las masas..."[25] Del intento de aniquilar zonas bajo control guerrillero el ejército pasó a ataques más cortos y rápidos, tendentes a desgastar al FMLN y debilitar su infraestructura. Sin embargo, éste logró fortalecerse. "El FMLN está pasando a otra fase de la guerra, no estamos aceptando una fase defensiva".

Contraofensiva del FMLN (1982-1983)

A pesar de la gran ofensiva del ejército el FMLN logró conservar el control de amplias zonas del país: "En esas zonas controladas funcionaba el poder popular local, la autogestión, la autodefensa, sobre la base que el enemigo iba perdiendo el poder político militar",

---

[25] Álvarez-Solís, Antonio y otros: op. cit.

como cuenta el comandante del FMLN Leonel González[26]. En realidad, se consolidaba en las estructuras del FMLN la masa que se había insurreccionado en 1981.

"En 1982 se comenzaron a construir grandes unidades de combate, como batallones de 300 a 400 hombres y brigadas. Así se rechazó la ofensiva militar de junio de 1982 en Chalatenango, mediante un contraataque desde Morazán, destruyéndose un convoy militar"[27]. Los asesores estadounidenses aconsejaron entonces un cambio de táctica; en vez de acudir allí donde el FMLN atacaba, buscar el desgaste de sus fuerzas, limpiar zonas y, luego de empujar a los guerrilleros hacia el norte, atacar sus bases ya aisladas.

En enero de 1983 se lanzó una operación contra Morazán con 6.000 hombres. Mientras resistía en esa zona, el FMLN atacaba a la I Brigada y a otras unidades en San Salvador y sitiaba numerosas poblaciones en otros departamentos. Toda la iniciativa estaba en manos de la guerrilla. El 29 de enero tomaba Berlín, ciudad de 30.000 habitantes para luego retirarse. Como dice el citado comentarista: "La guerrilla estaba en condiciones de jugar al gato y al ratón con el ejército, gozando del monopolio de la iniciativa táctica".

En abril el FMLN capturó Santa Rosa de Lima, en La Unión, y voló seis puentes y las líneas de alta tensión. En mayo los guerrilleros tomaron y destruyeron un centro de comunicaciones del ejército ubicado en el volcán Cacahuatique. Ese mes dieron muerte en San Salvador al asesor norteamericano, comandante Schaufelberger.

En junio, tras la ocupación de Tenancigo, el FMLN derrotó a un batallón de cazadores. En ese mismo mes tuvo lugar una nueva operación de limpieza del ejército contra la zona de San Vicente, combinada con medidas de desarrollo económico y reforma social.

---

[26]Harnecker, Marta y Perales, Iosu: *Guerra en El Salvador,* Tercera Prensa, San Sebastián, 1989.

[27]Lleras, Juan: "Catorce meses de guerra en El Salvador", en *Revista de Defensa,* nº 71, Madrid, 1988.

Otra operación similar se desarrolló en julio en Usulután, continuaba luego en Morazán y Chalatenango. En estas zonas la guerrilla se fue retirando mientras aumentaban las acciones de sabotaje contra las comunicaciones y el servicio eléctrico.

En setiembre el FMLN atacó el cuartel de la III Brigada en San Miguel, volando dos puentes; luego de innumerables combates, la carretera Litoral y la Panamericana estaban de hecho cortadas por la guerrilla.

En noviembre, una nueva ofensiva del FMLN le permitió retomar el control sobre zonas de donde se había tenido que retirar.

En diciembre la guerrilla volvió a capturar el centro de comunicaciones de Cacahuatique. Esta acción se complementó con ataques a todas las unidades militares en un radio de cincuenta kilómetros para impedir la llegada de refuerzos. A comienzos de 1984 el FMLN tomó el cuartel de la IV Brigada en El Paraíso, causando 400 muertos y tomando 135 prisioneros, además de un cuantioso botín en armas y equipos. Este cuartel había sido construido por ingenieros americanos y se consideraba inexpugnable.

Dice un comandante del FMLN: "Nosotros ganamos esa guerra en 1983"; y a la pregunta de por qué no hay un intento de toma del poder, responde: "Porque en ese momento nosotros no contábamos con el factor masas, que estaba en una situación de reflujo. Necesitábamos pasar al asedio de los cuarteles, pero sin la participación de las masas eso no era posible". En esas circunstancias, la guerrilla cometió un grave error, que luego corrigió: realizar un reclutamiento masivo y forzoso de jóvenes para integrar sus unidades, lo que provocó deserciones y otras consecuencias negativas.

A finales de 1983, un grave suceso sacudió las filas de la FPL, integrante del FMLN: la ejecución de la comandante Ana María y el suicidio de Salvador Carpio, máximo dirigente de la organización.

Estos hechos se produjeron a consecuencia de diferencias políticas internas que, como en otras ocasiones y otros países, no se resolvieron por la vía del debate sino a través de medidas violentas.

No obstante, el FMLN logró superar la situación sin quebrantar la unidad de acción.

El fracaso del gobierno de Duarte y la nueva táctica del ejército

La táctica que ponía en práctica el FMLN en esa época, de consolidar las zonas liberadas, motivó un cambio en la estrategia del ejército. Estos cambios estaban respaldados por la figura política del nuevo presidente electo en 1984, Napoleón Duarte, y su partido, la Democracia Cristiana, que intentaron dar una imagen democrática al régimen.

Esta situación fue muy breve debido a la fuerte presencia de la ultraderechista ARENA, que tenía la mayoría parlamentaria y propiciaba una salida puramente militar del conflicto, y a la adaptación de Duarte a esa política. Se incrementó el número de efectivos de las fuerzas armadas de 30.000 hasta 45.000 hombres y se incrementó notablemente la capacidad de fuego.

Posteriormente se potenciaron los batallones especiales para operar en pequeñas unidades muy móviles. Los asesores norteamericanos intentaron introducir estos criterios en toda la oficialidad.

Esta nueva mentalidad militar se acompañó de planes de acción cívica (dotación de servicios, reforma agraria limitada) y una intensa actividad de inteligencia, tendente todo ello a reducir el apoyo de la población a la guerrilla.

Desde 1983 se realizaron bombardeos sistemáticos sobre las zonas controladas por la guerrilla para hacer huir a los pobladores.

Esto motivó el éxodo de centenares de miles de salvadoreños hacia otras zonas y hacia Honduras.

Con esta política se aplicó la doctrina de las guerras de baja intensidad, conducida por los "asesores" norteamericanos y apoyada con un millón de dólares diarios de ayuda. La respuesta del FMLN consistió en impulsar a la población a mantener sus organizaciones y aprovechar al mismo tiempo todo aspecto positivo de los planes gubernamentales (escuelas, agua, sanidad, etc.); es decir, utilizar los espacios legales que implicaba la acción cívica.

A partir de la aplicación de esta política del FMLN resurgió una fuerte organización popular; retornaron los desplazados a sus pueblos y volvieron los refugiados de Honduras. Este proceso tendrá su culminación en 1986 y 1987, yendo esa población a reforzar la presencia guerrillera en las zonas bajo control del FMLN.

En esta etapa se creó la Unión Nacional de Trabajadores Salvadoreños (UNTS), que agrupaba a sindicatos, cooperativas, campesinos, organizaciones barriales, de mujeres y de jóvenes.

Los cambios en la estrategia del FMLN

Leonel González explica cómo el FMLN readecuó su estrategia a los cambios producidos por el ejército y cómo esto condujo a una nueva ofensiva en 1988: "Partiendo de dos ejes centrales: desgaste de sus tropas y expansión de nuestro trabajo hacia los centros urbanos (...) El trabajo hacia la capital fue un esfuerzo fundamental; para ello también readecuamos parte de nuestras fuerzas para lanzarlas a la expansión, al trabajo de organización de la población".

Frente al aumento de las tropas y a la utilización creciente de la aviación, el FMLN optó por dispersarse en pequeñas unidades guerrilleras, haciendo una guerra irregular, provocando la mayor cantidad de bajas al ejército y apelando al armamento popular (como fabricación de minas), formando unidades especializadas y dirigiendo la contienda a las ciudades, sobre todo a la capital.

El empleo sistemático de esta táctica logró un empantanamiento progresivo del ejército, obligado ha realizar grandes desplazamientos de tropas. El empleo de minas en todas las sendas y caminos retardó los movimientos de las columnas, además de causar bajas y de afectar a la moral de los soldados, que se negaban a marchar al frente; a esto se unió el empleo de francotiradores contra las tropas.

Esta nueva modalidad de combate generalizó la guerra en todo el país llevándola a diez de los doce departamentos; se realizaban ataques a puestos de mando y a pequeñas unidades, generalmente nocturnos.

La ofensiva de 1988 en las ciudades

"A partir de setiembre de 1988 lanzamos una campaña que nos ha permitido llevar la guerra a la ciudad (...) la guerra urbana, principalmente en la capital, ha dado un salto cualitativo. De la etapa de desestabilización estamos desarrollando la etapa de concentración de comandos urbanos, lo que permite atacar cuarteles estratégicos, la base de la fuerza aérea, golpear a las cabezas político-militares enemigas y desarrollando, al mismo tiempo, toda la acción de propaganda armada y agitación en los barrios". A ese salto de la acción urbana se agrega la incorporación de nuevos contingentes, los "destacamentos insurreccionales para la acción armada", masas combativas semi-armadas que apoyan el combate haciendo maniobras de diversión, como el corte de carreteras o el traslado de material bélico.

"Estamos desenvolviendo ahora la acción militar con un gran contenido político". Buscando reactivar la capacidad insurreccional de las masas. Y es un fenómeno propio de las ciudades.

Propuesta de paz del FMLN y las elecciones de 1989

Ante las elecciones presidenciales de enero de este año el FMLN y el FDR propusieron su aplazamiento hasta setiembre, para contar con un sistema de libertades. La propuesta no fue tenida en cuenta y las elecciones se realizaron, con el triunfo de Alfredo Cristiani, candidato del partido de extrema derecha ARENA, sobre la gubernamental Democracia Cristiana. Esto significó el derrumbe de la solución política simbolizada por la OC. Ante el rechazo de su propuesta, el Frente decidió el boicot.

El 19 de marzo, día de las elecciones, el FMLN atacó posiciones militares en todo el país; el 50% de los inscriptos no concurrió a votar.

En abril el FMLN volvió a proponer conversaciones de paz y encarar las causas estructurales de la guerra. Planteó la reforma agraria, la nacionalización de la banca y el comercio exterior, entre otras medidas. En setiembre se insistió con la propuesta de cese el fuego y medidas que permitieran la incorporación del FMLN a la vida pública, así como la autodepuración de las fuerzas armadas.

En este período se realizaron varios encuentros en México y Costa Rica entre representantes del Frente y el gobierno mientras este seguía apostando por la victoria militar.

En una carta enviada a la Conferencia Episcopal de El Salvador el 15 de enero de 1990, la Comandancia General del FSLM explica la reacción oficial ante sus propuestas de paz:

"El Alto Mando de la Fuerza Armada y el gobierno de Alfredo Cristiani no sólo rechazaron los gestos de buena voluntad, sino también las propuestas de paz, respondiendo en cada momento con la intensificación de los bombardeos aéreos, capturas y asesinatos indiscriminados, entre ellos la masacre de FENASTRAS cerrándole espacio a todo proceso de diálogo.
Según los análisis del gobierno de Estados Unidos, la jefatura militar y el gobierno de ARENA, el FMLN se encontraba débil (...) A partir de esas erróneas apreciaciones Cristiani no se propuso negociar una solución política..."[28]

---

[28] *Venceremos,* órgano del FMLN, edición estado español, febrero de 1990.

La ofensiva de noviembre de 1989

En esa situación, y luego del asesinato de varios dirigentes sindicales, el FMLN decidió lanzar una ofensiva militar que demostrara su verdadero poderío. Esta se desarrolló fundamentalmente en las ciudades y en la capital, donde los combates duran más de quince días, durante los cuales zonas enteras de San Salvador permanecieron controladas por los combatientes del Frente, reforzado por miles de voluntarios.

Luego de iniciada la ofensiva se declaró la huelga general, que mantuvo paralizada totalmente la actividad nacional, interrumpiendo el suministro eléctrico y los transportes.

El gobierno y sus asesores decidieron, ante el peligro de perder el control, bombardear masivamente los barrios humildes de San Salvador donde estaba el fuerte del FMLN. Ante esta respuesta genocida, el Frente optó por abandonar sus zonas y, cuando el ejército creía haber concluido la batalla, reapareció controlando el barrio de La Escalona, donde residen los sectores ricos y oligárquicos de El Salvador.

La comandante Rebeca Palacios, integrante de la Comisión Diplomática del FMLN, hizo un balance de la ofensiva de 1989:

"Los objetivos que nos planteamos en esa ofensiva tenían un máximo y un mínimo (...) El objetivo máximo hubiera sido poder volcar la correlación de fuerzas y haber definido la guerra a favor del pueblo. El objetivo máximo no se logró (...) se logró derrotar las tesis estratégicas del plan contrainsurgente y se obligó tanto a las fuerzas locales en el poder como a los norteamericanos a buscar otra vía de solución."[29]

En diciembre, distintos sectores patronales emitieron declaraciones sobre la necesidad de la paz y comenzó a ganar terreno la

---

[29] *Venceremos,* noviembre de 1990.

inevitabilidad de una verdadera negociación así como la necesidad de depurar el ejército. El carácter de éste se puso una vez más en evidencia con el asesinato de un grupo de jesuitas de la Universidad Centroamericana el 16 de noviembre, con directa intervención del alto mando.

La política represiva no cedió: según la Comisión de Derechos Humanos de El Salvador, durante el primer semestre de 1990 fueron muertas 561 personas bajo responsabilidad de las fuerzas armadas y 420 detenidas.

El proceso negociador en 1990 y la ofensiva de noviembre del FMLN

Desde comienzos del año, pese a las restricciones impuestas por el gobierno, se abrió en El Salvador un amplio debate político, con participación de todos los sectores de la sociedad. Esto forzó al gobierno a reunirse con la guerrilla en abril y a firmar un protocolo para el inicio de negociaciones. A partir de julio las discusiones se centraron en un tema decisivo: para aceptar el alto el fuego el FMLN exigió la desmilitarización del país y el fin del papel represivo de las fuerzas armadas en la sociedad.

La presión militar de la guerrilla no cesó en ningún momento. Así, por ejemplo, en agosto se realizaron 96 acciones, entre ataques, hostigamientos y emboscadas, en las cuales se causaron 633 bajas al ejército. También fueron saboteadas 131 estructuras del tendido eléctrico.

En octubre el FMLN afirma que "ha crecido la miseria y aumentado la opresión" y que "las armas del FMLN no son para imponerse a la sociedad, son para terminar con el militarismo y con el poder de imposición que dan las armas".[30] Esta proclama significó cambios políticos del FMLN, que el comandante Facundo Guardado explicó en noviembre de 1990:

---

[30] *Venceremos,* octubre de 1990.

"Ha habido cambios en nuestro programa. No podemos decir que hoy nos estamos planteando las cosas tal como nos las planteábamos hace diez años (...) En los años del '80, como movimiento revolucionario nos planteábamos tomar el poder y asumir el FMLN el poder absoluto (...) Hoy estamos planteando un programa en el cual el FMLN, por el apoyo popular, por el prestigio, por el reconocimiento, por la fuerza que significa en la Nación, es una fuerza determinante en este proyecto (...) Lo que está en crisis en El Salvador no es el socialismo, lo que está en crisis es el capitalismo, ese capitalismo dependiente, el modelo neoliberal que ha querido imponer el gobierno de ARENA".

Ese mismo mes el FMLN lanzó una nueva ofensiva militar que incluyó combates en ocho departamentos, junto con acciones de sabotaje contra el sistema eléctrico y contra objetivos económicos. La eficacia militar del FMLN se puso de manifiesto en dos hechos. En primer lugar, el haber incorporado a su arsenal fusiles pesados AK-47 y Dragonov, así como cohetes tierra-aire Sam-7, Sam-14 y Red Eye, con los cuales se derribaron varios aviones A-37 y decenas de helicópteros de la fuerza aérea, provocando su retirada de los combates. En segundo lugar, la batalla de Sumpul, donde destruyeron al Batallón de Reacción Inmediata Eusebio Bracamonte, que fue cercado contra la frontera de Honduras y, pese a contar con un fuerte apoyo aéreo, sufrió 150 bajas entre muertos y heridos, fugándose el resto a territorio hondureño.

La firma de la paz

Finalmente, el 25 de setiembre de 1991 se firmó en Nueva York un acuerdo entre el FMLN y el gobierno de El Salvador por el cual se formó una Comisión para la Consolidación de la Paz, se aprobó un proceso de depuración de la fuerza armada y se estableció que se destinarían tierras para satisfacer las necesidades de campesinos que carecieran de ella, entre otras cuestiones. En noviembre el FMLN anunció una tregua unilateral hasta la firma del cese el fuego definitivo, que se produjo a fines de enero de 1992. Se fueron aplicando muy lentamente los acuerdos, y a finales de año se efectuó la desmovilización total de la guerrilla, pasando a convertirse en partido político legal. La aplicación de otros puntos del acuerdo ha marchado con extrema lentitud, como la depuración del ejército de los más destacados represores y la entrega de tierras a los ex combatientes de ambos bandos y campesinos más afectados de las zonas de guerra. Es notorio que los Escuadrones de la Muerte no se han disuelto, y varios miembros del FMLN han sido asesinados. Todo esto pone en peligro la solidez de los acuerdos de paz.

En las primeras elecciones generales de esta etapa, en marzo de 1994, se enfrentaron el gubernamental partido ARENA y el FMLN; abundaron las denuncias, y se calculó en un 15% la población que no pudo votar por no estar registrada en los padrones, además de la que no votó intimidada por la derecha. ARENA obtuvo un 49% y el FMLN, coaligado con Convergencia Democrática, un 26%; la segunda vuelta se celebró en abril de ese año, confirmándose la victoria del partido gubernamental.

Perú

Partido Comunista del Perú-Sendero Luminoso (PCP-SL, 1980)

Surgió esta organización a partir de una disidencia maoísta del PC en 1964; este sector, a su vez, se dividió en 1969 en torno a la caracterización del gobierno del general Velazco: el PC-Patria Roja lo consideraba reformista burgués y el PC-Bandera Roja lo definía como fascista.

En este último agrupamiento se produjo una nueva lucha política entre los partidarios de realizar actividades legales, dirigidos por Saturnino Paredes, y los que sostenían la necesidad de clandestinizar el partido, guiados por Abimael Guzmán Reynoso. Este sector es el que dio origen al actual PCP-Sendero Luminoso.

En 1965 Abimael Guzmán rechazó apoyar a las guerrillas de la época porque "expresan la lucha de nuestro pueblo desde un punto de vista pequeñoburgués, siguen una línea militarista y soslayan al partido", y por eso "se opuso a que el partido se disuelva y se pongan a la cola del MIR Y del ELN en un supuesto Frente".[31] Ante las elecciones para Asamblea Constituyente convocadas por el régimen militar en 1978, SL recomendó la abstención y criticó a la izquierda por participar como "electorera".

En el plano ideológico SL asumió las posiciones del maoísmo y la Revolución Cultural; tras la muerte de Mao Tse Tung se adhirió a la línea de la llamada Banda de los 4 y de la viuda del presidente chino. Los senderistas consideraban revisionistas a las direcciones soviética, china y albanesa.

Definían al Perú como una sociedad semi-feudal y semi-colonial y luchaban por una "dictadura conjunta de obreros, campesinos y pequeño-burgueses bajo la hegemonía del proletariado, respetando los intereses de la burguesía media". En cuanto al medio fundamental se proponía "desarrollar la Guerra Popular que, mediante un ejército revolucionario de nuevo tipo bajo dirección absoluta del partido, destruya por partes el viejo poder, principalmente sus fuerzas armadas y represivas..." Sostenían que "en nuestro país el camino no es la insurrección en la ciudad, sino el de la lucha armada, el de cercar las ciudades desde el campo a través de una guerra popular prolongada".

En 1978 los senderistas trasladan el grueso de sus efectivos a la Sierra Central, desarrollando un intenso trabajo sobre la población campesina de la zona, una de las más atrasadas del país, y sobre la

---

[31]Arce Borja, Luis (recopilador): *Guerra popular en el Perú. El pensamiento Gonzalo*, 1989.

ciudad de Ayacucho, en cuya universidad logran un importante apoyo.

En el IX Pleno del Comité Central Ampliado de mayo de 1979, SL decide iniciar la lucha armada, y el 17 de mayo de 1980 se produce la primera acción en Chuschi, departamento de Ayacucho, con la destrucción de las urnas preparadas para las elecciones, dentro de la campaña de boicot.

Hasta ese momento las actividades de SL habían sido detectadas y denunciadas por los agentes de inteligencia en la zona de Ayacucho, pero no se habían tomado medidas. "Desde comienzos de 1977 empezaron a llegar notas a los servicios de inteligencia advirtiendo sobre preparación para la lucha armada (...) Dos notas de inteligencia de diversa procedencia, pero sobre el mismo tema, separadas entre sí por apenas cinco días, daban la fecha y el lugar del inminente estallido guerrillero, con cuarenta días de anticipación (...) En términos de información, no se podía pedir mucho más. Sin embargo, no se tomó ninguna determinación al respecto, ni se efectuó acción alguna".[32]

Esta falla de la acción represiva, sumada al hecho de que las fuerzas armadas no se empeñaron en la lucha contra la guerrilla hasta 1982, facilitó el desarrollo inicial de SL.

Su actividad se caracterizó por la realización de muchas pequeñas acciones, muchas veces sin más arma que la dinamita y buscando más preparar a sus militantes y el efecto propagandístico que causar algún daño efectivo en bienes o personas. Lograban los senderistas de esa forma demostrar su presencia sin atraer demasiada represión policial. Poco a poco fueron aumentando el nivel de las acciones, desde la colocación de petardos hasta la toma de pueblos y alguna actividad en las ciudades. El eje de su acción fue la zona rural de Ayacucho, y sobre todo sus tierras altas, las más pobres y

---

[32]Gorriti Ellenboghem, Gustavo: *Sendero. Historia de la guerra milenaria en el Perú,* Editorial Apoyo, Lima, 1990.

abandonadas de Perú, donde los militantes de SL, en su mayoría ayacuchanos que hablaban quechua, consiguieron que la organización creciera y se fortaleciera.

De la actividad desarrollada hasta febrero de 1982 el balance del Comité Central de SL de esa fecha indica la realización de 2.900 acciones. Entre éstas destacan las operaciones de propaganda, tales como toma de emisoras de radio, reparto de volantes, colocación de carteles y despliegue de banderas y carteles iluminados en los cerros. Además, se derrumbaron torres de transmisión de energía y de microondas, se incendiaron empresas y cañaverales, se efectuaron atentados contra bancos y colegios privados, se organizaron ataques contra terratenientes en zonas rurales, se ocuparon pueblos como Acosvinchos, Vinchos, Cayara, Pomatambo y Occroro y se realizaron sabotajes contra empresas extranjeras, como la minera norteamericana Southerm. También se atentó contra las embajadas de Estados Unidos y de China en Lima, contra instituciones estatales como municipios, juzgados, oficinas de contribuciones, registros electorales y locales del gobernante partido Acción Popular y fueron atacados y desarmados varios puestos policiales. Los guerrilleros atacaron la ciudad de Ayacucho y liberaron a cerca de 50 militantes de SL que estaban en la cárcel; en esta acción participaron 150 combatientes.

En las tomas de pueblos y haciendas SL realizó juicios a los considerados explotadores y traidores, entre los que se encontraban desde los odiados terratenientes o sus capataces hasta pequeños campesinos o comerciantes locales. En estos juicios se aplicaban castigos diversos, desde humillaciones públicas hasta la muerte. Dentro de esta campaña se incluyó la eliminación de policías y el ataque intimidatorio contra las ferias comerciales en la sierra. La admiración que generó en el campesinado esa justicia rápida fue reforzada por la utilización de las tradiciones andinas.

SL se fue transformando en auténtica autoridad en amplias zonas donde la presencia del estado era mínima. Así creció la influencia y el reclutamiento de la guerrilla senderista, que en gran parte estaba constituida por habitantes de las mismas zonas que participaban en una acción y luego retomaban a sus ocupaciones habituales.

Contó también SL con el hecho de que durante dos años sólo tuvo que enfrentarse a organismos policiales, ya que el ejército recién retirado del poder era renuente a implicarse en una acción directa de lucha antiguerrillera. Por otra parte, SL evitó producir choques directos contra las fuerzas armadas. En esos dos años la presencia del estado se debilitó en la zona: se cerraron puestos policiales aislados y se centralizaron servicios administrativos, lo que reforzó la presencia de SL.

Intervención militar antiguerrillera (1982)

Este año las fuerzas armadas se implicaron en la lucha contra SL. Fueron colocados bajo control militar los departamentos de Ayacucho, Apurimac y Huancavelica; en 1986 el estado de emergencia se implantó en Lima y Callao.

Se crearon cuarteles y centros de detención y se desató una intensa represión; fueron numerosos los casos de desaparecidos y de campesinos muertos en supuestos enfrentamientos, en realidad víctimas de la acción indiscriminada de la fuerzas armadas. También proliferaron los grupos paramilitares.

También los presos sufrieron las consecuencias: bajo el gobierno del aprista Alan García, el 19 de junio de 1986 se produjo una auténtica masacre en los penales de Lurigancho, El Frontón y El Callao, con 250 presos muertos por la acción de las fuerzas armadas. Entre ellos la mayoría eran militantes de SL, incluidos varios dirigentes. Los detenidos se habían amotinado en protesta por los malos tratos y reclamado la consideración de presos políticos.

En 1986 SL realiza un balance de seis años de lucha con datos propios y del Ministerio del Interior. Según la fuente oficial, la cifra de atentados fue:

Años	Atentados
1980	219
1981	715
1982	891
1983	1.123
1984	1.760
1985	2.050
Total	6.758

La organización afirma que en realidad se han realizado 30.000 acciones en 22 departamentos del país, lo que demuestra el fracaso de la actividad antiguerrillera. En cuanto al tipo de operaciones, SL sostiene que entre junio de 1984 y junio de 1986 el 45,9% son acciones de guerrilla, el 11,8% sabotaje, el 8,2% acciones de aniquilamiento selectivo y el 34,1% actos de propaganda y agitación armada. Y en cuanto a su distribución geográfica, afirma que el 63% de las acciones se efectuaron en Ayacucho, Huancavelica y Apurimac, el 8,4% en Lima y el resto en otras regiones, para desmentir que la represión les haya hecho abandonar su primera zona de operaciones.

Se da cuenta de ataques a tropas antiguerrilleras en Ayacucho (San José de Seqe y Aqomarca), acciones de liberación de campesinos concentrados en agrupamientos forzosos, emboscadas a tropas en San Pedro y Yamamonte, sabotajes a redes eléctricas, voladuras de puentes, sabotaje al oleoducto norperuano, apoyo a ocupaciones de tierras, etc.

En mayo de 1987, en la zona del río Huallaga SL asaltó y destruyó el destacamento policial de Uchiza, causando varios muertos de su personal; participaron más de 100 combatientes.

En Lima los senderistas atentaron contra la embajada soviética, contra el presidente del Jurado Nacional de Elecciones y miembros de las fuerzas armadas y contra locales del APRA. Y también realizaron cortes del suministro eléctrico.

Afirma SL como síntesis del informe que en los dos años citados tomaron 591 pueblos y efectuaron 180 ataques contra agrupamientos forzosos. Que está en pleno desarrollo la guerra entre el Ejército Guerrillero Popular y las Fuerzas Armadas. Que el EGP ha sufrido 1.738 bajas y 1.668 "las fuerzas armadas y policiales, más sus agentes y soplones, gamonales y déspotas".

En las elecciones de 1985 SL nuevamente dio la consigna de boicot y criticó a Izquierda Unida por presentarse, acusándola de electoralismo al servicio del sistema y del APRA.

La guerra sucia

Las características asumidas por la represión en Perú a partir de 1980 y muy especialmente desde la intervención de las fuerzas armadas en 1982 son de una constante violación de los derechos humanos. Diversas fuentes consideran entre 18.000 y 20.000 los muertos y en cerca de 3.000 las desapariciones producidas en la década de los ochenta.

Amnistía Internacional, en su comunicado *Homicidios políticos y desapariciones en Perú* de 1984, sostiene que "conoce los nombres de por lo menos 1.000 personas que han desaparecido tras ser detenidas por fuerzas de seguridad desde el establecimiento de la Zona de Emergencia en Ayacucho en diciembre de 1982. La cifra real puede ser mucho mayor". A esta violencia represiva practicada por las fuerzas armadas se ha sumado la aparición de los grupos paramilitares que bajo diversos nombres han ejecutado sumariamente a dirigentes de izquierda. El Comando Democrático Rodrigo Franco asesinó el 28 de julio de 1988 al abogado Manuel Febres, defensor de presos de SL. Es evidente la estrecha vinculación de estos comandos con el gobierno y los órganos represivos.

El trabajo urbano de SL y las relaciones con la izquierda

A partir de la intervención militar en la sierra, SL intenta desarrollar un trabajo urbano penetrando en las organizaciones sindicales. Pero sus características sectarias y su choque con toda la izquierda, motiva su rápida salida de las mismas y la creación de frentes controlados directamente por SL. Su actividad se centra en organizar a los pobladores de la sierra que se dirigen a las ciudades en busca de trabajo, un amplio sector que generalmente se dedica a actividades llamadas informales, desde la venta ambulante hasta los más variados servicios.

Ya en 1982 SL había creado en las ciudades, comenzando por Lima, el Socorro Popular, organismo que en principio tenia que desarrollar la solidaridad con los presos Y brindar todo tipo de apoyo material a los combatientes. En 1986 Socorro Popular fue militarizado, es decir, que tenía que desarrollar acciones armadas. En esta fecha contaba con 600 miembros a escala nacional. En Lima existían cinco destacamentos que a comienzos de 1987 dieron muerte a un mayor del ejército y al gerente de la empresa COPE. SL efectuó una intensa actividad de propaganda en las movilizaciones populares, mediante colocación de petardos y atentados contra policías y militares que actuaban en las zonas de emergencia, todo ello vinculado al trabajo de familiares de los presos. También se llevaron a cabo algunas acciones espectaculares tales como el ataque a un autobús con efectivos de la escolta presidencial en Lima y contra un autobús de la Guardia Republicana.

Pero la actividad más resonante emprendida por SL en las ciudades fueron los llamados "paros armados", consistentes en provocar paros generales de actividad a partir del sabotaje a la electricidad y en ocasiones al transporte. Esos paros, salvo excepciones, no fueron acatados por la población, puesto que ni recogían sus reivindicaciones concretas, ni estaban convocados por las organizaciones de los trabajadores, ni contaban con el respaldo de otras fuerzas de la izquierda.

Precisamente a partir de la descalificación que hace SL de todas las organizaciones que no controla, sean sindicales o políticas, armadas como el MRTA o de extrema izquierda como el PUM o la UDP, la organización ha desarrollado una política de agresión que en ocasiones ha llegado a la eliminación física. Esta línea fue adoptada por SL en su afán por constituirse en el único enemigo del sistema y lo ha llevado a choques con sectores importantes de la población.

En abril de 1987 los senderistas dieron muerte al alcalde de San Juan de Salinas (Puno), Zenobio Huarsaya, militante del PUM y de Izquierda Unida, pese a que la población lo defendió en el pseudo-juicio popular a que fue sometido.

En 1988 asesinaron al dirigente campesino de Pasco, Humberto Salcedo Rodríguez. En 1989 a Eusebio Pomallacta, dirigente campesino de Cañete, a Antonio Cajachagua, secretario general del sindicato minero de Morococha, y a Tomás Quispesayhua, dirigente campesino y alcalde distrital en Orurillo, Puno. El 31 de octubre del mismo año asesinaron a Enrique Castilla Linares, dirigente nacional del PUM y secretario general de la Federación Textil La Unión. Estos ejemplos ilustran sobre el tipo de operativos desarrollados contra sectores populares y de izquierda, opositores a la política del gobierno. Téngase en cuenta que durante el año 1989 fueron más las víctimas de SL procedentes de la izquierda y sectores populares que entre los miembros de las fuerzas armadas y policiales.

Sendero Luminoso en los años 1989-1990

La evolución de SL en la década transcurrida desde su aparición pública ha sido de crecimiento, tanto en número de militantes como en la extensión geográfica de su actividad.

A partir de unos 800 miembros con que contaba en 1979, se considera que pasó a contar con 2.000 a 3.000 en 1983 y que ha continuado creciendo hasta la actualidad.

De actuar en algunas zonas de Ayacucho pasó a operar en todo el país, ciudades incluidas. Si bien su presencia ha disminuido en la región ayacuchana, se ha implantado en otras zonas, tales como el Alto Huallaga, región de cultivo de coca y base del narcotráfico.

Esta zona es escenario de confrontación entre traficantes, gobierno y agentes de la DEA norteamericana, por un lado, y los campesinos cultivadores de coca, por otro.

En esta lucha ha incidido SL defendiendo a los campesinos del expolio de traficantes y de la corrupción oficial, obteniendo de tal forma el apoyo de los trabajadores. Se afirma que SL obtiene grandes beneficios económicos como mediador y garante de la situación establecida.

Como parte de su fuerte presencia en la zona hay que mencionar un segundo ataque, el 27 de marzo de 1989, a la reconstruida comisaría de Uchiza, ubicada en el centro de la población, donde se produjeron 10 muertos y 14 heridos y se rindieron los demás policías.

En 1990 Sendero Luminoso sufrió algunos importantes golpes represivos en su aparato central. Así, cayeron tres casas en Lima, una de ellas en Monterrico, donde al parecer funcionaba un centro de documentación de la organización y donde se supone que asistía habitualmente Abimael Guzmán.

Sendero Luminoso en los años 1991-1993

En mayo de 1992 se produjo el golpe de estado del presidente Fujimori, quien con respaldo militar disolvió el Parlamento y asumió todo el poder. Ese mismo mes se produjo una matanza de presos políticos en el penal de Canto Grande. En julio de 1992, por ejemplo, se realizó un atentado en Lima que causó más de 20 muertos y 100 heridos, en el marco de una huelga general armada decretada por SL. Los choques armados con el ejército, la toma de pueblos, los cortes de carretera y de suministro eléctrico y los atentados con bombas en las ciudades son la actividad cotidiana en este período.

En esta etapa SL continuó con sus atentados contra dirigentes populares, destacándose el asesinato de María Elena Moyana, teniente alcalde de Villa El Salvador, y los de Guadalupe Gutiérrez y Moisés Zamora, activistas de barriadas de Lima.

La caída de Abimael Guzmán y varios miembros de la dirección en setiembre constituyó un gran éxito político y policial del gobierno, pero no logró desarticular la organización, que sufrió pérdidas muy importantes en dirigentes e infraestructura. En noviembre, en repudio a las elecciones convocadas para elegir Asamblea Constituyente, SL, decretó un paro armado nacional que se saldó con atentados con bombas y ataques a la policía y fuerzas armadas.

Similar campaña desató con ocasión de las elecciones municipales de enero de 1993. En marzo se produjo una fuga de 70 presos del penal de Quencoro, en Cuzco, la mayoría de SL y el MRTA.

En octubre, el gobierno hizo público un escrito de Guzmán y otros dirigentes presos de SL llamando a la rendición; la organización no se pronunció. Al mismo tiempo, comandos de SL volaban varias centrales eléctricas dejando sin luz a medio Perú, incluidas Lima y Arequipa, y se realizaban numerosos atentados, entre otros contra el hotel Crillón, en Lima. Esta ofensiva de SL se realizó como repudio al referéndum sobre la Constitución, en el cual se abstuvo un 27%, hubo un 9% de votos en blanco, un 53 a favor y un 47 en contra, lo que ponía en evidencia la debilidad del gobierno de Fujimori.

A finales de 1993, el 28 de diciembre, los senderistas atacaron la Prefectura de Lima (sede policial), causando muertos y heridos además de grandes destrozos en el edificio y en la zona cercana. En febrero de este año atacaron a varios bancos y un coche bomba causó daños en la Comandancia General de la Fuerza Aérea en Lima. En la misma fecha atacaron una comisaria en Aguaytía, en la zona amazónica. Estas acciones formaban parte de una campaña nacional que causó varios muertos y heridos.

Las consecuencias de la caída de Guzmán y de su llamamiento a la rendición han comenzado a notarse: en los primeros meses de 1994 desarrollaba una intensa discusión interna sobre la actitud a tomar, en la que sin duda se debatía la actitud de Guzmán, la orientación a seguir y el necesario pronunciamiento público de la organización.

Movimiento Revolucionario Tupac Amaru (MRTA, 1984)

La aparición pública del MRTA se produce en 1987 en Lima.

Entre sus componentes iniciales se cuentan miembros procedentes de sectores marxistas, así como jóvenes disidentes del APRA y del PSR que ante la crisis de la izquierda se plantean la construcción de una organización armada.

Existe en el comienzo del MRTA una influencia guevarista y de la Revolución Nicaragüense, además de fuertes discrepancias con la metodología de Sendero Luminoso.

Al poco tiempo de su fundación, el MRTA se unifica con el MIR, organización que protagonizara las guerrillas en 1965, incorporando así antiguos cuadros de la lucha armada.

El I Comité Central del MRTA se reúne en febrero de 1987 y poco después se inicia la actividad armada pública, mientras se prepara la apertura de un frente de guerrilla rural.

Las primeras acciones del MRTA son realizadas en Lima con un amplio despliegue publicitario y con la intención de dar a conocer el nombre de la organización. Se toman emisoras de radio, se difunden proclamas, se pintan consignas contra el gobierno y a favor de la lucha armada; los militantes aparecen uniformados y fuertemente armados en plena ciudad.

Una de sus primeras acciones fue un ataque contra la Embajada de Estados Unidos en Lima, cuyo edificio fue ametrallado por un comando uniformado desplegado en plena calle.

En todo el periodo que media hasta el II Comité Central, celebrado en agosto de 1988, el MRTA realiza una serie de operaciones urbanas y rurales.

El Frente Guerrillero Nor-Oriental

"La aparición del Frente Guerrillero Nor-Oriental representó un salto cualitativo en la estrategia del MRTA. La campaña victoriosa que culminó con la toma de Juanjuí y la ocupación del Valle de Sisa representa el punto más alto de la lucha armada en el país, el enorme despliegue de fuerzas gubernamentales, 5.000 efectivos, y la implantación de la guerra sucia en el Departamento de San Martín determinaron una readecuación táctica, la columna guerrillera desconcentró sus fuerzas pero dentro del mismo teatro de operaciones".[33] En estas zonas el MRTA realiza un trabajo de masas vinculado a los sindicatos y Frentes de Defensa, lo que le proporciona apoyo de la población y cobertura frente a la represión. En otras regiones del país participa también en organismos de masas,

---

[33]*Documentos,* Resoluciones de II Comité Central del MRTA, Círculo de Estudios José C. Mariátegui, Estocolmo, 1988.

cuyos militantes presentan propuestas del MRTA, ya sea en sectores sindicales, campesinos o de poblaciones urbanas.

En el citado II Comité Central se aprobaron diversos documentos que, en síntesis, sostienen que el MRTA lucha por una sociedad socialista, a través de la toma del poder y la construcción de un estado y gobierno de obreros, campesinos y pueblo explotado. La revolución en Perú es continental y forma parte de la Revolución mundial: "La consolidación de la revolución en América Latina sólo será posible cuando asuma su continentalidad".

Se plantea la necesidad de una planificación de la economía, "la confiscación de las empresas del imperialismo y de la gran burguesía", el "no pago de la deuda externa", la tierra para los campesinos, la resolución de los problemas de vivienda, salud, infraestructura y educación; la erradicación de todas las formas de discriminación racial y cultural, así como toda forma de discriminación y violencia sobre la mujer.

La estrategia del MRTA es la lucha por la toma del poder, para lo cual consideran necesario la existencia del Partido Revolucionario, de un poder militar-constituido por las milicias populares y el Ejército Revolucionario y por la fuerza de las masas organizadas.

El MRTA no se considera el Partido Revolucionario, sino su embrión; estima necesaria la unidad de todos los revolucionarios, aunque eso sólo será posible en el marco de la guerra revolucionaria.

En cuanto a su línea militar, se estima que "la guerra la hacen las masas y se desarrolla donde éstas se encuentran, en el campo y la ciudad", y se afirma que "la guerra revolucionaria y la insurrección se entrelazan en un proceso único". Se considera necesario desarrollar la auto-defensa de masas y las milicias armadas.

En cuanto al carácter de la guerra, el MRTA dice que, ante un avance de la revolución, "la intervención directa del enemigo imperialista es muy posible, sea bajo los criterios de una guerra de baja intensidad o una guerra de despliegue rápido. Ante esa circunstancia la guerra necesariamente deberá transformarse en una guerra nacional". En lo referente a las demás fuerzas de la izquierda, se diferencia de los sectores reformistas, que no visualizan la necesidad de la guerra revolucionaria, y de la ultraizquierdista representada por Sendero Luminoso, "que busca acelerar forzadamente la polarización social, política y militar de fuerzas...", lo cual "está llevando al pueblo a un enfrentamiento prematuro, en condiciones de debilidad político-militar..." No obstante, llama a SL a la "unidad para la acción frente al enemigo común".

Caracterizan el período (1988) como prerrevolucionario, por tres elementos decisivos: "a) la lucha de masas se multiplica ante la ofensiva del régimen, b) surgen embriones de poder popular representados esencialmente por los Frentes de Defensa y la Asamblea Nacional Popular, c) el desarrollo creciente del movimiento guerrillero". Para ejemplificar la actividad militar del MRTA a finales de 1988 puede mencionarse la toma de Tayabamba, provincia de La Libertad, el 15 de noviembre, durante varias horas; la toma de Puerto Inca, en Huánuco, el 8 de diciembre; y la toma de San José de Sisa, en San Martín. En todos estos casos se neutralizaron los destacamentos policiales, a veces con enfrentamientos, y se realizaron reuniones de propaganda con los vecinos.

En cuanto a la actividad urbana, los militantes de MRTA atacan con lanzacohetes la Prefectura de Lima el 22 de noviembre; el 17 del mismo mes atentan contra la sede de la Sociedad Nacional de Minería en solidaridad con la huelga de mineros; el 12 y 24 de diciembre reparten alimentos entre huelguistas y en barriadas humildes de Lima; y el 29 del mismo mes atacan varios restaurantes de lujo.

A comienzos de febrero, el día 2, es detenido en Huancayo su máximo dirigente, Víctor Polay Campos; el 28 de abril una columna del MRTA sufre una emboscada en Huancayo y son masacrados 45 combatientes.

No obstante los golpes sufridos, la organización no dejó de operar: entre sus acciones pueden mencionarse el atentado que costó

336

la vida en Lima al general Albujar, ex ministro de Defensa; diversos sabotajes a instalaciones petroleras de empresas norteamericanas; y el secuestro de Carlos Ferreyros Aspíllaga, miembro de una importante familia, por cuya libertad se obtuvo una cantidad de dinero y un reparto de víveres en zonas pobres de Lima. También fue secuestrado el empresario de Televisión Héctor Delgado Parker, amigo del presidente García, que fue liberado en abril de 1990.

Una acción espectacular del MRTA, fue la evasión de 48 militantes, incluido su comandante Polay, del penal de Canto Grande, en la ciudad de Lima. El 9 de julio de 1990, a través de un túnel de 300 metros excavado desde el exterior, este operativo permitió al MRTA recuperar un número importante de cuadros y dirigentes.

El 26 del mismo mes una columna de unos 100 combatientes tomó la ciudad de Yurimaguas, sobre el río Huallaga; ocupó los cuarteles policiales y sitió la base de la marina. El MRTA se retiró al cabo de varias horas luego de haber realizado un acto con pobladores y llevándose un importante botín[34]. También en julio se ocuparon varias radios para difundir comunicados de propaganda, fue atacado con cohetes el palacio de Gobierno de Lima, se hicieron varios repartos de víveres y los guerrilleros sostuvieron un enfrentamiento cerca de Juanjuí, causando varias bajas a las fuerzas policiales.

En setiembre, el MRTA secuestró al diputado Gerardo López Quiroz, miembro del gubernamental partido Cambio 90, al que liberaron al cabo de una semana.

En octubre, y como denuncia por la ola represiva, el asesinato de militantes capturados vivos y los desaparecidos, el MRTA efectuó diversas acciones: los días 5, 16 y 20, ataques a patrulleros en distintos barrios de Lima, con varios policías muertos y heridos; el 19 del mismo mes, emboscada en Tarapoto al general Mario Brito

---

[34] *Voz Rebelde,* órgano del MRTA, nº 19, agosto de 1990.

Romero, jefe del Comando Político-militar Nor-Oriental, quien resultó gravemente herido.

Poco antes de estos hechos, en setiembre, se había celebrado el III Pleno del Comité Central del MRTA. En él se analizó la situación creada por el triunfo electoral de Fujimori: "Este gobierno sólo representa los intereses de los grandes monopolios y el imperialismo y se propone llevar la guerra sucia a niveles aún más duros".[35]

Se insiste en la necesidad de unir a los sectores populares. A esa unidad llama a toda la izquierda, a sectores que apoyaron a Fujimori, a sectores avanzados del APRA y a sectores cristianos y evangélicos identificados con el pueblo.

En cuanto a SL, se dice que "buscan quebrar por todos los medios la democracia burguesa, propiciando un golpe militar. Priorizan las acciones de provocación (...) asesinando numerosos dirigentes populares y revolucionarios. En el colmo de la ceguera consideran que el MRTA es un enemigo igual que las fuerzas del sistema y se proponen el aniquilamiento de la guerrilla revolucionaria". Durante la guerra del Golfo Pérsico el MRTA realizó numerosos atentados en protesta contra la intervención de Estados Unidos, atacando la embajada de este país en Lima y diversas empresas en el interior.

En marzo de 1991, un comando del MRTA liberó a su militante Lucero Cumpa cuando era trasladada desde la prisión al palacio de Justicia de Lima. Lucero volvió a ser detenida en la capital junto a otros miembros del MRTA en junio.

En mayo de 1992 militantes de la organización tomaron la base militar antisubversiva de Villa Rica, en el departamento de Cerro de Pasco, que contaba con más de 100 efectivos. En esas fechas la organización informa que está operando en diversas regiones del

---

[35]*Informe sobre la situación nacional,* III Comité Central, MRTA, Perú, setiembre de 1990.

país. En julio toman la ciudad de Jaén, en Cajamarca, obteniendo una importante cantidad de armamentos en los puestos policiales.

Simultáneamente, en abril y junio caen detenidos Peter Cárdenas y Víctor Polay (el máximo dirigente), en lo que MRTA califica de "golpes de considerable importancia". A partir de estas caídas asume la representación pública de la organización el antiguo dirigente Néstor Cerpa Cartolini.

La actividad represiva golpea también a las organizaciones políticas y sindicales ligadas al MRTA, lo que daña duramente sus bases de apoyo popular.

El 8 de enero de 1993 el MRTA ocupó la ciudad de Moyobamba, capital del departamento de San Martín, causando unas 30 bajas a ejército y policía. El 3 de junio un comando emboscó a una columna del ejército en Tarapoto, al noroeste del país, causándole varias bajas. A partir de ese momento la actividad de la organización decrece, pasando a realizar mayoritariamente actividades de propaganda armada, aunque también se informa de choques con patrullas del ejército.

Evidentemente, el MRTA acusa los efectos de la dura represión sufrida, lo que impulsa el debate sobre la política a seguir.

Guatemala

En 1980 y 1981 arrecia la política represiva llevada a cabo por el gobierno del general Lucas, que puede simbolizarse con el asalto por el ejército de la embajada española y la muerte de 39 personas, en su mayoría campesinos de El Quiché que la habían ocupado reclamando tierras y contra la represión. Esta masacre tiene lugar en 1980, el mismo año en que son secuestrados y desaparecidos 26 dirigentes sindicales.

En 1981 las víctimas de la represión sumaron 13.500 personas, en buena parte pobladores de aldeas arrasadas por el ejército; en ese mismo período fueron asesinados 12 sacerdote católicos y 190 catequistas.

Unidad Revolucionaria Nacional Guatemalteca (URNG, 1982)

En enero de 1982 el Ejército Guerrillero de los Pobres (EGP), las Fuerzas Armadas Rebeldes (FAR), la Organización del Pueblo en Armas (ORPA) y el Partido Guatemalteco del Trabajo-Núcleo de Dirección Nacional (PGT), dieron a conocer una proclama informando de la unidad de las organizaciones en la URNG. Manifestaban que la unidad se basaba en una estrategia de Guerra Popular Revolucionaria y tendía a "tomar el poder e instaurar un Gobierno Revolucionario, Patriótico, Popular y Democrático. El pueblo de Guatemala libra hoy la más grande guerra revolucionaria de su historia. Es una guerra en la que participan obreros y campesinos, indígenas y ladinos, católicos y evangélicos (...) porque los grandes ricos nacionales y extranjeros no nos han dejado otro camino para librarnos de la represión, la explotación, la opresión, la discriminación y la dependencia del extranjero".[36] Una síntesis del programa de gobierno que propone la URNG es: "1. La revolución pondrá fin a la represión contra el pueblo y garantizará a los ciudadanos la vida y la paz, derechos supremos del ser humano. 2. La revolución sentará las bases para solucionar las necesidades fundamentales de las grandes mayorías del pueblo, al acabar con el dominio económico y político de los grandes ricos represivos nacionales y extranjeros que gobiernan Guatemala". Se especifica el paso a manos del gobierno de las propiedades de "los grandes ricos represivos", la entrega de la tierra a quien la trabaje, el reparto de la tierra de militares, funcionarios y empresarios corruptos y represivos y la solución de los problemas de salud, vivienda y

---

[36] *Proclama Unitaria de las organizaciones revolucionarias EGP, FAR, ORPA Y PGT al pueblo de Guatemala,* URNG, Guatemala, enero de 1982.

analfabetismo. "3. La revolución garantizará la igualdad entre indígenas y ladinos (...) 4. La revolución garantizará la creación de una nueva sociedad donde en el gobierno estén representados todos los sectores patrióticos, populares y democráticos".

Esto incluye el derecho a asociación política, libertad religiosa y la libre expresión del pensamiento, además del derecho a la libre elección de todas las autoridades, el juicio a los autores de la represión, el fin del reclutamiento forzoso para el ejército, la construcción de un ejército con participación de "todos aquellos oficiales y soldados patriotas que no se hayan manchado las manos con la sangre del pueblo, la igualdad de derechos para la mujer y el reconocimiento al pueblo cristiano como uno de los pilares de la nueva sociedad, en tanto que sus creencias y su fe se han puesto al servicio de la libertad de todos los guatemaltecos (...) 5. La revolución garantizará la política de no alineamiento y de cooperación internacional que necesitan los pueblos pobres para desarrollarse en el mundo de hoy sobre la base de la autodeterminación de los pueblos".

La lucha contraguerrillera (1980-1985)

Los objetivos del ejército en esta etapa fueron:

-Liquidar la influencia de la guerrilla en las ciudades, donde estaba la base más débil de éstas, debido a la estrategia de construcción de las organizaciones armadas en la montaña. Luego concentrar el ataque en las áreas rurales.

-Fortalecer la ocupación del territorio a partir del establecimiento de bases militares en cada departamento y destacamentos en otros lugares importantes y realizar patrullas presionando las zonas donde operaba la guerrilla.

-Modernizar las fuerzas armadas con el apoyo financiero de Estados Unidos y con instructores norteamericanos, argentinos, israelíes y taiwaneses.

-Constituir patrullas civiles organizadas y controladas por el ejército para intentar implicar a un sector de la población en la lucha contra los guerrilleros. Estas patrullas llegaron a contar con centenares de miles de integrantes forzosos.

-Reforzar la presencia policial e instalar pequeños núcleos de la policía militar, de seis a ocho hombres, en las fincas importantes para contribuir a la vigilancia territorial y al control de la población campesina.

-Procurar aislar a la guerrilla de la población; entre 1980 y 1983 cerca de 50.000 campesinos tuvieron que emigrar a México y más de un millón de personas fueron desplazados de su lugar habitual de vivienda. Como parte de esta política se crearon unas 18.000 "aldeas modelo", a imagen y semejanza de las aldeas estratégicas de Vietnam.

En esta etapa la represión se incrementó, lo que dio lugar a decenas de miles de muertos y desaparecidos. La población campesina fue bombardeada y aldeas enteras de El Petén quedaron arrasadas. Por otra parte, el trabajo revolucionario en las ciudades fue duramente golpeado, las organizaciones de masas fueron reprimidas y sus dirigentes asesinados; sólo al cabo de varios años de trabajo paciente se pudo reconstruir la actividad urbana.

La actividad de la URNG en 1980-1985

Después de ese trabajo de ablandamiento el ejército se lanzó a tratar de desarticular los tres frentes guerrilleros que componían en esa época las fuerzas de la URNG: el de Petén y Verapaz, el de Quiché y el Frente de la Sierra, perteneciente a FAR, EGP Y ORPA respectivamente.

Las operaciones de la guerrilla en esa época consistían en acciones de propaganda en aldeas y fincas donde eran reunidos los campesinos y en acciones de hostigamiento a la policía y el ejército, con ataques a camiones de transporte de tropa y a pequeñas unidades, así como a los núcleos de policía militar en fincas. La guerrilla operaba en destacamentos pequeños y sus armas y sistemas de comunicaciones eran bastante modestos.

Estas acciones lograron resistir el ataque militar, que no pudo derrotar a la guerrilla, aunque le asestó algunos golpes serios.

Luego la URNG pasó a realizar tomas de cabeceras municipales y ataques a unidades del ejército de mayor tamaño; las bajas militares crecieron y la moral de la tropa se empezó a resentir. Los intentos de aniquilamiento fracasaron.

Las elecciones de 1985 y la nueva estrategia contra insurgente

Al comenzar 1985 la actividad guerrillera había hecho cambiar el esquema operativo de las fuerzas armadas. Mantenían el fortalecimiento de las bases departamentales y los destacamentos en zonas estratégicas, pero habían retirado del terreno sus fuerzas dispersas, debido al alto coste que la guerrilla les cobró con su hostigamiento.

Es decir, el ejército concentró sus fuerzas, abandonando la ocupación estática de amplias regiones y reemplazándola por desplazamientos de unidades mayores. Esta nueva estrategia preparaba al ejército para lanzar la gran ofensiva que se inició en 1986, coincidiendo con la elección de un gobierno civil.

Dentro de la estrategia impulsada por Estados Unidos se convocaron elecciones en 1985, las cuales darían el triunfo al candidato de la Democracia Cristiana, Vinicio Cerezo.

La elección fue un auténtico fraude: de 8 millones de habitantes sólo había 2.700.000 inscriptos y emitieron votos válidos 1.670.000, de los cuales la DC obtuvo el 38,6% en la primera vuelta (641.000 votos). Con tan escasa representación, elevada a 1.100.000 votos en a segunda vuelta Cerezo accedió al gobierno bajo un estricto control militar.

No obstante, las nuevas autoridades civiles crearon algunas ilusiones en la población por el mero hecho de no ser militares y por las promesas formuladas, si bien muy pronto éstas fueron olvidadas.

Ese año de 1985 la URNG incrementó sus actividad realizando 355 acciones, de las cuales 148 fueron operaciones político-militares (toma de aldeas, corte de caminos y fincas para efectuar acciones de propaganda) y 207 operaciones militares puras, causando 1.033 bajas comprobadas al ejército".[37]

La gran campaña estratégica del ejército (1986-1989)

La URNG explica así la nueva situación: "Durante los últimos tres años y hasta primeros de éste (1986 hasta mediados de 1989) el enemigo estuvo desarrollando una táctica basada en una pretendida ocupación relativa del terreno, en base a una dislocación grande de fuerzas en las diferentes áreas de operaciones de la URNG. Pretendía con esto llevar a cabo una política de ofensiva y una concepción operativa de ofensiva permanente, que significara para la URNG un acoso y un desgaste, junto al cual pensaba montar grandes ofensivas que representaran golpes estratégicos. No conseguiría el aniquilamiento completo del movimiento revolucionario en armas, pero lo golpearía sustancialmente, le quitaría su capacidad de iniciativa y desarticularía sus fuerzas principales".[38] "Se puede afirmar que el ejército llevó al tope sus recursos y su capacidad operativa (...) Esto ha supuesto para el ejército tener en operaciones permanentes un promedio de 25 batallones (...) El ejército ha hecho un esfuerzo supremo que le ha supuesto un enorme desgaste..."

En esta etapa la guerrilla no cesó de crecer en número y en eficacia; en 1986 ya contaba con 3.500 hombres-arma, es decir, combatientes organizados y pertrechados. Sus operaciones evolucionaron

---

[37] *Resumen de operaciones de la URNG*, Guatemala, 1988.

[38] *Panorama básico sobre la situación militar actual en Guatemala, desde 1986 a 1989*, URNG, Guatemala, 1989.

en número y calidad militar: "En el '86 predominaban todavía las operaciones de propaganda armada. En este momento predominan con creces (aunque no se ha dejado de hacer propaganda armada) las operaciones militares sobre las operaciones político-militares". El número de acciones aumentó desde 1986, con 249 operaciones político-militares y 321 militares; en 1987, con 270 y 540, respectivamente; en 1988, un total de 219 y 942; y en 1989, 365 operaciones de propaganda armada y 873 acciones militares.

Dentro de estas operaciones, la URNG destaca las victorias obtenidas en 1987 y comienzos de 1988, que dieron como resultado "el fracaso y la neutralización de la fuerza de tareas Kaibil Balam y Chancatal, las mayores concentraciones que el ejército ha hecho de medios y tropa contra los frentes de la URNG". En todo este período, la capacidad técnica y táctica de la guerrilla se incrementó; aumentó su capacidad de fuego, por la captura de material del ejército y la compra de armamento moderno, y comenzó a operar en unidades mayores, de 150 a 200 combatientes. Especial énfasis puso la URNG en aumentar la capacidad antiaérea de las unidades guerrilleras para enfrentar el constante ataque por medio de aviones y helicópteros. Desde 1987 son muchos los aparatos aéreos averiados o destruidos por las fuerzas revolucionarias.

El otro avance significativo de la URNG en el plano militar es la extensión de las zonas de operaciones. "El hecho de haberse extendido el movimiento revolucionario en su actividad militar a zonas más densamente pobladas (...) significa un gran logro militar y político. Un gran logro militar porque rompe el esquema de dislocación de fuerzas que tenía el ejército y plantea y agudiza uno de sus problemas estratégicos, que es el problema del crecimiento. Así desde el frente del Quiché se han extendido las operaciones hacia el sur, en dirección al norte de Sololá y de Chimaltenango (...) Desde el Petén se busca la consolidación de las operaciones en el norte de Alta Verapaz". La consolidación del Frente de Sierra Madre, la ampliación hacia el norte de Escuintla y la zona cañera, las operaciones en Sacatepéquez y en todo el centro del país son muestras de esa extensión, que llegaba hasta cerca de la ciudad de Guatemala.

La URNG no considera zonas liberadas a las áreas donde opera, en las cuales el ejército no puede entrar, sino zonas de influencia, donde existe una gran base social favorable y en las cuales las fuerzas armadas pueden penetrar, pero exponiéndose a emboscadas, hostigamiento y sabotajes de todo tipo: de esas zonas no salen sin haber sufrido bajas.

Además, en las mismas fechas se reiniciaron las operaciones militares en la capital, que "juega un papel político y militar de gran importancia. Desde el punto de vista militar es el complemento indispensable de las acciones que realiza en los frentes guerrilleros".

En 1988 se ocupó una radio en la capital y se atentó contra el Centro de Computación del ejército y contra la Cámara de Comercio, entre otras acciones urbanas.

La URNG ha sido muy cuidadosa antes de realizar estas acciones en las ciudades, dado el recuerdo de la feroz represión sufrida por el movimiento de masas urbanas en el pasado. Pero aclara que la represión es producto de las contradicciones sociales, y no de la acción armada. De todas formas, y para evitar riesgos innecesarios, dice que: "La Comandancia ha evaluado constantemente este problema de la concepción y orientación del movimiento popular. Se ha preocupado de no politizar excesivamente al movimiento de masas de manera prematura, de no vincularlo orgánicamente a la URNG. Y está tomando medidas para preservarlo y desarrollarlo (…) Procura que juegue su rol específico de agitación, de dignificación, de mantenimiento del derecho de ese frente reivindicativo, porque se traduce necesariamente en nutriente del movimiento revolucionario. Porque de esta agitación y de esa situación de lucha se crea el movimiento popular".[39] Otro avance significativo fue la ocupación de importantes cabeceras departamentales y el virtual

---

[39] *Panorama…*, op. cit.

cerco establecido en tomo a las bases militares, hostigando y causando víctimas en las columnas que partían a patrullar.

Como parte de este crecimiento de la URNG, desde el 22 de mayo de 1987 comenzó a funcionar la emisora de la guerrilla.

Evaluando la situación militar de la guerrilla a mediados de 1989, la URNG sostiene que se ha producido un cambio y que la situación estratégica y táctica es favorable al movimiento revolucionario; que, debido a la capacidad combativa desplegada en las emboscadas guerrilleras, el ejército ha tenido que modificar su táctica, aflojando sus incursiones sobre las zonas controladas por la URNG; que ha comenzado a asumir posiciones defensivas.

Las propuestas de paz de la URNG y la situación política

La URNG, ante el cambio de situación política que implicaba la existencia de un gobierno civil, formuló de inmediato propuestas de paz.

El 25 de octubre de 1986, en una "carta abierta", la URNG propone realizar conversaciones para "establecer las bases mínimas indispensables para encausar al país por el sendero de la democratización y la paz". En un comunicado fechado el 21 de noviembre, la URNG se lamenta de que el presidente Cerezo haya rechazado la propuesta y en julio de 1987 insiste en la necesidad de diálogo, indicando que "no puede ser condición para iniciarlo que las fuerzas militares de la URNG depongan las armas". En octubre del mismo año, la organización revolucionaria envía una carta a las organizaciones políticas, económicas y sociales de Guatemala en la que plantea la necesidad de un amplio diálogo.

Ese mismo mes se celebró en Madrid una reunión de la URNG con representantes del gobierno. Era la primera vez que el Gobierno reconocía oficialmente la existencia de la guerrilla y accedía a negociar con ella.

No obstante, el ejército hizo público un comunicado unilateral con sus propuestas y simultáneamente se realizaron intensos bombardeos sobre las zonas de conflicto.

La propuesta de la URNG en Madrid giraba en tomo a los siguientes puntos:

-Desmantelamiento de las estructuras de control de la población.

-Respeto pleno a los derechos humanos y reestructuración efectiva y verificable de los aparatos represivos.

-Dar el primer paso hacia el cese del fuego, estableciendo entre la URNG y el gobierno un compromiso de humanización del conflicto interno para evitarle costos a la población civil, sobre la base de los tratados de Ginebra y supervisado por la Comisión de Reconciliación Nacional.

-La realización de un diálogo nacional con todas las fuerzas políticas y sociales.

Poco después, gobierno y ejército dieron por suspendidas las conversaciones, que no se reanudarían hasta 1990. Sin embargo, ya en 1988 distintos sectores sociales comenzaron a pronunciarse a favor de las negociaciones; en febrero, el arzobispo de Guatemala se ofreció como mediador entre el gobierno y la URNG, propuesta que ésta aceptó de inmediato.

Ese mismo mes, el Episcopado de Guatemala, con la firma de todos sus miembros, dio a conocer una carta pastoral titulada *El clamor por la tierra* en la que se decía que "el grito más fuerte, más dramático y más desesperado que se escucha en Guatemala es, sin duda alguna, el clamor por la tierra". Señalaban los obispos que "el más devastador y humillante flagelo de nuestro país es la situación de inhumana pobreza de los campesinos", que "se expresa en el elevado índice de analfabetismo, de mortalidad, de falta de vivienda adecuada; de desempleo y subempleo, de desnutrición y de otros males". Apuntaban luego que "la realidad innegable es que la inmensa mayoría de la tierra cultivable está en manos de una minoría numéricamente insignificante", y afirmaban: "No se resuelve nada si únicamente se trata de culpar a instigadores o líderes, pues la raíz del mal está en la misma situación social".

Después de la represión de 1982 y 1983, el movimiento de masas se había reorganizado lentamente, y en 1987 "permanecía dividido y disperso, fruto de un largo período de represión y clandestinidad sufrido durante los regímenes militares. A lo largo del año (1988) presenta un nuevo auge que va *in crescendo* (...) Surge la Unidad de Acción Sindical y Popular (UASP) aglutinando a las cuatro centrales sindicales más importantes del país, junto con otros sindicatos del estado y otras organizaciones populares y estudiantiles que habían estado en la clandestinidad, como el Comité de Unidad Campesina y el Sindicato de Trabajadores de la Educación de Guatemala".[40] El gobierno pacta con la UASP la concesión de una serie de reivindicaciones laborales; su no cumplimiento provoca a lo largo del año distintos paros que culminan en agosto con una manifestación y la convocatoria de huelga general.

El conjunto de acontecimientos que hemos reseñado provocó una grave crisis en el seno de las fuerzas armadas, dando lugar en 1988 y 1989 a sendos intentos de golpe de estado. Estos movimientos militares expresaban la división existente en el ejército, el deterioro del gobierno y el descontento de la fuerza aérea como consecuencia de las bajas sufridas desde 1987 en la lucha antiguerrillera.

Todo ello, sumado al fracaso de la ofensiva contra las fuerzas de la URNG, abrió el camino para el proceso de paz iniciado en 1990.

Las negociaciones

La evolución de la situación llevó al gobierno a iniciar negociaciones con la URNG en 1990; Vinicio Cerezo, en pleno desgaste ya

---

[40]Casaus Arzú, Marta: *Centroamérica. Anuario 1989*, CEDEAL, Madrid, 1989.

en el último año de su mandato, no tuvo otro recurso que aceptar el inicio de las conversaciones con la organización revolucionaria. No obstante, ni el gobierno ni el ejército concurrieron a esta serie de reuniones, sino que enviaron en su representación a la Comisión Nacional de Reconciliación, organismo oficial creado en el marco de los Acuerdos de Esquipulas.

Así es como se llega a la reunión de Oslo, celebrada entre el 26 y 30 de marzo de 1990. Participaron en representación del gobierno Jorge Serrano (desde comienzos de 1991 nuevo presidente de Guatemala), Mario Permuth y Eduardo Villatoro, miembros de la Comisión Nacional de Reconciliación; y por la URNG Luis Becker, Francisco Villagrán y Jorge Rosal.

Se suscribió un "Acuerdo básico para la búsqueda de la paz por medios políticos" cuyos principales contenidos son los siguientes:

-Nombrar como conciliador a monseñor Rodolfo Quezada, presidente de la Conferencia Episcopal de Guatemala.

-Solicitar al secretario general de las Naciones Unidas que actúe como observador y garante de los acuerdos.

-Celebrar una reunión entre la UNRG y representantes de los partidos políticos.

-Celebrar reuniones entre la UNRG y los sectores populares, religiosos y empresariales.

-Celebrar reuniones entre la URNG y el gobierno, encaminadas a lograr la solución política del enfrentamiento armado. En el curso del mismo año la URNG celebró reuniones con distintos sectores sociales, logrando pronunciamientos favorables a las negociaciones de paz.

Las acciones armadas y las elecciones (1990)

Mientras se desarrollaba este proceso de conversaciones el ejército continuaba con la acción antiguerrillera y la represión.

En coincidencia con la reunión de El Escorial, el general Juan Bolaños, ministro de Defensa, declaró que el gobierno y el ejército no dialogarían si la guerrilla "no depone las armas", y que el ejército necesitaba aumentar sus efectivos hasta 80.000 hombres, además de los encuadrados en las patrullas civiles.

Mientras, la actividad guerrillera siguió haciendo frente al ejército; durante el año 1990 las acciones de la URNG se duplicaron con respecto al año anterior. Se realizaron 1.472 acciones armadas, 987 acciones de propaganda armada y 76 sabotajes; en el curso de estos enfrentamientos se causaron 2.305 bajas al ejército.

En ese clima marcado por la continuación de la guerra y la represión por un lado y los intentos de negociación por otro se produjeron las elecciones de noviembre de 1990.

La URNG dio a conocer un *Pronunciamiento* donde manifestaba lo siguiente: "Las elecciones no constituyen una garantía de expresión de la voluntad popular y en esas condiciones, participar en ellas no es solución (...) Por ello la URNG no apoya a ningún candidato ni participa directa o indirectamente en las elecciones". En consecuencia, llamó a no concurrir a las urnas, a no votar.

De los 4.500.000 guatemaltecos en edad de votar sólo estaban empadronados 3.204.955; de éstos votaron 1.555.630, es decir, menos del 50%. El candidato de la ACN obtuvo el 25,74%, seguido por Jorge Serrano, del MAS, con el 24,15 y en tercer lugar y fuera de la segunda vuelta quedó el candidato de la gubernamental Democracia Cristiana, con el 17,45% de los votos; en la segunda vuelta se impuso Serrano con 936.000.

El nivel de abstención superó el 57% de los empadronados; en El Quiché no votó el 75% y en El Petén el 69.

La URNG señaló el marco de represión existente, la apatía y el rechazo electoral, manifiesto en el gran porcentaje de no empadronados y de los que se abstuvieron de votar. Se alertó "sobre planes militares de gran envergadura que el alto mando ha preparado para lanzar una escalada represiva contra la población civil en las áreas en conflicto e intensas operaciones contra los frentes de la URNG". La organización aclaraba "que no ha realizado ninguna acción militar de boicot a las elecciones", en cumplimiento de su compromiso de El Escorial, y reiteraba "que las operaciones destinadas a afectar la infraestructura de vías de comunicación y fuentes de conducción energética corresponden a la necesidad de contener y dispersar a numerosas fuerzas represivas, obligándolas a custodiar esos medios, evitando así su despliegue contra la población civil en las áreas en conflicto". El 2 de diciembre, una nueva masacre de campesinos se produjo en Santiago Atlitán, ante la cual la URNG insiste en la necesidad de "la desmilitarización de la sociedad, el respeto a los derechos humanos y la desaparición de los órganos represivos". Recuerda también que los crímenes de lesa humanidad no prescriben, y que es absolutamente legítimo resistir el cumplimiento de órdenes que conviertan a los militares en asesinos de su pueblo".

La situación entre 1991 y 1994

En estos tres años se celebraron varios encuentros entre la URNG y el gobierno, en las cuales se realizaron algunos avances parciales, pero sin llegar a un acuerdo. Según la organización armada, no hay voluntad política por parte del gobierno y las fuerzas armadas para llegar a la paz. Por una parte exigen a la guerrilla que deponga las armas y por otra se niegan a respetar los derechos humanos y a disolver las patrullas civiles.

La URNG en este período no ha cesado de operar, de modo que no ha pasado una semana sin que se realicen operativos en casi todas las regiones del país. Sus acciones incluyen sabotajes al suministro eléctrico y al oleoducto, así como cortes de carreteras, ocupación de localidades y hostigamiento al ejército y la aviación. Varios aviones y helicópteros han sido averiados o derribados, así como destruidos numerosos vehículos. Para dar un ejemplo: en el primer semestre de 1992 la URNG realizó 802 operaciones y causó 819 bajas al ejército.

En octubre de 1992 el nombramiento de la dirigente campesina Rigoberta Menchú como Premio Nobel de la Paz significó un importante aval internacional para el pueblo indígena de Guatemala y para los refugiados en México. En mayo de 1993 el presidente Serrano realizó un golpe de estado que recibió el rechazo de la mayoría del país, por lo que fue sustituido por León Carpio. Este propuso en julio de ese año iniciar las negociaciones que estaban interrumpidas, pero la URNG rechazó la propuesta porque el gobierno desconocía los pasos dados hasta ese momento.

Una novedad importante ocurrida este año es el comienzo del retorno de los refugiados que habían tenido que huir por la política de tierra arrasada practicada por el ejército; esto es posible debido a la movilización de la sociedad guatemalteca y a las presiones internacionales sobre el gobierno.

En enero de 1994 se realizó una nueva reunión del gobierno y la URNG después de ocho meses de suspensión de los contactos. En ella se logró un acuerdo marco para tratar todos los temas pendientes en el curso del año. Ese mismo mes se celebró un referéndum para reformar la constitución, que había sido rechazada por la URNG y numerosas organizaciones populares. El fracaso de la iniciativa gubernamental fue evidente: un 84% de los inscriptos se abstuvo, y de los que votaron un 32% lo hizo en blanco o en contra.

En marzo se firmó un acuerdo sobre derechos humanos que fue valorado por la URNG como "apenas un primer paso" en la búsqueda de solución al conflicto armado. Sólo dos días después fue asesinado en la capital el presidente de la Corte de Constitucionalidad, Epaminondas González, en lo que se señala como un intento desestabilizador de las negociaciones.

En mayo debían reanudarse las reuniones para instrumentar el acuerdo sobre derechos humanos, y tras ellas el gobierno y el ejército tendrían que demostrar su voluntad política para llegar a una paz duradera.

Honduras

En 1965 un grupo guerrillero había operado en el departamento de Yoro bajo la dirección del dirigente campesino Lorenzo Zelaya. En un enfrentamiento con el ejército en El Jute en abril de ese año, Zelaya resultó muerto y el grupo destruido, de manera que las guerrillas desaparecieron hasta 1980.

La situación del país durante los años ochenta estuvo notablemente influenciada por la presencia de la Contra nicaragüense, con un ejército de más de 10.000 hombres, que utilizó Honduras como base para sus ataques contra Nicaragua, hasta las elecciones que perdió el Frente Sandinista.

Por otra parte, la presencia militar norteamericana en Honduras es de gran magnitud, habiéndose instalado la red de bases aéreas más importantes de Centroamérica. En cuanto a la situación social de Honduras, la tasa creciente de desempleo, que en 1984 alcanzó el 24% de la población activa, y los bajos ingresos fueron la base para una reactivación del movimiento sindical, que fue duramente reprimido hasta el ascenso al poder de Azcona Hoyo en 1986.

El nivel de la represión fue muy alto en Honduras; la Comisión de Derechos Humanos de Honduras (CODEH) y el Comité de Familiares de Desaparecidos efectuaron numerosas denuncias, entre otras contra el general Gustavo Álvarez Martínez, "comandante en jefe de las fuerzas armadas hasta marzo de 1984, fecha en que fue depuesto por corrupción y abuso de poder".[41] Se lo considera jefe de los Escuadrones de la Muerte y responsable de la ejecución de más de 1.000 hondureños.

---

[41]Idem.

Una fuente de conflictos adicionales es la implicación de altos jefes militares en el tráfico de droga, directamente vinculados con el cartel de Medellín.

Todos los factores señalados, a los que se unió el triunfo de la revolución en la vecina Nicaragua en 1979, alentaron el resurgimiento del movimiento guerrillero, que se manifestó a través de varios grupos.

Movimiento Popular de Liberación Chinchoneros (1981)

El Comando Lorenzo Zelaya de la organización Chinchoneros, anunció en setiembre de 1981 el comienzo de la "guerra contra el imperialismo" realizando un atentado con bombas al parlamento en Tegucigalpa y el ametrallamiento de dos soldados norteamericanos.

En setiembre de 1982, Chinchoneros tomó como rehenes a un grupo de hombres de negocios en la Cámara de Comercio de San Pedro Sula, reclamando la liberación de 70 presos políticos.

En julio de 1984 se atribuyó a este grupo un atentado con bombas contra la Suprema Corte de Justicia.

En 1986 se produjo un enfrentamiento en la zona montañosa del norte del país entre Chinchoneros y fuerzas represivas, resultando varios soldados y guerrilleros muertos.

En febrero de 1988 las fuerzas armadas iniciaron una operación contrainsurgente dirigida contra un plan subversivo de los Chinchoneros, que fue denunciada como una excusa para acrecentar la represión. En julio de ese mismo año, la organización realizó una ola de atentados, entre cuyos objetivos figuraron seis soldados norteamericanos.

Fuerzas Armadas del Pueblo (FAR)

Esta organización es considerada el brazo hondureño del Partido Revolucionario de los Trabajadores Centroamericanos

(PRTC), con actividad fundamentalmente en El Salvador, donde está integrado en el FMLN.

En 1981 las FAR secuestraron al gerente de la empresa Texaco en Tegucigalpa; en esa oportunidad fue detenido el dirigente José María Reyes Matta, fundador del PRTC, un médico que había estado vinculado a los intentos de reactivar al ELN boliviano tras la muerte del Che Guevara. Posteriormente indultado, este dirigente fue capturado en setiembre de 1983 en relación con un intento de creación de un foco guerrillero. "José María Reyes Matta y el jesuita norteamericano James Francis Carney fueron detenidos y ejecutados en secreto".[42]

Un fuerte operativo fue lanzado en esas fechas contra un grupo guerrillero en el departamento de Olanco; participaron unos 1.500 soldados con apoyo de helicópteros y la colaboración de asesores norteamericanos. La versión oficial es que fueron reducidos unos 300 guerrilleros que se habían introducido desde Nicaragua.

Frente Popular Morazanista (FPM)

En diciembre de 1988 esta organización realizó un atentado contra el Cuerpo de Paz norteamericano.

El FPM opera en varias ciudades hondureñas.

Chile

Movimiento de Izquierda Revolucionaria (MIR)

El MIR había sido duramente golpeado desde el golpe militar de 1973. Posteriormente realizó acciones de aprovisionamiento de fondos por medio de asaltos a bancos, así como atentados contra funcionarios policiales y de inteligencia. En 1985, durante el asalto

---

[42]*Resumen de operaciones de la URNG*, Guatemala, 1988.

a un banco, murió un militante uruguayo que cooperaba con el MIR.

En ese período la organización sufre una fuerte crisis política a consecuencia de la cual se divide, quedando sumamente debilitada.

Frente Patriótico Manuel Rodríguez (FPMR, 1983-1990)

Nace en 1983 por inspiración fundamentalmente del Partido Comunista para oponerse a la dictadura de Pinochet mediante la lucha armada. El 14 de diciembre de ese año el FPMR aparece públicamente, luego de varios años de preparación, con un gran apagón en todo Chile.

En 1984 el Frente realiza acciones de sabotaje a gasoductos y líneas de alta tensión, y de apoyo a huelgas mediante quema de vehículos de transporte; también efectúa acciones de propaganda armada, deteniendo trenes y autobuses, y de distribución de alimentos en poblaciones marginales.

Una de las acciones del Frente que más trascendieron fue el asalto simultáneo a tres armerías en Santiago durante el mes de agosto, como consecuencia de esta acción se produjo un fuerte enfrentamiento con las fuerzas policiales, en el que dos militantes resultaron muertos y cinco heridos; también hubo bajas entre los agentes de la Central Nacional de Inteligencia.

En junio de 1985 se efectúa un operativo que consigue la liberación del militante Fernando Larenas, internado en una clínica. Con objetivos propagandísticos se secuestra al periodista Bertoloni, que trabajaba en un medio cercano al gobierno.

En ese período el Frente crea la Milicia Rodriguista, como base de apoyo a sus propias actividades. Otro tipo de acciones que realiza el FPMR a partir de 1985 es el secuestro de policías y militares, entre ellos un coronel del Servicio de Inteligencia que es liberado después de aportar documentación militar.

En 1986 el FPMR sufrió una serie de golpes represivos muy fuertes. En agosto, en la localidad costera de Carrizal, la policía detectó un cargamento de unas 40 toneladas de armas y explosivos, del cual logró capturar una parte. Fueron detenidos unos 30 miembros del Frente. En setiembre también fue destruido el aparato de propaganda.

Operación Siglo XX: atentado contra Pinochet

La operación más importante de las realizadas por el FPMR fue el atentado contra el general Pinochet, realizado el 7 de setiembre de 1986 en el Cajón del Maipo, a treinta kilómetros de Santiago.

En el ataque, que tuvo forma de emboscada y en el que participaron unos 30 combatientes, se emplearon cohetes LAW norteamericanos. El atentado fracasó, ya que el coche blindado en que viajaba Pinochet no fue alcanzado por los cohetes, los cuales impactaron en todos los coches de la escolta, resultando 5 muertos y 12 heridos.

Poco antes, el 16 de junio, el FPMR había sufrido un duro golpe en Santiago, con la muerte de 12 militantes. Después del golpe del Carrizal, esta caída y el fracaso de la Operación Siglo XX condujeron a la desmoralización y la posterior división.

A lo largo de sus años de actividad, el Frente sufrió numerosas bajas, calculadas en unas 300, incluyendo los caídos en enfrentamientos y en accidentes con explosivos y los asesinados por la represión.

División del Frente. Surgimiento del FPMR Autónomo

En 1987 se efectuó un debate en el Frente en el que se trató la política a seguir ante a los cambios que se estaban produciendo en Chile en la lucha contra la dictadura. Como consecuencia de este debate se produjo una discrepancia y la organización se dividió en dos fracciones.

Una se denominó FPMR Político-Militar, y defendía la necesidad de apoyar la rebelión popular de masas, en lugar de la acción de un grupo guerrillero; consideraban que las características políticas y sociales de Chile no eran adecuadas para la actividad de una guerrilla rural.

Con ocasión del plebiscito realizado en 1988 y el triunfo, del "no" a la propuesta de la dictadura, este sector siguió realizando apagones y otros operativos de propaganda armada.

En un comunicado del 10 de octubre, luego del plebiscito, el FPMR dice: "Conscientes de que muchos chilenos querían con honestidad contribuir con su voto NO a terminar con el régimen, declaramos que no nos interpondríamos en ese camino (...) Se pretende arrastrarnos a nuevas ilusiones (...) El pueblo sí puede terminar con este régimen (...) asumiendo con plenitud y con seriedad la alternativa que emerge hoy fortalecida y cristalina: la lucha armada y libertaria (...) Iniciaremos a partir de este momento, en cualquier instante, una fase de la lucha armada y libertaria, la guerra patriótica y nacional".

El otro sector, denominado FPMR Autónomo, propició el desarrollo de la guerra nacional popular en forma de guerra de guerrillas. Formó una columna guerrillera que tomó el pueblo de Queñes, donde murió un policía y los activistas fueron cercados; en esa operación cayó Raúl Pellegrini, uno de los dirigentes históricos del FPMR.

Los Autónomos también secuestraron al teniente coronel Carlos Carreño el 1 de setiembre de 1987, exigiendo la libertad de presos de la organización y una fuerte suma de dinero. Por su liberación obtuvieron víveres para ser repartidos en poblaciones marginales. La liberación de este militar se efectuó en São Paulo, Brasil.

En 1988 ejecutaron al policía torturador Fuentes Morrison. También atentaron contra el general Gustavo Leigh, ex miembro de la junta militar, que resultó herido junto al general Enrique Ruiz. En abril de 1991 se atribuyó a este grupo la muerte a balazos del senador Jaime Guzmán, ideólogo de Pinochet, aunque la acción fue desmentida por presos del FPMR-A.

La fuga de la Cárcel Pública de Santiago

El 29 de enero de 1990, un total de 24 miembros del FPMR lograron fugarse de la cárcel. Esta acción se llevó a cabo en los últimos días del gobierno de Pinochet, que entregó la presidencia en marzo de ese año. Dos militantes del FPMR que participaron en esta operación relatan algunas de sus características:

"Nosotros estábamos recluidos en la Penitenciaria de Santiago y en el año '88 nos cambian a la Cárcel Pública de Santiago; una de las cárceles de mayor seguridad para la dictadura.

(...) La dimensión del túnel a 70 metros; éste fue excavado desde dentro de la cárcel (...) La fuga se inició a las diez de la noche y los 24 ya habíamos salido a las once menos cuarto (...) Toda la operación fue dirigida desde dentro, incluido el organizarla infraestructura para la fuga..."

La etapa poselectoral

A partir de las elecciones del 14 de diciembre de 1989, en las que triunfa el demócrata cristiano Patricio Aylwin, el FPMR ya no realiza acciones armadas, pero mantiene su organización. En junio de 1991 dejan oficialmente las armas y pasan a llamarse Movimiento Patriótico Manuel Rodríguez-MPMR, para participar en la actividad política.

En cuanto al sector Autónomo, sigue actuando militarmente; no ha realizado más acciones en el medio rural del tipo de la operación de Queñes, sino actividad urbana.

Movimiento Lautaro

Este movimiento armado surgió en la década de los años ochenta como expresión de las protestas contra la dictadura pinochetista, fundamentalmente a partir de las poblaciones humildes, y estaba formado mayoritariamente por jóvenes.

Sus acciones iniciales fueron de hostigamiento a las fuerzas policiales que reprimían a las barriadas, principalmente atentados contra los guardias y sus colaboradores.

Después de las elecciones en las que se impuso Patricio Aylwin el grupo continuó operando.

En noviembre de 1990 Lautaro organizó una fuga espectacular de su militante Marcos Antonioletti, procesado por la muerte de un carabinero durante el régimen militar. Un grupo de esta organización tomó el hospital Sotero del Río, donde Antonioletti estaba siendo atendido, y lo liberó. En el tiroteo con fuerzas policiales murieron cuatro agentes. Al día siguiente el fugado fue muerto por la policía en el asalto al domicilio en el que se encontraba refugiado.

Se atribuyen a Lautaro diversos atentados bajo el gobierno civil de Aylwin, tales como ataques a cuarteles de carabineros y la muerte del médico militar Carlos Pérez en marzo de 1991, así como la muerte del senador Jaime Guzmán en una acción realizada conjuntamente con el FPMR-A.

Ecuador

Alfaro Vive Carajo (1983)

Surge esta organización en 1980 con el robo del busto y la espada del general Eloy Alfaro de la sede del Partido Liberal.

Alfaro Vive centró sus primeras acciones en algunos asaltos a bancos y en la ocupación de medios de comunicación para divulgar comunicados; también efectuó una fuga de la cárcel de Quito.

En mayo de 1985 el grupo realizó una rueda de prensa en la que hablaron sus dirigentes Arturo Jarrín, Fausto Basantes y Rosa Cárdenas. "Se declararon anti-oligárquicos, anti-imperialistas, democráticos y no marxistas y afirmaron que seguirán combatiendo si la oligarquía no toma medidas en beneficio popular. Se identifican con el bloque progresista del Congreso que agrupa desde democristianos a comunistas (...) niegan su vinculación con el M-19..."[43] El 7 de agosto de ese año secuestraron al banquero Nahim Isaías, por el que exigieron un rescate de 5 millones de dólares, la liberación de 50 presos y un avión para salir hacia Colombia.

La policía descubrió una casa de la organización donde cayeron heridos el dirigente de AVC Juan Carlos Acosta Coloma y el miembro del M-19 Alfonso Benavides. Acosta fue torturado y murió en el hospital.

El día 31 se descubrió el lugar donde estaba retenido Isaías y se organizó un cerco formado por 2.000 efectivos policiales y militares. Asaltada la casa, resultaron muertos cuatro guerrilleros y el banquero. La organización AVC responsabilizó al gobierno de Febres Cordero de "la masacre de seis combatientes latinoamericanos y horrendo crimen del señor Isaías". En enero de 1986 murió en un tiroteo con la policía Fausto Basantes cuando abandonaba el aeropuerto de Quito, y en setiembre cayó Hamet Vasconez Viteri, ambos dirigentes de Alfaro Vive. En octubre, también en Quito, murió en enfrentamiento con la policía el máximo dirigente de la organización, Arturo Jarrín.

En esa época se consideraba que habían muerto 25 militantes de Alfaro Vive y 50 habían sido detenidos desde el comienzo de sus actividades. A raíz de esos golpes que descabezaron a la organización disminuyó su actividad hasta las elecciones de 1988, en las cuales realizó algunas acciones de propaganda armada conjuntamente con Montoneras Patria Libre.

---

[43] *Punto y Hora*, n° 418, diciembre de 1985.

En febrero de 1991 AVC entregó las armas a la Iglesia Católica por medio de sus comandantes Pedro Moneada y Juan Cuvi. El proceso de paz se había iniciado en marzo de 1989, al asumir el poder el presidente Borja, cuando AVC se comprometió a no utilizar las armas.

Su objetivo político es formar un partido o movimiento amplio que luche por una democracia real y participativa. Según declaró Pedro Moneada, la organización ve la posibilidad de formar un Frente Democrático con diversos sectores populares. Por otra parte, critica al gobierno socialdemócrata por falta de decisión y de energía para golpear los intereses históricos de la oligarquía, como prometió hacer en su campaña electoral.

Montoneras Patria Libre (MPL)

Surge MPL como consecuencia de una ruptura de AVC y realiza trabajos en sectores universitarios y campesinos.

Días antes de las elecciones de enero de 1988, la organización efectuó acciones en cooperación con Alfaro, Guayaquil, Ibarra, Esmeraldas y Ambato, por las cuales se emitió un comunicado.

La proclama invitaba a votar contra el candidato oficialista del Partido Socialcristiano y a favor de los "auténticamente nacionalistas". También se pedía el cese del ministro de Gobierno, destituido por el Congreso pero que continuaba en su puesto.

Montoneras Patria Libre no compartió la política de Alfaro Vive de entregar las armas.

Argentina

Movimiento Todos por la Patria (MTP)

Surgió el MTP a comienzos de los años ochenta como una organización amplia en la que confluyeron antiguos militantes de distintas procedencias junto a jóvenes trabajadores haciendo un llamamiento a los sectores progresistas, peronistas, radicales, comunistas, intransigentes, socialistas y cristianos para sintetizar las luchas populares del pasado.

Durante varios años privilegiaron el trabajo en barrios y regiones del interior del país y se dedicaron a las reivindicaciones primarias de sectores populares. "Sus militantes no hacían ninguna referencia a la toma del poder. La suya (repetían a coro sus críticos) era una actitud puramente reformista".[44] En 1987 el MTP sufrió una ruptura, al alejarse un grupo de sus miembros disconformes con la línea que inspiraba el antiguo dirigente del ERP Enrique Gorriarán Merlo. La rebelión de los militares "carapintadas" de Semana Santa de ese año llevó al MTP a un cambio de orientación, planteándose la necesidad de prepararse para luchar contra futuros golpes de estado que creían inevitables. A partir de informaciones atribuidas a fuentes militares, el MTP consideró que el golpe en marcha se iniciaría en el cuartel de La Tablada, cercano a Buenos Aires, y así, el 23 de enero de 1989 intentaron tomarlo.

Participaron en el ataque 46 personas, que se vieron empeñadas en combate sin lograr tomar totalmente las instalaciones; los activistas se vieron rodeados muy rápidamente por una fuerza militar que llegó a sumar 5.000 efectivos, incluidas artillería y apoyo de helicópteros. La represión fue contundente; y en ningún momento se intentó la rendición de los sitiados; hubo una amplia cobertura periodística y al día siguiente cesó el fuego con el resultado de 28 muertos o desaparecidos y el resto detenidos. Entre los primeros se encontraban los dirigentes del MPT Francisco Provenzano, Jorge Baños y Carlos Samojedni. En el posterior juicio se acusó al ejército de haber fusilado sumariamente a varios de los detenidos.

---

[44]Salinas, Juan y Villalonga, Julio: *Gorriarán, La Tablada y las "guerras de inteligencia" en América Latina,* Edit. Mangin, Buenos Aires, 1993.

Bolivia

Ejército Guerrillero Tupaj Katari (EGTK)

El EGTK inició sus operaciones públicas en julio de 1991, con un atentado a una torre eléctrica. En abril de 1992 es detenido Álvaro García Linera, considerado uno de los ideólogos del movimiento, junto con varios militantes.

Según el ministro del Interior habrían cometido 48 acciones, entre voladuras de torres eléctricas y acueductos y asaltos para financiarse, habiendo obtenido por este medio 600.000 dólares. El EGTK es considerado un grupo radical indigenista.

Capítulo VI

*La nueva guerrilla mexicana,
1994 a 1997*

El Ejército Zapatista de Liberación Nacional (EZLN)

El 1 de enero de 1994 hizo su aparición pública esta organización en el estado de Chiapas.

En la madrugada de ese día, cuando entraba en vigor el Tratado de Libre Comercio de México con Estados Unidos y Canadá, varios miles de hombres y mujeres del EZLN, en su mayoría indígenas, desencadenaron la ofensiva. En forma sincronizada tomaron las cabeceras municipales de San Cristóbal de las Casas, Altamirano, Las Margaritas y Ocosingo, así como numerosos poblados de la región.

La base de los zapatistas se encuentra en la Selva Lacandona; región del estado de Chiapas limítrofe con Guatemala.

En la operación participaron varios miles de combatientes (sólo en San Cristóbal fueron unos 800) que en su mayoría estaban equipados con armamento rudimentario, aunque demostraban un alto grado de disciplina y preparación militar.

La simultaneidad de la operación, el grado de sorpresa logrado y el éxito en la toma de los cuatro municipios reflejaban un buen nivel de conducción táctica militar y descartaban cualquier hipótesis de que se tratara de un hecho espontáneo y coyuntural.

El día 2 de enero el EZLN capturó al general Absalón Castellanos, ex gobernador del estado, amenazando con fusilarlo por la represión que ejercitó contra el pueblo indígena durante su administración de 1982 a 1988. Su liberación se produjo en febrero como prólogo a las conversaciones de paz. A pesar de que el "juicio popular" al que se lo sometió concluyó que era responsable de la represión a los indígenas, el EZLN lo liberó, en un acto de hábil propaganda, en un recóndito lugar de la selva adonde tuvo que viajar el mediador gubernamental, la Cruz Roja y docenas de periodistas de todo el mundo. El tribunal decidió liberarlo "para que viva siempre con la vergüenza de haber sido perdonado por sus propias víctimas". En la declaración de la Selva Lacandona difundida al inicio de las operaciones los rebeldes decían: "¡nosotros decimos BASTA!, somos los herederos de los verdaderos forjadores de nuestra nacionalidad, los desposeídos; somos millones y llamamos a todos nuestros hermanos a que se sumen a este llamado como el único camino para no morir de hambre ante la ambición insaciable de una dictadura de más de 70 años encabezada por una camarilla de traidores que representan a los grupos más conservadores y vende patrias". Ante los iniciales intentos fallidos del gobierno por responsabilizar a "extranjeros" (supuestamente guerrilleros guatemaltecos y/o salvadoreños) de adiestrar e instigar el movimiento insurgente, los zapatistas aclaraban que "la dirección política de nuestra lucha es totalmente indígena, el 100% de los miembros de los comités clandestinos revolucionarios indígenas en todo el territorio en combate pertenece a las etnias tzotzil, tzeltal, chol, tojolabal y otros". Terminaban afirmando: "Pueblo de México: nosotros, hombres y mujeres íntegros y libres, estamos conscientes de que la guerra que declaramos es una medida última pero justa. Los dictadores están aplicando una guerra genocida no declarada contra nuestros pueblos desde hace muchos años, por lo que pedimos tu participación decidida apoyando este plan del pueblo mexicano que lucha por trabajo, tierra, techo, alimentación, salud, educación, independencia, libertad, democracia, justicia y paz. Declaramos que no dejaremos de pelear hasta lograr el cumplimiento de estas demandas básicas de nuestro pueblo formando un gobierno de nuestro país libre y democrático".

La respuesta oficial no se hizo esperar: unos 15.000 hombres con apoyo de blindados y cobertura aérea, invadieron la zona y se enfrentaron a una fuerte resistencia zapatista, reforzada con el armamento capturado esos días a policías y soldados. La pieza clave de la táctica gubernamental consistió en el bombardeo aéreo de toda la zona, incluidos poblados indígenas, lo que obligó al éxodo a miles de campesinos.

Ante esta doble ofensiva terrestre y aérea, el EZLN comenzó a replegarse hacia las zonas menos pobladas en la profundidad de la montaña y la selva donde los vehículos militares no pueden entrar y la aviación resulta muy poco operativa. En su comunicado del 5 de enero el Comité Clandestino Revolucionario indígena del EZLN (su dirección máxima) daba la siguiente síntesis de las operaciones: "9 zapatistas muertos y 20 heridos graves, sin incluir a los combatientes heridos asesinados por el ejército, 27 muertos y 40 heridos entre soldados y policías. Destruidos o averiados 3 helicópteros y 3 aeronaves, 15 radiopatrullas, 15 vehículos, 4 centros de tortura de la policía judicial. Liberados 230 presos en 4 cárceles tomadas. Recuperadas 207 armas diversas, 1.266 kilos de dinamita y 10.000 detonadores de TNT, 20 vehículos y aparatos de radiocomunicación". El espectáculo del ejército y la aviación masacrando al pueblo indígena y la estimación de las fuerzas armadas de que necesitarían unos seis meses para sofocar la rebelión era más de lo que Salinas de Gortari podía soportar. No sólo por el impacto que podía producir en Estados Unidos ver a su nuevo "socio" comprometido en un genocidio brutal, sino también por la proximidad de las elecciones presidenciales (que debían celebrarse en agosto de ese año) y en las cuales el gobierno mexicano pretendía dar un ejemplo de democracia y comicios limpios sin fraude.

Por otra parte, el inicio de acciones armadas de solidaridad con Chiapas en México DF, Acapulco, Tula y Puebla, donde se produjeron estallidos de bombas, y la corriente de simpatía popular hacia México y en actos y protestas en muchos países, obligaron al gobierno a cambiar de táctica. El 10 de enero Salinas nombró como interlocutor con el EZLN a Manuel Camacho Solís, uno de los hombres más respetados del PRI, al tiempo que cesó al ministro del Interior y ex gobernador de Chiapas, Patrocinio González Garrido, uno de los miembros del gobierno más denunciado por los rebeldes. Al día siguiente los zapatistas dieron a conocer sus condiciones para dialogar con el gobierno: alto el fuego, reconocimiento del EZLN como fuerza beligerante, respeto de los derechos humanos por parte del ejército y su repliegue a los cuarteles, cese de los bombardeos contra la población y creación de una comisión nacional de mediación. El día 12 el gobierno anunciaba un alto el fuego unilateral por parte del ejército y aceptaba como interlocutor de los zapatistas, al obispo de San Cristóbal, Samuel Ruiz, identificado con la teología de la liberación y mal visto en el Vaticano por sus simpatías hacia los indígenas chiapanecos. El EZLN el 17 de enero anunció su disposición a dialogar pero rechazó la exigencia gubernamental de que abandonara las armas. El día 20 el Congreso de México ratificó la amnistía anunciada por el presidente Salinas; el ejército se replegó hacia la periferia de la región y una comisión inició los trabajos para atender las demandas de los indígenas.

El 21 de febrero el mediador gubernamental, Camacho Solís y el obispo Ruiz se reunían en la catedral de San Cristóbal con 19 delegados zapatistas. Las cámaras fotográficas y de televisión registraron aquellas imágenes nunca vistas en negociaciones de este tipo en otros países: los rebeldes entrando a la catedral armados y encapuchados.

Tras 10 días de intensas negociaciones y ante más de 300 periodistas llegados de todo el mundo, los representantes de ambas partes dieron a conocer los resultados obtenidos. Todo el debate giró en torno a las 34 demandas del EZLN, que además de temas de salud, vivienda, educación, saneamiento ambiental, electrificación, situación de la mujer, información independiente y libertad de los presos políticos y sociales, planteó tres asuntos de fondo: el reparto de las tierras, el respeto a los derechos, la cultura y las formas de auto-gobierno de los indígenas y la realización de elecciones libres y democráticas.

El comisionado gubernamental Manuel Camacho Solís adelantó que se promulgaría una ley de derechos de las comunidades indígenas que abordara el problema de la tierra, una ley de justicia agraria para el estado de Chiapas y otras reformas legales. Asimismo, según dijo, se estudiaría la posibilidad de convocar sesiones extraordinarias del Congreso para introducir reformas en los órganos electorales y garantizar la imparcialidad en los comicios.

Todo lo tratado y ofertado fue sometido a la consideración del gobierno y de las asambleas de comunidades indígenas. Para ello los delegados del EZLN partieron hacia sus respectivas poblaciones, en una demostración inusual de métodos democráticos.

El subcomandante Marcos, portavoz habitual de los zapatistas, dijo que "ha habido diálogo pero no negociación" y que "por ahora sólo hay promesas". El posterior asesinato del candidato oficial para las elecciones presidenciales Luis Donaldo Colosio provocó la suspensión de las consultas.

Los sectores más retrógrados se hicieron presentes con el asesinato de campesinos en los estados de Chiapas y Oaxaca el 5 de marzo, con la amenaza de muerte contra el obispo Samuel Ruiz por un grupo de terratenientes, con el cierre de diez iglesias realizado por el autollamado Frente Cívico contra los Desestabilizadores, que reúne a comerciantes, hoteleros, ganaderos y terratenientes, y con la amenaza contra la vida de un grupo de monjas; además, fue asesinado Mariano Pérez Díaz, líder de la Organización Campesina Emiliano Zapata (OCEZ). Al mismo tiempo, las movilizaciones no han cesado en el campo chiapaneco. Estimuladas por el protagonismo de los rebeldes zapatistas, se han producido una ola de ocupaciones de fincas y exigencias de sustituir a las autoridades municipales dóciles a los terratenientes. Miles de campesinos han participado en esas acciones. El trasfondo de estas luchas es la oposición a la reforma del artículo 27 de la Constitución realizada en 1991, que sancionó el dominio privado sobre la tierra en un alarde de "modernidad" que liquidó los últimos restos jurídicos de la revolución mexicana y que fue objeto en su día del rechazo de parte de los sectores combativos del agro.

Los terratenientes, temerosos de ver afectado su "orden" de toda la vida que les ha permitido explotar a su antojo a los indígenas, han advertido al gobierno que no tolerarán las ocupaciones. Ya ha muerto más de un campesino por disparos de las "guardias blancas".

El asesinato de Luis Colosio, candidato del PRI

El asesinato del candidato presidencial del PRI producido el 23 de marzo de 1994 en Tijuana fue sin duda producto de la nueva situación existente en México desde la irrupción de los zapatistas.

Colosio, hombre de confianza de Salinas de Gortari, estaba obligado a profundizar las reformas democráticas más de lo previsto y a cumplir con las promesas hechas al EZLN. Todas las insinuaciones iniciales sobre la locura del autor material y sobre la posible implicación de los zapatistas se vino abajo y comenzó a salir a la luz una parte de la trama, con varios implicados pertenecientes a las fuerzas de seguridad y al PRI. Está probado que la trama del asesinato partió de los poderosos sectores cuyos privilegios y estilo de dirigir la economía y política del país son bien conocidos y por primera vez han sido puestos al descubierto. La estabilidad que mantuvo el PRI en México durante medio siglo ha resultado destrozada.

Ha quedado así en evidencia la corrupción del régimen opresor a que están sometidos los indígenas que representan un tercio de la población y que por primera vez desde la gesta de Zapata ven una esperanza en la lucha de Chiapas; No es de extrañar la corriente de apoyo que han logrado los zapatistas en muy amplios sectores de la población mexicana.

Al mismo tiempo el EZLN denunció los movimientos del ejército que estrechó el cerco sobre la región guerrillera y advirtió del peligro de que se produjeran provocaciones.

En este marco de incertidumbre el EZLN aparece como el grupo que más ha hecho ya por una auténtica democratización del país, impulsada desde los sectores más postergados de México, lo que sin duda redundará no sólo a favor de las comunidades indígenas sino de todos los sectores populares del país. No sólo luchan por las necesidades más vitales, sino por aspiraciones profundas del pueblo.

Algunos antecedentes del EZLN

El propio subcomandante Marcos reconocía que nunca imaginaron la trascendencia, nacional e internacional, que tendrían las acciones que iniciaron ese 1 de enero en unas paupérrimas y remotas poblaciones de México. Se han hecho muchas especulaciones sobre el EZLN, pero lo cierto es que muy poco es lo que se sabe de esta organización, excepto sus propias declaraciones en el sentido de que llevaban unos diez años organizándose y preparando la lucha. Por el grado de efectividad lograda y la cantidad de combatientes implicados en las operaciones es evidente que la preparación tiene que haber sido larga. Durante 1993 se habían producido varias acciones, tales como tomas de tierras y enfrentamientos con los terratenientes, así como un choque con el ejército en mayo que concluyó con varios soldados muertos.

En los últimos años han actuado en la región algunos grupos maoístas, y se sabe que en la década de los setenta algunos sobrevivientes de la guerrilla del Partido de los Pobres se refugiaron en la zona. Sin duda el EZLN puede haber recibido influencia de diversos sectores en su proceso de gestación, pero sus portavoces se niegan a ser etiquetados con una u otra ideología. Pareciera más bien que habrían sabido recoger las experiencias de la Revolución Mexicana y de la guerrilla del estado de Guerrero en los años setenta, así como de otras organizaciones guerrilleras latinoamericanas, especialmente de los países cercanos como Guatemala, El Salvador y Nicaragua. Sus métodos democráticos y de respeto a las organizaciones populares y su rechazo al terrorismo muestran ya de por sí una diferencia importante con otros procesos con implantación en el campesinado indígena, como el caso de Sendero Luminoso en Perú.

El subcomandante Marcos en una entrevista al semanario uruguayo *Brecha* ha dado algunos datos. "Ingresé en una organización bastante pequeña y sana. Sana en que es muy política y poco militar (...) aquella organización clandestina y urbana contacta con un líder indígena de Chiapas (...) el primer grupo entra en la Selva Lacandona el 17 de noviembre de 1983, eran seis compañeros (...) yo llego en julio de 1984 (...) éramos una fuerza guerrillera muy pobre, sin recursos (...) los indígenas del grupo empiezan a bajar a las comunidades y a hacer trabajo político (...) en 1986 hay pueblos que ya simpatizan con nosotros y que nos ven como una fuerza de autodefensa. Nosotros llegamos como el ejército de los desposeídos que va a tomar el poder e implantar el socialismo: las comunidades nos reciben como los que íbamos a defenderlos del ejército y de las guardias blancas (...) sobre una tropa de 40 había solo tres mestizos; los restantes eran tojolabales, tzeltales, choles, tzotziles (...) en 1988 teníamos una fuerza regular de 80 hombres (...) en 1989-90 tenemos un ejército de miles de combatientes (cuando el presidente Salinas reforma el artículo 27 de la Constitución y liquida la reforma agraria)..." Es en esa integración con las comunidades donde surge el EZLN y sus fundadores aprenden, según cuenta Marcos, a "mandar obedeciendo", es decir, a seguir la voluntad democrática del pueblo en el cual están integrados.

El EZLN, de guerrilla a Movimiento Político Armado

Luego de los primeros días de enfrentamiento armado y una vez logrado el alto el fuego, los zapatistas desplegaron una intensa actividad política, trasladando sus planteamientos desde Chiapas al conjunto del estado mexicano. Mientras conservaban su armamento, negociaron con el gobierno, trataron de extender su base política y social y resistieron un severo bloqueo militar que recortó su espacio en la Selva Lacandona. Un gobierno y su partido, el PRI, sumidos en profunda crisis, con todas las sospechas en su contra, desde problemas de corrupción hasta acusaciones de asesinato, no podía permitirse el lujo de abrir una nueva brecha en su deteriorada estructura con una guerra abierta. Y por lo tanto toleró la insólita presencia de una guerrilla armada pero que no combatía, con la cual negocia pero no transige, en espera de tiempos mejores que le permitieran emplear la fuerza militar.

En agosto de 1994 se realizaron elecciones presidenciales con fuertes sospechas de fraude, en las que se impuso Ernesto Zedillo, candidato el PRI y otro tanto pasó en Chiapas, donde el candidato del PRD, con fuerte apoyo popular, Amado Avendaño fue despojado de la victoria.

En setiembre fue asesinado José Ruiz Massieu, secretario general del partido gobernante, deteniéndose a su autor material quien confesó haber actuado por encargo de un empleado de un importante diputado priísta. El hermano de Ruiz Massieu, subprocurador de México, denunció a la cúpula del PRI de frenar la investigación, hasta que renunció por ese motivo. Lo mismo ocurre con el asesinato de Colosio por el que solo se condenó a una persona, pese al convencimiento colectivo que se trató de un crimen urdido en las entrañas del poder. El encarcelamiento de Raúl Salinas, hermano del anterior presidente, por su cuenta bancaria en Suiza y las evidencias de su enriquecimiento ilícito coronó la crisis.

Todo esto agotó la confianza de los inversionistas extranjeros por lo cual huyeron del país más de 10.000 millones de dólares, provocando una fuerte caída del peso. Préstamos internacionales dirigidos por Estados Unidos de cerca de 50.000 millones de dólares acudieron al salvataje para evitar que México se desplomara. El PBI se redujo en un 7% en 1995 y sólo una parte se recuperó en 1996. Las consecuencias las pagó el pueblo mexicano con la baja de su nivel de vida y el aumento de la desocupación.

En febrero de 1995 el gobierno rompió la tregua existente y lanzó la orden de captura contra Marcos y la dirección zapatista, al tiempo que el ejército invadía amplias zonas de Chiapas con miles de soldados apoyados por blindados y aviones. Esto provocó un éxodo masivo de la población hacia las montañas, con mayores penurias y sufrimiento, pero no logró el objetivo de detener y silenciar al EZLN. Ante el fracaso de la ofensiva y el repudio general de la población mexicana, de 100.000 manifestantes en ciudad de México y de los observadores internacionales, el gobierno propuso reanudar el diálogo y los zapatistas aceptaron en marzo, mientras los militares procedían a una retirada parcial. Al respecto dijo Marcos: "...esa ofensiva militar se puede producir y no nos preocupa en términos de las fuerzas regulares del EZLN (...) lo que nos preocupa es la situación de las comunidades indígenas, porque esa clase de ofensiva con masificación de técnica militar va a cobrar sus principales víctimas entre la población civil. Eso es lo que percibimos y eso es lo que no queremos".[1]

---

[1] Gelman, Juan: "Entrevista a Marcos", en *Página/12*, Buenos Aires, 14/4/96.

Las negociaciones

A partir de abril de 1995 se reanudaron las negociaciones resolviéndose en octubre que se analizarían de forma conjunta en varias mesas los problemas socio-políticos y económicos que originaron el conflicto chiapaneco, tratando la primera mesa de negociación sobre Cultura y Derechos Indígenas. Uno de los grupos de trabajo reunidos del 18 al 23 de octubre trataba sobre la mujer indígena y en ella se reflejó todo el avance logrado por las mujeres zapatistas. "La participación de las indígenas en la vida comunitaria y más en los asuntos políticos del zapatismo, requirió de un largo proceso de concienciación que aún no ha terminado (...) la semilla de la revolución de las costumbres está puesta y da sus frutos en algunos pueblos y mentes".[2]

En febrero de 1996 se logró el primer acuerdo de fondo sobre el tema indígena considerado histórico por los especialistas pero de gran complejidad, ya que implica la necesaria reforma de la constitución. Este acuerdo está avalado por la Comisión Nacional de Intermediación y por la Comisión de Concordia y Paz (COMCOPA), formada por parlamentarios de todos los partidos. La consulta a las comunidades indígenas efectuada por el EZLN dio un 96% de asentimiento al acuerdo.

En marzo el gobierno se negó a discutir con los zapatistas la reforma del Estado proponiendo que estos enviaran sus sugerencias al parlamento.

En mayo la justicia condenó a Javier Elorriaga y Sebastián Entzin como miembros del zapatismo y el EZLN por tal motivo suspendió las conversaciones con el gobierno. Ante esa actitud y la amplia campaña internacional se revisó la sentencia y los presos fueron puestos en libertad en junio.

---

[2]Rovira, Guiomar: *Mujeres de maíz*, Virus Editorial, Barcelona, 1996.

Hasta mediados de 1997 no se había implementado el cumplimiento de lo pactado sobre derecho indígena, ya que el proyecto de ley elaborado por la COMCOPA no había sido aprobado por el gobierno, aunque sí por el EZLN y las negociaciones estaban estancadas a la espera de la resolución de este problema.

Las iniciativas políticas zapatistas

Desde 1994 el EZLN ha lanzado varias iniciativas políticas tendientes a movilizar a la sociedad civil y en particular a la dividida izquierda en apoyo de un programa de reivindicaciones comunes.

En mayo de ese año Marcos recibió en la Selva Lacandona al candidato presidencial del PRD, Cuauhtémoc Cárdenas.

Los zapatistas impulsaron la constitución de la Convención Nacional Democrática, de la que se celebraron dos reuniones, a la primera de las cuales acudieron en agosto de 1994, unos 5.000 delegados de organizaciones y asambleas populares a la Selva Lacandona. Una segunda reunión se realizó en octubre, pero no se logró el impulso necesario para promover y unir la deseada movilización civil. Ese mismo día se celebró en San Cristóbal, Chiapas, una reunión del Consejo Estatal de Organizaciones Indígenas y Campesinas (CEOIC) del que participaron unas 25.000 personas.

En junio de 1995 el EZLN convocó a una Consulta nacional e internacional preguntando sobre cuáles eran las principales reivindicaciones populares y si el EZLN debía constituirse en fuerza política, unida a otras organizaciones o sola. La primera de las preguntas era: "¿Estás de acuerdo en que las principales demandas del pueblo mexicano son tierra, vivienda, trabajo, alimentación, salud, educación, cultura, información, independencia, democracia, libertad, justicia y paz?" A esta consulta respondieron más de un millón de personas. Un 56% votó a favor de que el EZLN se convirtiera en una fuerza política nueva e independiente.

En enero de 1996 el EZLN convocó a la constitución del Frente Zapatista de Liberación Nacional. Las características del mismo son las siguientes: "Una fuerza política que no aspire a la toma del poder. Una fuerza que no sea un partido político. Una fuerza política que pueda organizar las demandas y propuestas de los ciudadanos para que el que mande, mande obedeciendo (...) Una fuerza política que luche en contra de la concentración de la riqueza en pocas manos...."[3]

A partir de entonces el EZLN se fue organizado al crearse los Comités Civiles de Diálogo que lo sustentan.

En Julio de 1996 unos 3.000 delegados de organizaciones de 42 países asistieron al Encuentro Intercontinental contra el Neoliberalismo y por la Humanidad convocado por el EZLN en Chiapas. Marcos afirmó que "el neoliberalismo es la internacional de la desesperanza" y dijo que "Nos temen, porque los hemos desafiado, y lo peor del desafío es que se convierte en ejemplo".

La segunda reunión del Encuentro Intercontinental se realizó en julio de 1991 en España, contando con numerosa asistencia de muchos países.

La situación luego de las elecciones de julio de 1997

La crisis del PRI y la presión exterior obligaron al gobierno a reducir el fraude electoral que caracteriza al régimen mexicano, posibilitando así una amplia victoria de la oposición en las elecciones para diputados, tanto del derechista PAN como del PDR de Cuauhtémoc Cárdenas. Este concretamente ha resultado vencedor en ciudad de México, abriendo posibilidades muy importantes al PDR. El PRI por primera vez en su historia quedó con minoría en diputados.

---

[3] *Aguas Calientes*, N° 2, Boletín de la Red de apoyo zapatista, Julio 1996, Madrid.

Esta derrota del partido gubernamental, que sigue conservando la presidencia, será utilizada como lavado de cara interna y externamente, para revalidar su pretendido accionar democrático y así posibilitar una retoma de posiciones en el futuro.

El ya citado Javier Elorriaga, lo ha señalado luego de las elecciones: "sé están explotando los resultados para decir que ya estamos en democracia y como un as político que legitimaría una ofensiva militar contra el ejército zapatista". También señaló el fraude, ocurrido con el voto indígena en estados como Oaxaca, Tabasco, Chiapas y Puebla entre otros. Concretamente en Chiapas el 70% de la población no votó en repudio a esa situación y refiriéndose a la región zapatista dice Elorriaga que "allá seguían formándose municipios rebeldes con sus nuevas autoridades que mandan obedeciendo y rebelándose contra el poder constituido. Las elecciones son un paso más, pero pensar que con ello vamos a transformar a México es pensar en chiquito".

En Chiapas se vive una situación de extrema tensión, con un fuerte dispositivo militar, que como denuncia el obispo de San Cristóbal Samuel Ruiz, "se ha visto un despliegue desproporcionado de tropas terrestres y vuelo de aviones y helicópteros sobre los poblados de la selva en los últimos días precisamente luego de la negativa del EZLN a aceptar la contrapropuesta gubernamental sobre reformas constitucionales respecto de derechos y cultura indígenas".

Ejército Popular Revolucionario (EPR) 1996 a 1997

El ejército tenía constancia de actividades guerrilleras en el estado de Guerrero desde 1993, cuando detectaron desembarcos de armas y explosivos en la costa. El general Fernández Solís, comandante de la XXXV Zona Militar dijo que "la información militar tiene los nombres de los dirigentes del Partido Revolucionario Obrero Clandestino Unión del Pueblo-Partido de los Pobres

(PROCUP-PDLP)" y que "son siete los focos de conflicto o focos rojos que existen en el Estado".[4]

Esta organización sería uno de los componentes del EPR que hizo su aparición pública el 28 de junio de 1996 en Aguas Blancas, estado de Guerrero. Unos 100 hombres y mujeres uniformados y armados se presentaron en el mitin donde se conmemoraba el asesinato de 17 campesinos ocurrido un año antes, con la presencia de Cuauhtémoc Cárdenas, líder del PRD.

En agosto dieron una conferencia de prensa en una zona de la Sierra Madre donde mostraron un campamento y anunciaron la formación del Partido Democrático Popular Revolucionario (PDPR). A finales de agosto el EPR efectuó ataques en 7 estados: Guerrero, Oaxaca, México, Puebla, Guanajuato, Tabasco y Chiapas, resultando 14 personas muertas. El ejército informó que unos 200 guerrilleros habrían participado en estas acciones.

En ocasión de elecciones locales en el estado de Guerrero, el EPR anunció una "suspensión temporal" de sus actividades militares entre el 25 de setiembre y el 27 de octubre.

Posteriormente atacaron a una patrulla policial en Oaxaca y el cuartel de Coacalco en el Estado de México, matando a varios policías. En el comunicado donde reivindican esas acciones dice el EPR:

"La lucha armada en Guerrero y en otros Estados no sólo es por cambios locales, sino por las reformas generales institucionales que todo México requiere y que se expresan en la conquista de la democracia, justicia y libertad para todos los mexicanos. Con la lucha electoral no termina la lucha por democratizar la sociedad, esta continúa, el enemigo a vencer es el partido del Estado (PRI) que se encuentra unido al caciquismo local, por lo que el PDRP seguirá impulsando y respondiendo con la autodefensa armada (...) ¡Por la vía democrática

---

[4] *Resumen Latinoamericano*, n° 19, Europa, Octubre 1995.

revolucionaria todo el pueblo al poder! ¡Por la República Democrática Popular, el pueblo unido triunfará!"

Con respecto a sus orígenes, el EPR se reclama como "el resultado de la unidad de diversas organizaciones armadas revolucionarias surgidas en los últimos 30 años, que han conformado un solo proyecto político…"[5]

En mayo de 1997 el EPR emboscó a un convoy militar de 4 vehículos en una carretera federal de Guerrero, causando varias bajas. Días después se produjo un enfrentamiento con una patrulla, que derivó en un prolongado combate. Según el EPR los militares muertos y heridos habrían sido 23.

Una intensa represión se desató contra las comunidades indígenas y trabajadores de la región. El PRD denunció la detención y tortura de varios de sus miembros en la zona y un atentado sufrido por su presidente estatal Octaviano Dionicio.

En una conferencia de prensa ofrecida en Ciudad de México, parte de la comandancia del EPR reveló que desde su aparición en julio del año pasado han realizado unas 200 acciones de propaganda armada. Manifestaron que el Ejército se ha readecuado con fines contrainsurgentes desde 1994, triplicando su presupuesto y pasando sus efectivos de 175.000 ese año a 229.000 en 1997.

EPR y ERPI 1997 a 2000

Durante las elecciones de 1997 el EPR declaró una tregua para no interferir en los derechos de los ciudadanos a ejercer el voto.

En julio de 1998, Resumen Latinoamericano, Madrid, informa de una matanza cometida el 6 de junio en la comunidad de El Charco, Acapulco, cuando se celebraba una asamblea convocada

---

[5] *Resumen Latinoamericano*, n° 26, Europa, Noviembre 1996.

por integrantes desarmados del ERPI (Ejército Revolucionario del Pueblo Insurgente), una disidencia del EPR.

La unidad del ejército dirigida por el general Juan Manuel Oropeza tomó la escuela donde se celebraba la reunión y asesinó a 11 participantes, causando 5 heridos y deteniendo a otros 22. Estos fueron trasladados al cuartel del Batallón 48 de Infantería, donde fueron interrogados y torturados.

El EZLN, de 1997 a 2000

Hasta la fecha de escribir estas líneas el gobierno mexicano no ha cumplido con el Acuerdo por el cual se establecían los derechos indígenas. Por otra parte ha continuado el hostigamiento militar a las comunidades chiapanecas, complementado con el accionar de los grupos paramilitares que como se ha comprobado están dirigidos por policías y militares que destinan a esos grupos la realización de la "guerra sucia" contra el pueblo.

El comunicado del EZLN con motivo del quinto aniversario del alzamiento zapatista, explica cual es la situación:

"El año de 1998 fue el año de guerra gubernamental en contra de las comunidades indígenas de México. Este año de guerra se inicia con la masacre de Acteal. Ese día, bandas paramilitares armadas, entrenadas y dirigidas por los gobiernos federal y estatal asesinaron a 45 niños, mujeres y hombres, indígenas todos ellos (...) La actividad de grupos paramilitares constituye la columna vertebral de la guerra sucia del gobierno de Zedillo en contra de los indígenas mexicanos..."

Los distintos equipos "negociadores" del gobierno han tenido y tienen una sola consigna: "Simular disposición al diálogo y posponer continuamente el logro de acuerdos y su cumplimiento, e impedir la firma definitiva de la paz".

Detalla luego el comunicado del EZLN los diversos ataques a la paz realizados por el gobierno. En primer lugar los ataques a los municipios autónomos, reconocidos por los acuerdos de San Andrés, que fueron invadidos por el ejército que destruyó instalaciones y golpeó y torturó a los pobladores. Varios de estos fueron asesinados por las tropas. El caso mas flagrante es el citado de Acteal. La magnitud de la masacre y la campaña de protesta llevaron a los tribunales a juzgar y condenar a 55 autores a penas de entre 32 y 35 años de prisión, entre ellos el ex alcalde priísta de la localidad de Chenalhó en septiembre de 1999. La impunidad se mantuvo para la cúpula inspiradora de este y otros crímenes, que hay que buscar en los altos cargos políticos y militares del país.

Se atribuye la autoría directa de esta matanza al grupo paramilitar "Máscara Roja", que opera en los altos de Chiapas y que está entrenado y armado por personal militar.[6]

Cita luego el comunicado los ataques contra la (COCOPA) Comisión de Concordia y Pacificación, a la cual se pretende desconocer, ignorando los Acuerdos firmados. Igualmente se desataron campañas de desprestigio contra la (CONAI) Comisión Nacional de Intermediación y su presidente, el obispo Samuel Ruiz. También se recuerda los ataques a los observadores internacionales a los cuales se expulsó, para impedir su labor de garantes de la seguridad de los habitantes.

Y concluye el comunicado explicando su tarea de resistencia:

"Todo el esfuerzo organizativo del EZLN se volvió hacia adentro. Callados hacia afuera, los zapatistas volteamos hacia dentro nuestro y organizamos la resistencia de nuestros pueblos. Todos nuestros recursos humanos y materiales se dedicaron no a la guerra sino a la resistencia contra la guerra. Toda nuestra fuerza se orientó no a la destrucción sino a la construcción. Nuestra bandera no fue la muerte sino la vida.

---

[6]http://spin.com.mx/

Un análisis sereno de las acciones gubernamentales nos hizo entender que su objetivo era la guerra abierta. Decidimos entonces no sólo no seguirlo en su invitación al horror, también nos esforzamos por hacerlo fracasar rotundamente (...) Para no caer en el juego de la muerte, en esa trampa sangrienta de la guerra entre indígenas, miles de zapatistas dejaron todo lo que tenían y se convirtieron en desplazados de guerra. Hombres, mujeres, niños y ancianos, tzotziles, tzeltales, tojolabales, choles y mames, abandonaron sus casas y tierras porque queremos la paz con justicia y dignidad. No queremos ni la rendición ni la paz simulada ni la guerra entre pobres (...) Después de transcurrido este quinto año de la guerra contra el olvido, los zapatistas podemos decir que somos más y más fuertes."

Explican luego la consulta popular que han convocado para el 21 de marzo de 1999 y como parte de la misma el envío de 5.000 zapatistas que visitarán todos los municipios del país. La consulta tratará el reconocimiento de los derechos de los pueblos indígenas y el fin de la guerra de exterminio.

En vísperas de la consulta, el subcomandante Marcos dirigió un mensaje a otras organizaciones armadas mexicanas:

"10 de marzo de 1999
EZLN
A las Comandancias, Grupos de Mando, oficiales y tropas del Ejército Revolucionario del Pueblo Insurgente (ERPI) del Ejército Popular Revolucionario (EPR) y de las distintas Organizaciones Político Militares revolucionarias de México:
De Subcomandante Insurgente Marcos
CCRI-CG del EZLN
Como ustedes sabrán, el próximo domingo 21 de marzo de 1999 se realizará la Consulta por el Reconocimiento de los Derechos de los Pueblos Indios y por el Fin de la guerra de Exterminio (...)
Como tanto la gira de los delegados zapatistas como la realización de la jornada del 21 de marzo incluye territorios que se encuentran dentro

de las áreas de control, influencia e interés de las tropas revolucionarias bajo el mando de ustedes, en mi calidad de jefe militar del EZLN me dirijo a ustedes para solicitarles respetuosamente que, dada la importancia de esta movilización pacífica, tomen ustedes las medidas que consideren pertinentes y adecuadas para que, tanto la visita que nuestros delegados hagan a los municipios que se encuentran en sus territorios, como la consulta del 21 de marzo, se lleven a cabo en las mejores condiciones posibles.
Sabemos que la causa que anima sus luchas respectivas es alta y que sabrán escuchar esta solicitud que, con seriedad y respeto, les hacemos."

Con esta carta, Marcos destaca la existencia de otras organizaciones armadas en México y da muestras de respeto y solidaridad hacia ellas.

En la fecha señalada, luego de que miles de delegados zapatistas recorrieran el país propagandizando la consulta, cerca de 3 millones de mexicanos participaron de la misma adhiriendo a los reclamos que contenía. El gobierno siguió haciendo oídos sordos a este clamor popular y continuó con su política de hostigamiento a los campesinos. Así el 25 de agosto de 1999 la Comandancia del EZLN denunció en un comunicado que ese día "tropas del Ejército Federal y policías de la seguridad pública del Estado de Chiapas atacaron la comunidad de San José la Esperanza" y que "En el ataque militar fueron detenidos varios campesinos, resultando dos de ellos heridos de bala y golpeadas varias mujeres." La ex presidenta de Irlanda y actual Alta Comisionada de la ONU para los Derechos Humanos, Mary Robinson, visitó Chiapas a finales de noviembre. Mantuvo una reunión en San Cristóbal de las Casas con grupos civiles y manifestó su preocupación por la "impunidad ante las violaciones de las garantías individuales y la presencia militar en Chiapas".[7] Dentro de esta tónica de represión gubernamental y resistencia y movilización zapatista concluyó 1999.

---

[7] *El País*, 28/11/99.

Capítulo VII

América Latina después de Chiapas, 1994 a 1997

En América Latina, las novedades más importantes a partir de 1994 en el terreno de la lucha armada se produjeron en México, donde hizo su aparición el EPR en 1996, como se relata en el capítulo anterior, poniendo una vez más de relieve la convulsión social que se vive en ese país.

En el resto del continente, los acontecimientos más destacables fueron la firma de la paz en Guatemala y las acciones realizadas por el MRTA en Perú y el FPMR en Chile. No obstante es en Colombia donde la presencia de las organizaciones armadas más se ha hecho notar, aumentando el accionar y la fuerza de la Coordinadora Guerrillera Simón Bolívar, que nuclea a las FARC, al ELN y al EPL, extendiendo su influencia a vastas regiones del país.

Colombia

La situación política

Desde la asunción de Samper a la presidencia la situación ha estado marcada por sospechas de su connivencia financiera con el narcotráfico. El proceso parlamentario del cual salió absuelto el presidente, las sospechas contra unos 100 diputados, la renuncia

390

del vicepresidente, la prisión del ministro de defensa por el mismo tema, son muestras de la crisis que vive Colombia y de la profunda implicación que tiene el narcotráfico en la vida cotidiana del país.

Al mismo tiempo, la represión y la guerra sucia siguen plenamente vigentes.

Recién instalado Samper, fue asesinado Manuel Cepeda, senador de la izquierda Unión Patriótica y miembro del Comité Central del Partido Comunista. Suman 2.500 los miembros de la UP asesinados y de hecho esta organización ha pasado a la clandestinidad.

En 1995 se decretó el estado de conmoción interior dando paso a un conjunto de medidas represivas, en tanto proseguía la actividad de 250 grupos paramilitares autores de numerosos asesinatos.

Muchos de estos grupos fueron transformados por el ministerio de defensa en Cooperativas de Seguridad privada legalizándolos al servicio de los terratenientes y en estrecha vinculación con las fuerzas armadas.

Otro frente abierto por el gobierno en los últimos años es la fumigación aérea de los cultivos de coca, marihuana y amapola de los que según el Consejo Nacional de Estupefacientes viven más de 300.000 familias. En 1996 fueron reprimidas duramente las marchas campesinas en Putumayo, Guavire, Caquetá y Casanare, respondiendo la guerrilla en defensa de los cultivadores con la toma del pueblo de Miraflores.

La actividad guerrillera

Las negociaciones de paz con el gobierno desde 1992 fueron prácticamente inexistentes. La CGSB continuó operando y han sido numerosas las acciones guerrilleras desde 1994 contra todo tipo de objetivos, creciendo las dirigidas a las fuerzas policiales y militares, incluyendo ataques a cuarteles y emboscadas, siendo el más espectacular el producido en Nariño donde destruyeron a una columna del ejército. Incluso se han producido choques con tropas venezolanas en la frontera. La detención de algunos dirigentes guerrilleros como Francisco Caraballo del EPL en 1994 no ha logrado detener el crecimiento de la presencia de la CGSB.

Esta lanzó un paro armado los días 8 y 9 de abril de 1996 que se notó particularmente en 10 de los 32 departamentos del país. Durante el mismo 90 militares resultaron muertos, fueron atacados cuarteles policiales y volados tramos de oleoductos y más de 100 pueblos fueron ocupados por la guerrilla. Por estas fechas la policía retiró sus puestos fijos de 70 localidades, pasando a operar como grupos móviles. Esto implica una cesión de territorio a la guerrilla que amplió su presencia nacional.

En setiembre se declaró otro paro armado de un mes en 12 departamentos.

Auténtica ofensiva guerrillera, provocó la incomunicación de vastas zonas por los controles de carreteras y la quema de autobuses. Además los ataques a la base del ejército en Las Delicias (Putumayo) el 30 de agosto y otro ataque en Guavire causaron numerosas bajas militares y cerca de 70 prisioneros. Simultáneamente se produjeron ataques a distintos objetivos en Bogotá, Cali, Medellín y en casi todas las grandes ciudades.

Evaluando la situación dijo el Coordinador de la oficina del Alto Comisario de Paz, Daniel García Peña: "El poder de la guerrilla y su capacidad de acción es cada vez mayor (...) La guerrilla no está arrodillada y la guerra solo será superada cuando los colombianos puedan sentarse a negociar en una mesa de diálogo y le pongan fin a los factores que dieron origen al conflicto armado". El ex vicepresidente Humberto de la Calle dijo que "la guerrilla se ha convertido en una fuerza que a corto plazo ni siquiera parece realista pensar en derrotar, sino escasamente en contener".

El ex asesor de seguridad del presidente Samper afirmó que "la progresión subversiva es alarmante: en 20 años ha pasado de 16 frentes a más de 100, moviliza unos 15.000 hombres (...) también bajo el emblema del poder popular, implica la toma progresiva y sistemática de las administración locales, una presencia incontenible que llega a los 600 municipios". En Colombia existen 1.030 municipios y los servicios de inteligencia militar elevan el número de aquellos influenciados por la guerrilla a 750. "Pueblos importantes están enteramente gestionados por la guerrilla. Allí asume todas las funciones del Estado: registra el estado civil, se ocupa de las carreteras, reemplaza a los tribunales. Al comenzar la construcción de la autopista Cali-Medellín, los ingenieros han ido a entrevistarse con los guerrilleros para saber si planeaban sabotear los trabajos (...) En el Arauca, la guerrilla concede los permisos de construcción".[1]

La implantación guerrillera es notable en las áreas rurales, y más débil en las ciudades. Las FARC basan su trabajo urbano en su alianza política con el Partido Comunista y la Unión Patriótica, severamente deteriorados por la brutal represión. El ELN realiza un "trabajo político sólido en distintos movimientos cívicos y organizaciones sociales en barrios pobres de las grandes ciudades".[2]

Existen grupos guerrilleros menores que no están integrados en la CGSB: el Movimiento Jaime Bateman Cayón, desprendimiento del antiguo M-19, las Fuerzas Armadas Revolucionarias Indígenas, separadas del ELN y el Benko Biojoy en la zona del Chocó.

Los intentos de negociación

Las reuniones de Caracas en 1992 son las últimas realmente efectuadas. En 1994 al tomar posesión de la presidencia Ernesto Samper lanzó una propuesta de paz a lo que las FARC contestaron pidiendo un primer encuentro público, pero este no llegó a concretarse. En 1995 hubo intentos importantes de volver a reunirse con la mediación de la iglesia católica colombiana y de Costa

---

[1] *Le Monde Diplomatique*, Madrid, Abril 1996.
[2] Ibeas, Juan Manuel y Moncada, Luis: *Colombia: Heterogeneidad del movimiento guerrillero*, UNAM, México, 1997.

Rica, pero no se materializó por la negativa del ejército a aceptar una mediación internacional y a desmilitarizar la zona de reunión propuesta en La Uribe. La situación se agravó por las acusaciones contra Samper de haber aceptado dinero del narcotráfico para la financiación de su campaña electoral. La CGSB mantiene las "Doce propuestas" presentadas en 1992.

En agosto de 1997, el ex presidente de Costa Rica, Oscar Arias efectuó un intento de relanzar las paralizadas negociaciones de paz. A tal efecto reunió en Guatemala al Arzobispo de Medellín Alberto Giralda, al comisionado gubernamental para la paz Daniel García y al representante internacional de las FARC Juan Antonio Rojas.

La liberación de 70 soldados prisioneros

En julio de 1997 se produjo el que posiblemente será considerado como el mayor éxito de la guerrilla, cuando las FARC procedieron a liberar a 60 soldados y 10 infantes de marina que retenían como prisioneros de guerra.

Los 60 soldados fueron capturados en la base militar de Las Delicias, en el sur selvático, y los 10 infantes de marina estaban retenidos en la zona del Chocó, al noroeste del país.

Luego de largas negociaciones, obstaculizadas por la oposición de las Fuerzas Armadas, y gracias a la presión de los familiares de los soldados que urgían al gobierno para encontrar una solución, se llegó al acuerdo de la entrega de los prisioneros. Para ello el gobierno tuvo que garantizar una zona libre de tropas en torno al pueblo de Cartagena de Chairá con presencia de garantes sacerdotes, embajadores, Cruz Roja, así como un corredor aéreo libre desde el Chocó para transportar a los infantes de marina.

Joaquín, comandante del Frente Sur de la guerrilla, proclamó en Cartagena: "Hoy, 15 de junio, ante Colombia y el mundo, las FARC han cumplido". En un discurso de 20 minutos transmitido en directo por radio y televisión a todo el país, Joaquín denunció al gobierno entregado a las fuerzas armadas.

Los soldados liberados manifestaron que habían sido bien tratados y que en todo momento fueron respetados. Durante 10 meses vivieron en la selva, efectuaron largas marchas y permanecieron separados en pequeños grupos, siendo reunidos en las vísperas de su liberación. El acto se cerró con los himnos de Colombia y de las FARC.

Nuevas negociaciones de paz y continuidad del accionar guerrillero. Riesgo de intervención armada extranjera (enero 2000)

Fin del gobierno Samper y ofensiva guerrillera

Los últimos meses del gobierno de Samper mostraron a un gobierno sumamente deteriorado. Cuestionado por Estados Unidos por el reconocido apoyo financiero a su candidatura por parte del narcotráfico y jaqueado por la actividad militar de la guerrilla, su única iniciativa fue promover un proceso de paz sin credibilidad alguna. A finales de 1997 los grupos paramilitares efectuaron varias matanzas de campesinos, en un fuerte recrudecimiento de su actividad criminal. A su tumo las FARC tomaron una central de comunicaciones del Ejército ubicada a 4.000 metros de altitud, en el Cerro de Patascoy, Departamento de Nariño. Allí arrasaron la base, dieron muerte a varios soldados y capturaron a los sobrevivientes.

En febrero de 1998 el gobierno colombiano y el ELN firmaron un acuerdo en el Palacio de Viana de Madrid, en el que se fijaban las bases para una reunión preparatoria con vistas a una convención nacional de paz. No obstante, poco después el ELN rompió el acuerdo por la manipulación electoral que se hizo del mismo, según declaró Francisco Galán, portavoz de la organización guerrillera. Este mismo mes falleció el mítico dirigente del ELN, el sacerdote español Manuel Pérez.

A comienzos de marzo se produjo el golpe más grande (según los expertos) que ha sufrido el Ejército en 40 años: la destrucción de una compañía de 120 hombres, en la base de Tres Esquinas, en el departamento del Caquetá. Un parte de las FARC anunció la muerte de 70 militares y la captura del resto. El efecto psicológico de este desastre fue muy grande en las fuerzas armadas, y repercutió sobre el presidente Samper, al que se achacó la responsabilidad de la derrota.

Pocos días antes de las elecciones los paramilitares secuestraron y asesinaron a 25 campesinos, quemando luego sus cadáveres, en la localidad de Barrancabermeja. Una comisión investigadora designada por Samper encontró evidencias de la participación de personal militar en esta masacre. El comandante el jefe del ejército, general Manuel José Bonett, declaró que "El estado no tiene capacidad para imponer el orden", según declaraciones a *El País* del 9/6/98.

Con este dictamen quedó claro que las bandas paramilitares que fueron creadas hace años por los hacendados para defender sus posesiones han devenido en un auténtico ejército, adiestrado y abastecido por las Fuerzas Armadas. Su finalidad es realizar el trabajo sucio que éstas no pueden llevar a cabo, sembrando el terror en el campesinado y contar con una representación "política" a la hora de eventuales negociaciones de paz.

Asume la presidencia Andrés Pastrana

A partir de su victoria en junio de 1998 Andrés Pastrana relanzó el proceso de paz. Pastrana hizo de la pacificación una de las banderas fundamentales de su campaña electoral, lo que le atrajo un fuerte apoyo popular que hizo posible su triunfo.

En vísperas de su toma de posesión del cargo, las FARC y el ELN incrementaron su accionar militar, atacando y destruyendo varias bases del ejército, como la de Miraflores, en el Guavire.

El 9 de julio y culminando una serie de contactos previos, Pastrana ya elegido presidente pero que aún no había tomado posesión del cargo, se reunió con los líderes de las FARC, Manuel Marulanda "Tiro Fijo", y el "Mono" Jojoy. Allí le entregaron la plataforma de 10 puntos de la organización guerrillera. El presidente se comprometió a despejar la zona solicitada para las futuras negociaciones.

Desde agosto, cuando Pastrana asume la presidencia, se activaron las tratativas con la guerrilla. En octubre se efectuó una reunión en San Francisco, departamento de Antioquía, con el ELN, representado por los detenidos jefes guerrilleros Felipe Torres y Francisco Galván, y excarcelados con un permiso especial del gobierno. El embajador español Yago Pico de Coaña avaló con su presencia el éxito del encuentro, según declararon los participantes. El ELN goza desde ese momento de un reconocimiento político oficial, después de 30 años de actividad guerrillera.

Esta reunión es preparatoria de una posible Convención Nacional entre guerrilla y sectores civiles, reclamada por el ELN para debatir los grandes temas políticos pendientes en el país, a celebrarse en febrero de 1999, según el acuerdo firmado.

Por otra parte, el gobierno y las FARC fijaron su primer encuentro para noviembre.

Las conversaciones de ambas organizaciones guerrilleras marchan paralelas, aunque independientes. Según declaraciones de Nicolás Rodríguez, dirigente del ELN a *El País*, 14/10/98: "Somos soberanos e independientes pero nuestros objetivos son los mismos, aunque con metodologías distintas".

FARC: *Zona liberada*

Desde mediados de octubre, el ejército y la policía de Colombia comenzaron a evacuar un territorio de 42.000 kilómetros cuadrados (equivalente a casi una cuarta parte de Uruguay y similar a la comunidad española de Extremadura) para crear una zona de distensión donde se efectuarán las reuniones a partir del 7 de noviembre. Esa zona comprende 5 municipios de las provincias del Meta y el Caquetá: San Vicente del Caguán, Mesetas, Vistahermosa, La Uribe y La Macarena.

La instalación oficial de las F ARC en esta región, donde ya contaban con unos 5.000 hombres, sin que comenzaran las negociaciones, ha dado lugar a un comienzo de administración guerrillera. Retiradas las fuerzas armadas, las autoridades locales desbordadas por un nuevo poder, son los guerrilleros los que administran, juzgan y deciden sobre los problemas de la vida cotidiana.

El 7 de enero, en San Vicente de Caguán, tuvo lugar la primera reunión entre el gobierno y las FARC. Con la presencia del presidente Pastrana y tres comandantes guerrilleros, pero con la ausencia de Marulanda, se iniciaron oficialmente las tratativas. Se leyó un comunicado conjunto donde se dice que se deben determinar las cuestiones de la negociación. Es decir, que ésta aún no había comenzado. Recién se estaba montando el escenario previo. La ausencia de Marulanda evidenció que se tratará de un proceso largo y complicado, con el telón de fondo de un accionar constante de las fuerzas armadas, las guerrillas y los paramilitares. En diversos atentados en 6 departamentos, estos últimos (denominadas AUC-Autodefensas Unidas de Colombia) causaron más de 100 muertos en la población civil.

El gobierno reclama un alto el fuego mientras se negocia y ha presentado su propia agenda que incluye desde el respeto al derecho internacional humanitario hasta la reforma política, la sustitución de cultivos (coca), la reforma agraria y un largo etcétera.

Suspensión de las negociaciones

Poco después, el 19 de enero, las FARC suspendieron provisionalmente las negociaciones, exigiendo el fin del accionar paramilitar.

En una entrevista concedida a *Prensa Latina* y publicada en *Página/12* del 5/2/99 Tiro Fijo aclara la posición de las FARC:

"Siempre supimos que éste iba a ser un proceso complejo, largo y de muchos obstáculos (...) Hemos meditado mucho antes de tomar la decisión de detener por el momento el proceso (...) Un tropiezo crucial fue el de las masacres paramilitares. Un día después de instalados los diálogos, el país amaneció ensangrentado, pero lo peor de todo es que en medio del rechazo categórico a los vínculos del gobierno o del ejército con estos grupos de derechas las autoridades continúan indiferentes ante este mal generalizado por todo el país. No tenemos otra alternativa. Exigimos solución a todos estos problemas antes de regresar al diálogo (...) Hace varios años presentamos la plataforma de 10 puntos (...) si estos se cumplieran podríamos pensar en un cese al fuego. Pero aunque somos optimistas, estamos conscientes de que hoy es un imposible. Los 10 Puntos son rechazados por la oligarquía nacional, los grupos económicos y, sobre todo, los organismos instrumentos de Estados Unidos como el Banco Mundial y el Fondo Monetario Internacional, que impedirían la adopción de medidas de corte social por ser parte del gran mecanismo de la política neoliberal para someter a los pueblos. Simplemente porque nuestra plataforma es socialista (...) En lo político por supuesto jamás cometeremos los errores del pasado, no podrían contentarnos con promesas como la repetición de los Acuerdos de La Uribe (1984) cuando en medio del cese del fuego asesinaron a 25 guerrilleros. Ni tampoco aceptaríamos la fórmula empleada después para desmovilizar al M-19 y al EPL. Esa experiencia fue nefasta, entregaron las armas ante promesas incumplidas y luego miles de sus miembros sabemos cómo y por quién fueron asesinados."

El 4 de mayo se efectuó sorpresivamente una reunión entre Andrés Pastrana y Manuel Marulanda en Caquetania, un pueblo dentro de la zona despejada de militares. Un comunicado conjunto dio cuenta de la agenda que regirá las reuniones a iniciarse rápidamente.

No obstante éstas se demoraron, mientras continuaban los combates, siendo el más importante de ellos el librado en las localidades de Gutiérrez, Chipaque y Fosca, en el departamento de Cundinamarca, donde una fuerte ofensiva guerrillera causó numerosas bajas al ejército. Este reconoció 36 bajas en sus filas. El Ministerio de Defensa anunciaba que había combates en todo el país. Se estima que las FARC y el ELN realizaron ataques simultáneos en 15 municipios de 9 departamentos. El ejército demoró varios días en retomar el control de las localidades atacadas.

En cuanto a las negociaciones que se habían suspendido varias veces y fijado finalmente para el 19 de julio volvieron a aplazarse, al tiempo que los guerrilleros se retiraban de San Vicente de Caguán, centro de la zona desmilitarizada. Se atribuyó esta retirada a las amenazas por parte de grupos de paramilitares llegados a la zona.

Un ataque guerrillero a Nariño, Antioquía, en agosto, dejó el saldo de numerosos policías muertos o secuestrados. La toma de la central hidroeléctrica de Anchicayá, cerca de Cali por parte de las FARC en septiembre, mostró otro aspecto del accionar guerrillero: Exigían la baja del 30% de las tarifas eléctricas. El ejército no intervino por temor a una emboscada y una comisión del gobierno regional se entrevistó con los guerrilleros para informarles de las inversiones sociales que realiza en la zona, luego de lo cual se levantó la ocupación.

Simultáneamente se realizaba en Colombia una huelga general que duró 48 horas, al cabo de las cuales el Ministro del Interior firmó un acuerdo con las centrales obreras por el cual se puso fin al movimiento reivindicativo. Se acordó discutir las reclamaciones, que exigen un cambio en la política económica y social del gobierno, de marcado carácter neoliberal.

Por otra parte continuaron los contactos con el ELN, con una reunión celebrada en La Habana, entre el senador Juan Gabriel Uribe, el embajador de Colombia en Cuba y dos representantes de la organización guerrillera: Pablo Beltrán y Ramiro Vargas. Además de organizar nuevas entrevistas, se dialogó sobre la posible puesta en libertad de prisioneros en poder del ELN. También se barajó la posibilidad de que se inicien formales negociaciones en una zona desmilitarizada a semejanza de la existente para las FARC.

La movilización civil del No Más

El 24 de octubre finalmente se reanudaron las negociaciones por la paz entre gobierno y FARC en el pueblo de La Uribe, que estaban aplazadas desde el 7 de julio. Estuvieron presentes el Ministro del Interior, Humberto Martínez, el Comisionado para la Paz, Víctor Ricardo y el comandante guerrillero, Raúl Reyes. Según informaba Pilar Lozano desde el lugar de la reunión en *El País* del 26/10/99, una gran pancarta decía: "No más: no más militares gringos, no más paramilitares, no más hambre, no más corrupción". En un intento de acercar posiciones, el representante del gobierno afirmó que "La democracia que decimos defender está afectada por el virus de la corrupción, del saqueo de lo público, de privilegios de minorías".

El mismo día, convocadas por organizaciones civiles y periodistas, se celebraron manifestaciones bajo el lema "No Más Violencia" y con la consigna "El coste de la guerra lo paga usted, y de usted depende que esto se acabe". Se calcula que asistieron en toda Colombia unos 12 millones de personas.

No puede caber duda que en la sociedad colombiana existe un fuerte deseo de paz, cansada de los sufrimientos sin fin. En noviembre una nueva ofensiva de las FARC se desató en 13 poblaciones de diversas regiones, volando oleoductos y torres de transmisión de electricidad, además de ataques a policía y ejército. El choque más importante se produjo en Inírida, en la región fronteriza con Brasil, donde funciona una base en la que instructores norteamericanos entrenan a tropas colombianas.

Pocos días antes unos 200 combatientes del ELN invadieron la localidad de El Copey, departamento del César, atacando edificios públicos y policiales.

El 13 de diciembre las FARC atacaron una base naval en la población de Juradó, cercana a la frontera con Panamá, causando cerca de 50 muertos, muchos de los cuales serían infantes de marina, según el alcalde del pueblo.

Inés Miranda informa en *El Mundo*, 14/12/99 de la intervención del párroco Bernardo Niño quien logró que el comandante guerrillero le entregara los prisioneros, de los cuales 53 infantes de marina y 16 policías que estaban ilesos y otros 25 heridos. Según el sacerdote, el guerrillero le dijo: "Padre, nosotros respetamos a los soldados que están cuidando algo que no es de ellos y luchando por algo que tampoco es de ellos. Respetamos los derechos humanos y por eso se los entregamos con vida".

En las cercanías de Hobo, departamento de Huila, miembros de la misma organización se enfrentaron con fuerzas militares apoyadas por aviación, cuando se retiraban de dicha población a la que habían atacado.

Aceptando una invitación del presidente Pastrana, las FARC declararon un alto el fuego desde el 20 de diciembre a las 0.00 horas hasta el 10 de enero del 2000 a las 0.00 horas.

¿Posible intervención militar extranjera?

El año 1999 se ha caracterizado por el incremento de los rumores sobre una posible intervención militar extranjera en Colombia. Las razones que sustentan estos rumores son por un lado la persistencia del narcotráfico, que Estados Unidos ha colocado entre sus prioridades en América Latina, y por otro la fuerza de la presencia guerrillera, que no deja de alarmar al Pentágono y el Departamento de Estado.

En una extensa gira por Colombia y todo el continente, el jefe de la lucha antidroga de Estados Unidos, el general retirado Barry McCaffrey ha establecido un nexo claro entre guerrilla y narcotráfico, al tiempo que señalaba el crecimiento de los cultivos de coca y amapola en Colombia.

Desmintió rotundamente las posibilidades de una intervención militar en Colombia. En La Paz, Bolivia, dijo que: "su gobierno se limitará a apoyar a Bogotá con recursos, equipos, capacitación e inteligencia para superar el problema de la guerrilla".[3]

Pero en Houston, Texas, había sido mas claro: "El problema de Colombia tiene una dimensión regional y requiere la implicación política de todo el hemisferio".

Pese a las versiones diferentes, lo cierto es que se hicieron intentos durante este viaje de McCaffrey y en contactos anteriores para conseguir aporte de otros países a una eventual intervención. En tal sentido, tanto el presidente peruano Alberto Fujimori como el argentino Carlos Menem no ocultaron su predisposición a cooperar en dicha cuestión si fuera necesario. Perú desplegó con ocasión de la visita de McCaffrey refuerzos militares en la frontera con Colombia para mostrar su buena voluntad. En Perú están presentes "cincuenta instructores de las Fuerzas de Operaciones Especiales (FUE) de la Base Howard del Comando Sur, cuya misión es entrenar a los militares en tareas de interdicción, pero también en operaciones contra organizaciones insurgentes".[4]

Por el contrario tanto Brasil como Ecuador y Venezuela rechazaron cualquier intento de crear una Fuerza de intervención

---

[3] *Reforma*, 26/8/99, http//reforma.infose1.com/
[4] Gutiérrez, Miguel: *ABC Internacional*, 23/8/99.

latinoamericana en Colombia, y sólo ofrecieron colaboración con la policía de ese país.

En Estados Unidos también existen adversarios de esa opción, encabezados por el congresista Robert White, ex embajador en El Salvador en 1979. Incluso el presidente Clinton se vio obligado a precisar que "seria un desastre intervenir en Colombia (...) pues en caso de llegar a hacerlo los resultados serían desastrosos".[5]

La cuestión se planteó públicamente en el país del Norte ante el pedido de McCaffrey de aumentar sustancialmente la ayuda económica a las fuerzas armadas colombianas. Colombia es el tercer receptor de ayuda militar en el mundo, y se proyectaba destinar 1.500 millones de dólares en tres años, en lugar de los 289 millones actuales. Dicha propuesta no fue aceptada por el Congreso de Estados Unidos, por la desconfianza sobre el uso de esos fondos, a causa de los frecuentes casos de corrupción existentes. De todas formas, la ampliación de la ayuda sigue siendo posible.

No obstante esos obstáculos, la colaboración militar norteamericana ha crecido notablemente y en la actualidad consiste en varios componentes.

Ante todo en el suministro de armamento y equipo altamente sofisticado, en particular en el área de comunicaciones y vigilancia electrónica. Aviones norteamericanos realizan dichas tareas desde bases en el Caribe, (Curaçao y Aruba) efectuando unos 300 vuelos mensuales. En agosto de 1999 uno de estos aparatos se estrelló en suelo colombiano, pereciendo su tripulación compuesta íntegramente por oficiales de Estados Unidos.

Por otra parte las tareas de entrenamiento, a cargo de 300 militares norteamericanos que forman batallones "antidroga" colombianos. El primero de ellos comenzó a operar en la región de Putumayo, fronteriza con Ecuador y está compuesto por 1.200 hombres y cuenta con 18 helicópteros. Está entrenado por 65

---

[5] *Actualidad Colombiana*, n° 276, 10 de Noviembre de 1999.

instructores norteamericanos. Por su ubicación geográfica, esta unidad parece destinada a operar contra el Frente Sur de las FARC.

En la misma región se ha instalado la Primera Brigada Fluvial, inaugurada el 3 de agosto de 1999 por el presidente Pastrana y el general Charles Wilheim, Jefe del Comando Sur de Estados Unidos. Cuenta esta Brigada con 32 buques de combate fluvial, 4 botes tácticos y un buque nodriza.

¿Lucha antidroga o antiguerrilla?

Todos los verdaderos expertos en la lucha contra la droga sostienen que sólo hay una forma de erradicar el tráfico: atacar a las fuentes del mismo. Y las fuentes están en el mayor mercado consumidor y distribuidor del mundo, los países occidentales en general y los Estados Unidos en particular. Pero ese mercado es uno de los mayores y más rentables del mundo, junto con el tráfico de armas, y la banca internacional no está dispuesta a renunciar al negocio que significa el paso por sus arcas de miles de millones de dólares proveniente del narcotráfico.

En cuanto al problema social del uso de drogas, sus causas tienen que ver con la frustración de la juventud en un mundo sin ideales y sin salidas, en un modelo de sociedad basado en la competencia y el consumismo.

No es persiguiendo a pequeños camellos ni bombardeando parcelas de coca en Colombia o Bolivia como se resolverá el problema. Ni creando batallones supuestamente antidroga.

Estos tienen otra finalidad, luchar contra la guerrilla hoy y garantizar una posible intervención armada extranjera cuando Estados Unidos lo considere necesario, para inclinar la balanza en la lucha política y militar interna de Colombia. Y como el síndrome de Vietnam sigue presente en Estados Unidos y no es posible repetir las imágenes de soldados yanquis muertos retornando a casa, se procura conseguir países "voluntarios" dispuestos a formar una fuerza de intervención latinoamericana.

El cuadro geoestratégico regional no es demasiado favorable para los intereses norteamericanos y preocupa a los líderes del Departamento de Estado. El estado colombiano debilitado políticamente y corroído por la corrupción, y retrocediendo frente a una guerrilla fuertemente implantada en vastas zonas del país. Venezuela con un gobierno nacionalista, opuesto a cualquier tipo de intervención. Brasil y Ecuador con importantes problemas sociales. La retirada norteamericana de Panamá que restó una base segura para cualquier intervención desde ese país. En suma, un cuadro de inestabilidad regional que hace más difícil la situación colombiana.

Las FARC sostienen que Estados Unidos está operando sobre Colombia con dos hipótesis. Una sería el éxito de las negociaciones de paz, logrando una pacificación que garantice la base de la estabilidad regional. Y la otra, en caso de fracaso de las negociaciones, una intervención militar directa a través de una Fuerza Latinoamericana con apoyo norteamericano desde la retaguardia. Por eso los esfuerzos realizados en 1999, que hasta ahora no han arrojado grandes éxitos.

Perú

La situación política

Fujimori consiguió una aplastante victoria en las elecciones presidenciales de 1995 con un 65% de los votos mientras continuaba la presencia del narcotráfico a gran escala (se calcula en 700 toneladas la producción anual de cocaína pura) con una fuerte implicación de militares. 348 miembros de las Fuerzas Armadas están oficialmente acusados de tráfico de estupefacientes y un avión de las Fuerzas Aéreas y dos barcos de la Marina fueron sorprendidos con cargamentos de drogas. En 1996 comenzó a declinar la popularidad del presidente, por el incremento de la pobreza y la continuidad del accionar guerrillero, que aunque menguado, se recobró en parte del bache de años anteriores.

Por otra parte la Ley de Amnistía dictada en 1995 que incluyó a todos los militares y policías implicados en casos de violación de los derechos humanos desde 1980 ha generado el rechazo de las organizaciones humanitarias.

En 1997 se han realizado numerosas denuncias contra Vladimiro Montesinos, jefe de la inteligencia del estado y hombre de confianza de Fujimori, por su vinculación con operaciones de la guerra sucia y su enriquecimiento a costas del ingente presupuesto secreto que maneja. Incluso se ha denunciado las torturas infligidas a una mujer miembro de la inteligencia, por haber realizado alguna de esas denuncias.

Sendero Luminoso, 1994-1997

A partir de 1995 aparece al frente de la organización un antiguo dirigente, Oscar Ramírez Durán, "Feliciano".

Desde ese momento se reactivó el accionar senderista, tanto en operaciones urbanas de colocación de coches bomba en Lima, como en choques con fuerzas militares en diversos departamentos como La Libertad, San Martín, Huancavelica y Junín. En julio de 1995 un enfrentamiento causó la muerte de 21 militares en Huánuco.

En setiembre de 1996 Sendero emboscó una patrulla militar en el distrito Rapaz-Huancahuasi y el mismo mes atacaron una base contrainsurgente de las fuerzas armadas en San José, Ayacucho, causando bajas en ambos casos.

En noviembre ocuparon durante varias horas el poblado Supte San Jorge, en Tingo María, apoderándose de armamento en el cuartel de la autodefensa montado por el ejército.

En diciembre la policía capturó a Elizabeth Cárdenas en Ayacucho, a quien se señala como la segunda en la dirección de la organización.

Un vocero senderista en Bélgica, Luis Arce Borja, resta credibilidad a la rendición de Guzmán. "Nadie sabe con exactitud que es lo que ha pasado con el presidente Gonzalo (...) no hay ni una persona del exterior que haya podido conversar con él (...) ni siquiera los personeros de la Cruz Roja o de Amnistía Internacional". De hecho Arce resta importancia al hecho de los senderistas que se entregaron, calificándolos como "ex simpatizantes". Afirma que Sendero no ha dejado de crecer y dice que entre marzo y abril de 1995 se realizaron en "Perú más de 60 acciones guerrilleras de envergadura".[6]

Por otra parte diversos especialistas atribuían a SL unos 700 combatientes en 1994, cifra muy distante de los varios miles con que contaron años atrás, aunque no deja de ser una fuerza muy considerable.

MRTA 1994-1997

El MRTA logró reorganizar sus disminuidas fuerzas y entre 1994 y 1995 realizó unas 20 acciones armadas importantes, en especial en los departamentos de Cerro de Pasco, Huánuco y Huacavelica en la zona centro y en San Martín y Cajamarca de la región norte. En 1995 el periodista inglés Oswald Mechee entrevistó en la región selvática de La Merced al dirigente del MRTA Néstor Cerpa Cartolini, quien afirmó que "...el dictador Fujimori viene implementando una serie de medidas (...) que le permita intensificar su modelo neoliberal (...) la ley de huelgas y empleo (...) elimina de un plumazo la reforma agraria de tenencia de la tierra". También dijo que "la Ley de amnistía a los militares y policías (...) obedece a la

---

[6] *Resumen Latinoamericano,* n°18, Europa, setiembre 1995.

necesidad de Fujimori de afianzar su alianza con la cúpula militar" y denunció la situación de los presos políticos aislados, con escasa alimentación y sin poder acceder a medios de información. "El caso más grave es el de los compañeros de la dirección del MRTA, Víctor Palay, Peter Cárdenas y Lucero Cumpa Miranda, quiénes están recluidos en una base naval en celdas subterráneas".[7]

En diciembre de 1995 el MRTA sufrió una importante caída, al ser descubierto en Lima un refugio de la organización. En el enfrentamiento resultaron muertos varios militares y cuatro guerrilleros. Quince resultaron detenidos junto con el dirigente Miguel Rincón.

También fueron apresados y vinculados al MRTA la ciudadana estadounidense Lori Helen Berenson y el panameño Pacífico Castrellón, acusados de traición a la patria a pesar de ser extranjeros y sentenciados a cadena perpetua.

La toma de la residencia del embajador de Japón en Lima

El 17 de diciembre de 1996 un comando del MRTA ocupó la residencia del embajador de Japón en Lima y tomó numerosos rehenes.

Entre estos se encontraban varios embajadores extranjeros, empresarios, militares, diputados y jueces.

El comando estaba dirigido por Néstor Cerpa Cartolini, uno de los dirigentes de la organización e integrado por otros 13 guerrilleros. Estos en el comunicado N° 1 reclamaban el cambio de la política económica, la liberación de sus 458 presos al tiempo que denunciaban las inhumanas condiciones de su reclusión, el traslado del comando a la selva central y el pago de un impuesto de guerra.

Luego de sucesivas liberaciones de rehenes estos quedaron reducidos a 74 al finalizar el año. Diversas iniciativas se desarrollaron

---

[7] *Resumen Latinoamericano,* n° 20, Europa, diciembre 1995.

en los planos legislativo, diplomático y político, siendo de destacar la intervención del obispo de Ayacucho, monseñor Juan Luis Cipriani y del ministro de Educación, Domingo Palermo, designado mediador oficial por el gobierno, así como la constante presencia del representante de la Cruz Roja Internacional, Michel Minning y del embajador de Canadá.

Iniciado el año 1997 la intransigencia de Fujimori cedió aparentemente y dio paso a una serie de reuniones con la participación de los citados garantes.

No obstante, el 22 de abril y por sorpresa, un comando militar asaltó la embajada y liberó a los cautivos. Para el ataque se habían construido varios túneles desde los cuales se accedió a la sede diplomática. Previamente se habían introducido micrófonos a través de los cuales se dio aviso a los rehenes del asalto inminente.

En el curso de la acción se dio muerte a los 14 guerrilleros, incluso a los desarmados y a los que se rindieron. Sus cuerpos fueron sepultados en lugares desconocidos, excepto los de Cerpa Cartolini y Rolli Rojas, que fueron enterrados en presencia de sus familiares, sin efectuarse en ningún caso la autopsia correspondiente.

Al respecto de esta acción Isaac Velazco, representante del MRTA en Europa declaró:

"La masacre de los integrantes del comando y de nuestro comandante Néstor Cerpa es un duro golpe. Es una pérdida muy importante, pero está muy lejos de significar la liquidación del MRTA (...)
Siempre dijimos que la Cruz Roja Internacional, como organización humanitaria, no podía garantizar una negociación imparcial porque no tenía la fuerza para ejercer presión. Como se ha demostrado, esta falta de fuerza finalmente no impidió que el narco-dictador la utilizara para introducir micrófonos. También jugó su papel de ayuda al dictador monseñor Cipriani, tratando de persuadir a los integrantes del comando de que se rindiesen, y finalmente tuvo conocimiento de la

410

intervención militar. Sobre su conciencia carga la responsabilidad de la muerte de nuestros catorce hermanos..."

Caída de jefes guerrilleros

En noviembre de 1998 el presidente Fujimori anunció el "descabezamiento" del MRTA, al ser capturado en la selva central Filomeno Cerrón, "Joel", quien sería el jefe político militar de la organización en la región del Huallaga.

En cuanto a Sendero Luminoso, en abril de 1998 fue detenido en Lima, Pedro Quintero Ayllón, "camarada Luis", al que Fujimori señala como el jefe de Sendero Rojo, sector escindido de Sendero Luminoso en 1994, luego de la caída de Abimael Guzmán.

Y en julio de 1999 se anunció la caída de Oscar Alberto Ramírez Durán, "Camarada Feliciano", en compañía de tres mujeres de la organización. La detención se produjo en la localidad de Cochas, provincia de Huancayo, Fujimori declaró que "el grupo Sendero Luminoso está decapitado. Este es el inicio del fin de Sendero y la consolidación de la paz".[8]

Pese a las optimistas declaraciones del presidente, en octubre Sendero volvió a actuar en la región selvática del Satipo, en el departamento de Junín.

Según información recogida por el periódico *La República* y publicada en *Resumen Latinoamericano*, nº 44 de Noviembre 1999, los guerrilleros tendieron una emboscada a una importante fuerza militar que intentaba obtener la rendición senderista.

La operación estaba coordinada por Vladimiro Montesinos al mando del SIN (Servicio de Inteligencia Nacional) y dirigida en el terreno por el general Eduardo Fournier. El ataque a los helicópteros militares causó la muerte de un coronel y varios soldados,

---

[8] *El Mundo*, 15/7/99.

mientras que Fournier pudo salvarse ocultándose en la selva de donde fue rescatado días después por los refuerzos enviados en su busca.

Otro de los objetivos frustrados de la operación militar era la captura del "camarada Artemio", al que se sindica como jefe del Comité Regional del Huallaga de Sendero Luminoso.

Guatemala

La firma de la paz

Las negociaciones continuaron en marzo de 1995 cuando se firmó el Acuerdo sobre identidad y derechos de los pueblos indígenas, que recoge reivindicaciones históricas de la gran mayoría de los habitantes del país: "Los pueblos indígenas han sido particularmente sometidos a niveles de discriminación de hecho, explotación e injusticia por su origen, cultura y lengua..."

Pese a tal acuerdo el 5 de octubre una patrulla del ejército asesinó a 11 campesinos del campamento de refugiados Aurora 8 de octubre, en Chisec, provincia de Alto Verapaz. La misión de las Naciones Unidas en Guatemala hizo constar el encubrimiento del hecho por los mandos de las Fuerzas Armadas. El 14 del mismo mes la guerrilla ocupó dos poblaciones desarmando al destacamento policial, como parte de su no interrumpido accionar de propaganda armada.

En noviembre se realizaron las elecciones presidenciales en las que por primera vez en 40 años se presentó una opción de izquierdas, el Frente Democrático Nueva Guatemala, que obtuvo seis diputados y varios alcaldes, pese a la elevada abstención. La URNG propició la participación en las elecciones y proclamó un alto el fuego unilateral durante las mismas. Resultó electo como presidente el conservador Alvaro Arzú que dio un fuerte impulso al proceso de paz.

Con el respaldo de un sector de las Fuerzas Armadas, Arzú removió parte de la cúpula militar y a casi todos los jefes departamentales y se reunió en México con la cúpula guerrillera, gesto que fue correspondido por la URNG que en marzo suspendió las operaciones militares ofensivas aunque continuó con las actividades políticas y de propaganda.

Fruto de estas iniciativas el 6 de mayo de 1996 se firmó el Acuerdo sobre aspectos socioeconómicos y situación agraria, en el que se pactan diversas medidas tendientes a dotar de tierras a campesinos que carecen de ella. Se crea un Fondo de tierras integrado por terrenos baldíos o de propiedad de la Nación, otros concedidos irregularmente en zonas de colonización, las que se adquieran especialmente y las que se expropien por estar ociosas así como medidas fiscales para desalentar su tenencia. También se prevé la restitución de tierras usurpadas y la regulación de títulos de las comunidades indígenas.

Al firmarse este acuerdo la URNG anunció la suspensión del cobro del impuesto revolucionario que aplicaba desde 1993.

El 21 de ese mes la Comandancia guerrillera dio a conocer un documento en el cual analizan el proceso negociador y dicen que "las condiciones nacionales e internacionales en la actual fase histórica, no hacen factible una victoria militar para ninguno de los contendientes".

Sostienen que "No hay que pretender que los Acuerdos sean el programa de la revolución ni que expresen las máximas aspiraciones y soluciones a los problemas (...) sino que abran camino a mecanismos y posibilidades de lucha futura al exigir su cumplimiento".[9]

En setiembre se firmó el Acuerdo sobre fortalecimiento del poder civil y función del ejército en una sociedad democrática, que establece la sujeción de los militares a las autoridades civiles y la

---

[9]Guatemala, la democracia plena: *Meta revolucionaria en el fin del milenio*, URNG, junio de 1996.

reducción de sus efectivos en un 33% en 1997. Simultáneamente fueron detenidos el viceministro de defensa y 5 jefes militares por posible corrupción y contrabando. En diciembre se firmaron en Oslo, Estocolmo y Madrid los acuerdos sobre Alto el fuego, Reforma constitucional y Bases para la incorporación de la guerrilla a la vida civil y política, respectivamente. Los 9.000 miembros de la URNG iniciaron la desmovilización. Todo esto fue ratificado el 29 de diciembre en ciudad de Guatemala con la presencia del gobierno y los comandantes guerrilleros al firmarse el Acuerdo definitivo de paz. El proceso cuenta con un amplio respaldo popular, pero no puede negarse la existencia de sectores militares y empresariales disconformes con el mismo, así como grupos defensores de los derechos humanos que exigen responsabilidades a los autores de violaciones de los mismos, cosa no prevista en los acuerdos. La URNG manifestó su intención de transformarse en partido para continuar su actividad política.

Chile

FPMR - La fuga de la Cárcel de alta seguridad de Santiago, 1996

El 30 de diciembre de 1996 se produjo una espectacular fuga de 4 dirigentes del Frente Patriótico Manuel Rodríguez que estaban condenados a cadena perpetua. Ricardo Palma, Mauricio Hernández, Patricio Ortiz y Pablo Muñoz se fugaron a bordo de un helicóptero que se introdujo en el patio del penal, en medio de un fuerte tiroteo.

Con esta acción el FPMR reapareció luego de varios años de silencio.

En una entrevista concedida antes de la fuga, Hernández denunció la existencia de 87 presos políticos y dijo que el Frente "...ha desarrollado un profundo proceso de discusión interna" y que "... la vía armada no la asumimos como un dogma (...) nuestra opción como revolucionarios no descarta la vía de la violencia organizada del pueblo..."

En su revista *El Rodriguista,* aparecida en Chile en abril de 1997, el FPMR informó que los preparativos de la fuga insumieron más de un año, y que éste era "un compromiso ético y político".

Argentina

Movimiento Todos por la Patria (MTP)

A finales de 1995 el dirigente Enrique Gorriarán Merlo fue detenido en México junto con su esposa Ana María Sívori y entregados a las autoridades argentinas sin que mediara ningún trámite legal de extradición.

Sometido a juicio en 1997 por el asalto al cuartel de La Tablada, Gorriarán fue condenado a cadena perpetua y su compañera a 18 años de prisión al ser considerada "partícipe secundaria" en los hechos de La Tablada. La defensa impugnó el juicio. Restan en prisión 20 de sus compañeros, detenidos desde enero de 1989.

Organización Revolucionaria del Pueblo (ORP) 1992/1996

La ORP se dio a conocer el 24 de marzo de 1992 colocando un artefacto lanza-panfletos en el Canal 9 de televisión. El 1 de mayo del mismo año colocaron explosivos en cajeros automáticos de dos bancos y efectuaron atentados similares durante ese año y en 1993 y 1994, que explicaron como un rechazo a la política privatizadora del presidente Menem.

El 4 de abril de 1996 atentaron contra el médico policial Jorge Bergés, que resultó malherido, implicado en casos de torturas a detenidos durante la dictadura militar. La ORP se declaró "en lucha total contra la impunidad de las torturas y genocidas que viven en libertad", en referencia a los militares y policías condenados por violación de los derechos humanos y puestos en libertad por las leyes de Punto Final y Obediencia Debida y de amnistía. Varias organizaciones populares condenaron el ataque por entender que dificultaba la movilización popular contra la política del gobierno.

En setiembre robaron 60.000 dólares de un camión blindado, hecho explicado como "una etapa de cobro del impuesto revolucionario a empresas". En diciembre colocaron explosivos en varios locales de Supermercados Coto, exigiendo 1.500.000 dólares para cesar en sus ataques.

Poco se conoce sobre esta organización, a la que se atribuye un origen maoísta.

En sus declaraciones en ocasión del atentado a Bergés se declaran marxistas, partidarios de la lucha político militar para tomar el poder y de "la expropiación de los 20 grupos económicos que controlan la Argentina".[10]

---

[10] *Resumen Latinoamericano*, n° 24, Europa, Julio 1996.

Capítulo VIII

Algunas reflexiones finales

El modelo político dominante
hasta la irrupción de Chiapas

No es necesario, por estar harto demostrado, insistir aquí sobre la evidencia de la dominación política y económica ejercida por Estados Unidos sobre los países de América Latina y sobre sus nefastas consecuencias para los pueblos.

Esa influencia tuvo su correlato en el plano militar para contribuir a mantener la situación dominante. El peligro del comunismo, representado por la Unión Soviética y Cuba, fue agitado para justificar todo tipo de políticas favorables a los Estados Unidos.

Ya hemos explicado cómo a través de la Doctrina de la Seguridad Nacional, se unificó ideológicamente la acción de los ejércitos del continente, así como desde la Escuela de las Américas se los cohesionó en el terreno militar.

Esa doctrina fue la bandera de todas las dictaduras del continente y en su nombre se combatió al enemigo interior, es decir a los pueblos deseosos de mayor libertad y bienestar, que después de la II Guerra Mundial lucharon por todos los medios a su alcance, en una ola de ascenso continental.

En nombre de tal doctrina se organizaron golpes de estado y se cometieron verdaderos genocidios, se torturó y se asesinó. Los derechos humanos fueron avasallados y las libertades democráticas anuladas. Las dictaduras de Pinochet, Videla y Stroessner, las de Guatemala y El Salvador, las de los militares uruguayos y brasileños, cometieron asesinatos de opositores, incluso de militares, en el exterior de sus países y coordinaron sus fuerzas represivas por encima de las fronteras llegando a operar en Estados Unidos y Europa.

A medida que las dictaduras realizaron el trabajo sucio y la ola de descontento popular y las luchas que la acompañaron fue siendo frenada o derrotada en la mayoría de los países, los ideólogos norteamericanos apuntaron a la necesidad de una reconversión de los gobiernos latinoamericanos, en su mayoría incapaces de pasar un mínimo examen de democracia a nivel de la comunidad internacional y casi siempre culpables de crímenes contra personas absolutamente inocentes de subversión o de comunismo. De esta forma se lograba también "quitar a la oposición la bandera de la lucha por la democracia y la libertad". Las dictaduras argentina, chilena, uruguaya, paraguaya, brasileña, salvadoreña o guatemalteca fueron disuadidas de la necesidad de dar paso a gobiernos más o menos democráticos, surgidos de elecciones, aunque estas fueran irregulares.

Así surgieron gobiernos como el de Napoleón Duarte en El Salvador, Raúl Alfonsín en Argentina, Patricio Aylwin en Chile, condicionados total o parcialmente por las Fuerzas Armadas, pero de fachada civil.

Estos cambios del sistema gobernante para nada afectaron a la aplicación de las políticas económicas en curso. Por el contrario, y reforzadas por la credibilidad que les otorgaban las reglas de juego parlamentarias, se incrementaron las medidas para consolidar el modelo neoliberal, acelerando las privatizaciones, consolidando la deuda externa y sometiendo aún más la economía latinoamericana a las reglas del mercado mundial.

Esta política de relativa democratización fue acompañada por el hostigamiento a los gobiernos que no se sometían a la voluntad norteamericana, al igual que en el pasado. El bloqueo a Cuba, la invasión a Granada y Panamá y el apoyo militar a la Contra hasta lograr la asfixia económica de Nicaragua y la derrota electoral de los sandinistas, son los ejemplos más nítidos de la doble táctica aplicada en América Latina: llamamientos a la paz donde luchan fuerzas liberadoras y agresión y guerra donde existen gobiernos progresistas o simplemente opositores.

Coincidiendo con la crisis y desaparición de los países del Este, se inició una ofensiva por la paz con la guerrilla, pero manteniendo una brutal presión militar con ayuda decisiva de Estados Unidos.

Durante la década de los '80 y comienzos de los '90 se dieron muchos pasos en ese sentido, alcanzándose parcialmente la paz en Colombia con el M-19 y totalmente en Ecuador, El Salvador y Guatemala.

Las fuerzas guerrilleras que firmaron la paz fueron reconocidas como organizaciones políticas a cambio de desaparecer como combatientes armados. Lograron ciertos niveles democráticos y la legalidad política pero pocos de los objetivos que perseguían en lo social y económico. Sin duda respondieron a una relación de fuerzas militares que les cerraba el camino a la victoria y a las ansias de paz de sus respectivos pueblos. Las fuerzas armadas han disminuido sus efectivos pero siguen siendo los garantes del orden establecido y subsisten los grupos paramilitares. Los crímenes cometidos bajo las dictaduras quedaron impunes.

Las condiciones de esa paz difieren según los casos. En Colombia el M-19 prácticamente no logró ninguna concesión social ni económica. En El Salvador y Guatemala, se lograron algunos avances (es significativo el Acuerdo sobre los derechos de los pueblos indígenas en Guatemala, firmado un año después que Chiapas). En última instancia, una valoración de estos pactos dependerá del grado de su cumplimiento, del correcto uso de los derechos conquistados y de la capacidad de acción política y de movilización popular para alcanzar los objetivos propuestos en sus programas iniciales.

Chiapas y nuevas luchas contra el Neoliberalismo

Esa tremenda ofensiva imperialista fue poco a poco generando una reacción popular, a través de viejas o nuevas formas de lucha y utilizando formas organizativas antiguas o modernas, que desarrollaron una tenaz resistencia al agravamiento brutal de sus condiciones de vida.

El movimiento zapatista en Chiapas constituyó el símbolo de esa resistencia, la bandera en la que se reconocieron millones de explotados y excluidos. Sus reclamos de tierra, paz, justicia, libertad, democracia, son reconocidos como propios por los pueblos latinoamericanos.

La necesidad de tierra, única posibilidad de sobrevivencia para millones de campesinos, se replantea hoy con más agudeza que nunca. Desde México hasta Brasil, pasando por El Salvador, Guatemala, Ecuador, Paraguay y otros países, el campesinado se rebela contra los terratenientes que poseen enormes latifundios, muchas veces improductivos, y contra la trama de gobernantes, banqueros, comerciantes, policías y militares que ayudan a sostener el orden existente, de cuyos beneficios participan.

Como una de las consecuencias de la internacionalización del mercado, los campesinos han sido obligados a abandonar los cultivos tradicionales de los que vivían, y a dedicarse al cultivo de productos de exportación, cuyos precios además bajan constantemente.

Muchos de estos trabajadores, víctimas de la crisis el sector, se han visto obligados a abandonar sus tierras y a trasladarse a regiones selváticas, donde no han tenido más elección que dedicarse al cultivo de amapola, coca o marihuana. Pero la hipocresía del sistema, que consciente en Estados Unidos y otros países avanzados la poderosa trama financiera y comercial del narcotráfico, obliga a su persecución en América Latina. Así se montan operaciones de guerra contra los campesinos (como ha ocurrido frecuentemente en Colombia y Bolivia) cuyos sembrados son arrasados por la aviación, fortaleciendo la presencia de militares y policías de Estados Unidos. La tecnología militar facilitada a los países latinoamericanos es "aprovechada" para combatir a las guerrillas y, llegado el caso, a cualquier movimiento que amenace el orden existente.

Las luchas campesinas e indígenas se han desarrollado con fuerza, creando nuevas organizaciones político reivindicativas que se gestaron a lo largo de varios años. Las ocupaciones de tierras se han extendido por varios países. El MST en Brasil que organiza a millones de campesinos en la lucha por la tierra, el Movimiento Pachacutik-Nuevo País en Ecuador surgido de la alianza de organizaciones campesinas y de izquierda, y los campesinos paraguayos son ejemplos de esas luchas. Además hay que contar el movimiento zapatista y el EPR que tienen su base fundamental en los problemas indígenas y campesinos.

La vida en las grandes ciudades, lejos de constituir un refugio esperanzador para los campesinos, se ha transformado merced al avance del neoliberalismo en el imperio de la violencia, la corrupción y la explotación más descarnada.

La desaparición de la poca cobertura social existente en haras de la disminución de los gastos del estado, deja a los más pobres en condiciones infrahumanas. Hacinamiento en grandes villas miseria o favelas, deterioro creciente de los servicios de salud y educación, del transporte público, del agua potable y alcantarillado, del alumbrado y la pavimentación de las calles. Descenso brutal del nivel de vida de los jubilados. Aumento de la contaminación atmosférica gracias a la permisividad de los gobiernos y a la codicia empresarial. México DF y recientemente Santiago de Chile se han convertido en ciudades en las que es imposible respirar; los ricos huyen hacia las plazas o las montañas, y los pobres acuden a los colapsados hospitales.

Los niveles de violencia han crecido espectacularmente. La pequeña delincuencia que prolifera como directa consecuencia de la miseria; la delincuencia organizada y ligada a los aparatos policiales a través de la corrupción de los gobiernos; la violencia policial y parapolicial por medio del "gatillo fácil", dirigida contra los más débiles (los jóvenes, los niños de la calle, los marginales) es parte de la vida urbana. Río de Janeiro y el Gran Buenos Aires son ejemplos cotidianos. La muerte del dirigente indígena brasileño Galdino Jesús dos Santos quemado vivo en Brasilia por varios jóvenes emparentados con jueces que han sido puestos en libertad, y el asesinato del fotógrafo José Luis Cabezas en Argentina por una trama policial empresarial vinculada al poder, son ejemplos sangrantes de esa violencia, que por cierto han generado un movimiento de solidaridad y reclamo de justicia.

Ante el descenso de los salarios, la eliminación de los convenios colectivos, la virtual liquidación de las conquistas sociales, buena parte del movimiento sindical burocratizado se plegó a las tesis neoliberales, pero surgieron núcleos clasistas y combativos en diversos países que no acuerdan con esas políticas. El crecimiento espectacular del número de parados y su desatención por los sindicatos tradicionales, ha dado lugar al surgimiento de organizaciones que los nuclean y que en muchos casos han asumido formas de lucha combativas, participando en movilizaciones, o con la formación de barricadas en las calles o los cortes de carreteras en Argentina, que tienden a coincidir con las huelgas del movimiento obrero.

En las luchas contra estos padecimientos, algunos viejos como el capitalismo y otros más recientes, propios de la economía neoliberal, participan organizaciones que datan de hace muchos años y otras que están surgiendo actualmente. Algunas aplican la lucha armada y muchas otras no.

Antiguas organizaciones armadas como los Tupamaros uruguayos se reconvirtieron en activistas políticos, participando de un amplio frente de izquierda. El FSLN en Nicaragua y el FMLN en El Salvador, cuentan con una fuerza electoral considerable.

La URNG guatemalteca comienza a participar en política pública después de décadas de clandestinidad.

El simbolismo de la fecha elegida por el EZLN para su levantamiento es muy grande. Representa un punto de inflexión en la relación de fuerzas en América Latina. Coincide y es una contundente réplica al éxito parcial de la nueva política de Estados Unidos, de pacificación y gobiernos democráticos y aplicación de los postulados neoliberales. La credibilidad de esa política fue cuestionada por la realidad. Además de las intervenciones militares norteamericanas ya citadas, el golpe consentido de Fujimori y los militares peruanos, la ominosa presencia de Pinochet en Chile, las presiones brutales sobre el gobierno colombiano en temas de narcotráfico, la presencia de soldados y policías de Estados Unidos en numerosos países, son hechos que ponen en evidencia el verdadero fondo de esa política: mantener la dominación de los pueblos de América Latina.

A la vista de la evolución de las cosas, desaparecido el fantasma de la URSS y del peligro comunista y ante la necesidad de dotarse de un pretexto para sus intervenciones, Estados Unidos y los gobiernos latinoamericanos han desarrollado una nueva ideología, en torno a la lucha contra el narcotráfico y la guerrilla subsistente, así como contra los movimientos sociales opositores de todo tipo.

Las fuerzas armadas de Centro América hace tiempo que aplican esa nueva doctrina, y los ejércitos del Cono Sur muy recientemente han discutido y elaborado formas de cooperación y asistencia mutua en casos de conmoción interior, como gustan llamar a las protestas populares.

¿Qué ocurrirá en el futuro
con la lucha armada en América Latina?

Hasta el 31 de diciembre de 1993, la mayoría de los analistas hubiera apostado por su completa extinción tras las negociaciones de paz mantenidas por las organizaciones guerrilleras de varios países. Ahora, después de Chiapas y a la vista de la situación mexicana, las cosas han cambiado.

En los últimos años el "nuevo orden mundial", no sólo no ha cambiado al "oprobioso orden anterior", sino que la ofensiva neoliberal sigue y aumenta cada vez más la diferencia entre países ricos y pobres, y también entre sectores ricos y pobres en el seno de cada país. La cantidad de los que viven en condiciones de extrema pobreza, que no pueden siquiera alimentarse, no cesa de crecer en un mundo donde los privilegiados despilfarran bienes y recursos como estilo de vida.

Esa es la causa profunda de que pese a todos los intentos represivos orientados por Estados Unidos y llevados a cabo por los gobiernos latinoamericanos, la resistencia se haya incrementado.

La lucha armada ocupa un lugar dentro de esa resistencia aunque ha sufrido cambios importantes. Hoy son una minoría los países del continente donde operan organizaciones armadas. Salvo algunos pocos grupos pequeños, las que subsisten son organizaciones político-militares con apoyo popular y con años de experiencia.

La guerrilla colombiana resistió todos los embates y se ha fortalecido luego de la reciente entrega de prisioneros, lo que le ha dado una dimensión política nacional que obliga al gobierno a volver a hablar de paz. En Perú subsisten Sendero Luminoso y el MRTA aunque todavía no recuperados de los fuertes golpes sufridos. El EZLN resiste en Chiapas al acoso militar, sostenido por sus amplias bases campesinas, mientras intenta crear un amplio frente político a nivel nacional. El EPR surgió en México siguiendo un modelo operativo tradicional pero contando aparentemente con respaldo popular en Guerrero. La irrupción de estos dos movimientos se produjo en un país donde la lucha armada parecía haberse extinguido en la década de los '70.

En cuanto a las luchas no armadas, amplias movilizaciones campesinas en lucha por la tierra (Brasil, Paraguay, Ecuador) y conflictos urbanos por muy diversos motivos, han creado situaciones de violencia, generalmente por la reacción represiva. Las ocupaciones de tierras, los cortes de calles y carreteras, las barricadas, los grupos de autodefensa, han sufrido muchas veces una represión desproporcionada a su accionar, causando más sufrimientos al pueblo y en casos, la muerte de activistas y dirigentes.

No es de extrañar entonces los estallidos espontáneos y violentos que se han producido por ejemplo en Caracas, en apoyo al golpe del coronel Chávez, a los brotes de cólera popular producidos en algunas ciudades argentinas, en respuestas a la desocupación y la miseria provocadas por la política del gobierno.

Estallidos urbanos como el Bogotazo en Colombia o el Cordobazo en Argentina, que de protesta contra la represión evolucionaron rápidamente a verdaderos levantamientos populares, pueden volver a presentarse.

¿Es correcto establecer una relación directa y automática entre estos factores y formas organizadas de lucha armada? Por supuesto que no.

Pero sin indicios que no deben subestimarse, son elementos muchas veces subterráneos que al irrumpir sorprenden a los espectadores desprevenidos, como ocurrió en Chiapas, cuando la comunidad internacional se quedó atónita ante un hecho que consideraron insólito.

Las luchas reivindicativas desarrolladas por cauces legales, reprimidas violentamente, han fomentado muchas veces el armamento espontáneo en forma de autodefensa de los movimientos de masas primero que luego derivaron hacia el surgimiento de grupos armados permanentes.

Tal como lo pensábamos antes de la irrupción del movimiento zapatista y como lo sosteníamos en la primera edición de este libro, no cabe sorprenderse si la lucha armada vuelve a aparecer: es un recurso que no está descartado en América Latina mientras subsista una política que condena a la gran mayoría a condiciones insoportables de existencia en un continente donde es grande la tradición combativa.

Y que nos recuerda que hace 30 años Ernesto Che Guevara caía asesinado en Bolivia, víctima de los verdugos del ejército boliviano y de la CIA, en un simbolismo trágico de su lucha contra todas las injusticias y por una sociedad socialista.

Índice

La Biblioteca Militante se compondrá de un total de 250 títulos divididos en cinco colecciones. Con este emprendimiento, *Razón y Revolución* se propone contribuir a la formación política y cultural de sus lectores, brindando una amplia selección de títulos y autores, de lectura ágil y gran importancia, a un precio irrisorio para lo que es actualmente el mercado editorial. La Biblioteca quiere militar por el socialismo en el sentido más general: demostrando que existe como una potencia siempre latente en el alma humana. Autores de los más diversos traerán mes a mes un aspecto, un elemento y una perspectiva de la realidad que buscarán enriquecer la mirada del lector y ayudarlo a construir una cultura socialista.

La Colección Problemas Contemporáneos está destinada a aquellos lectores que tengan preguntas por responderse sobre el mundo actual. Textos de gran calidad que intentarán explicar guerras, crisis económicas y procesos políticos en cada rincón del planeta, presentes o pasados. Una visión panorámica del mundo, necesaria para ubicarse y tomar partido.

Colección Historia Argentina

Juan Carlos Torre: *La vieja guardia sindical y Perón*
Edgardo Bilsky: *La semana trágica*

Próximamente

Jorge Roze: *Conflictos agrarios en Argentina. El proceso liguista*
Ian Rutledge: *Cambio agrario e integración. El desarrollo del capitalismo en Jujuy: 1550-1960*
Raúl Dargoltz: *El Santiagueñazo. Gestación y crónica de una pueblada argentina*
Natalia Duval: *Los sindicatos clasistas: SITRAC (1970-71)*
Julio Frydenberg y Miguel Ruffo: *La semana roja de 1909*

Colección Básicos del Socialismo

Daniel Guérin: *La lucha de clases en el apogeo de la Revolución Francesa*
Víctor Serge: *El año I de la Revolución Rusa*

Próximamente

Karl Marx y Bruno Bauer: *Sobre la cuestión judía*
Guillermo Lora: *Revolución y foquismo*
Paul Mattick: *Marx y Keynes. Los límites de la economía mixta*
Rosa Luxemburgo: *Huelga de masas, partido y sindicatos*
Federico Engels: *Los bakuninistas en acción*
James Cannon: *Historia del Troskismo americano*

Colección Arte y Filosofía

Alex Callinicos: *Contra el posmodernismo*
José Mariategui: *Critica Literaria*

Próximamente
....

Paul Lafargue y Jean Jaures: *Idealismo y materialismo en la concepción de la historia*
George Politzer: *Principios elementales de filosofía*
Federico Engels: *Luwdig Feuerbach o el fin de la filosofía clásica alemana*

Colección Problemas Contemporáneos

Daniel Pereyra: *Del Moncada a Chiapas. Historia de la Lucha Armada en América Latina*
Lillian Hellman: *Tiempo de Canallas*

Próximamente
....

Liborio Justo: *Masas y balas*
Alejandro Valle Baeza: *México, otro capitalismo fallido*

Colección Literatura en Acción

David Viñas: *En la semana trágica*
Andrés Rivera: *El precio*

Próximamente

César Vallejo: *Cuentos*
José González Castillo: *Los invertidos y otras obras*
Andrés Rivera: *Los que no mueren*